PARADOX OF STRATEGY
DIFFERENTIATION AND INTEGRATION

战略的悖论
拆解与整合

马浩 著

图书在版编目(CIP)数据

战略的悖论:拆解与整合/马浩著. —北京:北京大学出版社,2019.7
ISBN 978-7-301-30557-7

Ⅰ.①战… Ⅱ.①马… Ⅲ.①企业战略—战略管理 Ⅳ.①F272.1

中国版本图书馆 CIP 数据核字(2019)第 112436 号

书　　　名	战略的悖论:拆解与整合 ZHANLÜE DE BEILUN: CHAIJIE YU ZHENGHE
著作责任者	马　浩　著
责任编辑	张　燕
标准书号	ISBN 978-7-301-30557-7
出版发行	北京大学出版社
地　　　址	北京市海淀区成府路 205 号　100871
网　　　址	http://www.pup.cn
微信公众号	北京大学经管书苑(pupembook)
电子信箱	em@pup.cn　　　　QQ:552063295
电　　　话	邮购部 010-62752015　发行部 010-62750672　编辑部 010-62752926
印　刷　者	北京宏伟双华印刷有限公司
经　销　者	新华书店
	730 毫米×1020 毫米　16 开本　18 印张　230 千字 2019 年 7 月第 1 版　2019 年 7 月第 1 次印刷
印　　　数	0001—5000 册
定　　　价	62.00 元

未经许可,不得以任何方式复制或抄袭本书之部分或全部内容。
版权所有,侵权必究
举报电话:010-62752024　电子信箱:fd@pup.pku.edu.cn
图书如有印装质量问题,请与出版部联系,电话:010-62756370

献给爱女洁鸥

To Emily

前　言

战略管理是一种特定的管理实践，亦是一个专门的研究领域和学科。稍微加以思考，我们就可以发现，战略管理实际上是一种非常矛盾的说法。战略在于把握方向和大局，专注于做正确的事情以及事情本身的有效性；而管理则在于盯紧执行和细节，着力于用正确的方法做事以及做事本身的效率。说得极端一点，管理不是战略，战略无法管理。二者有着天然的矛盾。

不仅如此，战略管理中的各类具体挑战可谓环环相扣、交叉并行，明暗互鉴、上下融通，此起彼伏、迭代无穷：大局观念与细节执行；特立独行与合群从众；承诺卡位与灵活变动；自由选择与环境决定；善于合作与直面竞争；专注主业与多元经营；扎根本地与全球通行；追逐利润与风险管控；不断创新与根基固恒；如此等等。通过悖论思维的视角，本书试图考察和揭示战略管理中的各类矛盾与挑战，以期为战略管理实践者和相关的研究人员提供有益的思考与启发。

人间世事，杂乱纷繁。从概念到现象，从思维到行动，充满了矛盾与对立、冲突与抗衡。一方面，在很大程度上，这些矛盾和对立给我们带来思考和理解上的困惑与混淆，以及行动中的懵懂与偏颇。而另一方面，也许正是因为这些矛盾和冲突的存在，我们的言行举止才充满了张力与动感，我们的生活才显得色彩斑斓、情趣盎然。

就拿我们的生命而言，一个人一生下来就开始向死亡进军。可以想见，一个生命，就是生命因子（或曰增长与更新机制）和死亡因子（或曰萎缩与衰败机制）的同时存在与双重变奏，而不仅仅是同一个因子（或机制）由出生而逐渐衰老再到死亡的过程。任何时候，都存在着生命成长与衰败死亡两种因子的交锋。这便是生命的张力。

当生命因子强于死亡因子时，一个生命就走在康庄大道上。当死亡因子强于生命因子之际，一个生命便难免每况愈下、渐次衰伤，踯躅蹒跚于日薄西山的下坡路上。如果生命力超强，意志弥坚，偶尔或可回光返照，暂时逆转。

记得美国前总统老布什先生曾经说过一句车轱辘话，大概意思是：保持健康的最好办法，就是不得病。多新鲜呀?！这等于说，保持活着的最好办法，就是不死。当年我暗自思忖，这基本上是循环论证式的卖乖。现在仔细想来，至少从矛盾与对立而产生的悖论的角度来看，老先生说的话还是有道理的。那就是，生命的质量与时限，在很大程度上取决于一个人如何增强与提振生命因子的作用并且同时有意识地回避、抵抗与延迟死亡因子的影响。当然，也不排除某些因子同时促进（抑或阻抑）生命与死亡。

那么究竟什么是悖论？什么是悖论思维和视角？它对我们理解和应对人生世事中的矛盾和冲突有什么帮助？对理解和增强企业的经营与管理有什么作用？尤其是对企业的战略管理实践有什么启发？本书的主旨，正是在于回答这些问题。

简言之，悖论就是貌似相互矛盾与直接对立的两种因素在同一个概念或者现象中的同时出现和存在。比如，"未来已来""吝啬的慷慨""冰冷的热火""严肃的轻浮""充满爱意的憎恨""充满恐惧的勇敢""健康的垃圾食品""工薪阶层消费得起的优质鲍鱼""我们从历史学到的一点就是我们从来不从历史学到任何东西"，等等。再比如，我们经常引用的经

前言

典语句："成也萧何,败也萧何""如果你爱一个人,送他去纽约;如果你恨一个人,送他去纽约""这是最好的时代,也是最坏的时代"。

有些矛盾貌似不可调和,实则可以通融。有些对立乍看不是问题,实则水火不容。而通过悖论的视角和方法来对待矛盾和对立,则是尽可能地去发现和利用某些可以在更高层次化解或者应对矛盾的可能性。悖论思维和视角可以帮助我们更好地理解与整合矛盾和对立的双方,并从矛盾和对立所带来的张力中看清本质和机会,从而获益良多。

明茨伯格曾经举例说,1972年,麦当劳推出了新产品"鸡蛋猪柳堡"(Egg McMuffin)。这款新产品的推出,到底是常规运营决策还是战略决策呢？在产品属性层面,从原料到流程以及从品质到价格等角度来看,它跟麦当劳当时的快餐汉堡产品没有任何本质的不同,因此可以认为它的引入是一个常规的运营决策。然而,正是这一产品引领麦当劳进入了原先并没有参与的早餐市场。此前,没人会想到"早餐汉堡"这个概念。这一产品的引入,成就并昭示了麦当劳战略定位的转变,因而具有强烈而清晰的战略含义。

显然,对于同一个现象,可以从不同的维度、层面和视角来看。如此,原本在特定单一维度上的矛盾与对立,也许可以在更高的层次上或者不同的侧面得到对立的统一。这便是悖论视角与方法的潜在魅力与精彩之处,可以帮助大家开启思路,拓展自己的想象力,从而更加有意识地去理解和利用矛盾与对立中所蕴含的张力及契机。比如,竞争和垄断不是一个谱系上的两个极端点,而是两个不同的维度,可以有多种组合。再比如,"竞合"是竞争者间的合作、合作者间的竞争。合作也是一种特定形式的竞争。

一个企业的经营战略既要力求卓尔不群,从而构建和保持其竞争优势,同时又要尽量泯然于众,合情合理合群,从而保证足够的社会合法

战略的悖论
拆解与整合

性。跨国公司既要利用全球的规模经济与协同效应,又要努力造就在各国市场经营的本地适应性和灵活性。战略选择既要依照决策者个人的信念远见,又要符合未来趋势潮流的必然情境;既要创新,又要守恒;不但要有核心主题和主导逻辑的专注,而且要有表现形式和实现路径的多元;如此等等。战略选择并不是非此即彼,而是通盘打算、取舍权衡,用不同的排列与组合来考量和拿捏矛盾与对立的平衡。

本书反映了笔者在过去三十年间对战略管理领域中各种悖论的思考和感悟。毫无疑问,书中提出的问题肯定比笔者能够解答的问题更多。而且,本书的主要目的在于提醒大家重视悖论思维,开拓思路和增强意识,而不在于编写时髦应景的所谓工作手册和应对指南。不仅如此,书中肯定还有很多的遗漏和缺失,不过是管中窥豹,略见一斑,鄙陋粗浅,一己之见,难免挂一漏万,以偏概全。笔者在各章最后给出了一定的参考文献,一方面有利于感兴趣的读者进一步探讨和研习,另一方面也是一种自我鼓励和印证,表明自己的文字和想法还不至于是无中生有和信口开河,亦非人云亦云之街谈巷议与道听途说。

然而,本书毕竟不是一本纯粹的学术著作,也并非完全得到学术文献的支持,只是一个战略管理学者多年积淀的一些个人观点和看法的集成。书中多处引用了笔者已经发表过的文章,并进行了相应的修订与更新。值得欣慰的是,这些年来,笔者对于诸多管理学问题的基本观点和看法还是有足够的一致性和连续性的。由于本书旨在较为系统地梳理战略管理实践中各种常见而持久的悖论,因此对于经典理论的参照远远多于对当下时髦话题的提及。

至于写作风格,有些地方行文正式严谨,有些章节写得随兴率真,多少也反映了作者在积淀过程中的不同时期对不同话题的关注程度和评介时的态度。对各种案例的蜻蜓点水式的解读和应用,主要也是为了佐证观点，说明相关的现象和问题，以及映衬和烘托重要的概念性讨论的精髓与亮点。案例本身的选取和描述，也比较宽泛和粗糙，主要是基于笔者对过去三十年间之积累以及对记忆中的某些典型素材进行的即兴筛选和加工。同时，本书对时下的案例与情境也进行了力所能及的关照，但并没有刻意追求时髦和新颖。也许，有些案例描述未必全面精准，也并未严格地追溯来源。毕竟，这不是一部案例集或者故事书。希望读者明鉴。

一言以蔽之，本书所采取的是相对论，而不是绝对论。本书将摒弃惯常的"战略的成功必须、一定、坚决遵循××准则"等类似的说教中所体现的单一线性思维，力求较为全面地探究和辨析战略管理中诸多具有代表性的悖论。笔者热切地希望本书的研讨和探究能够对管理决策者有所启发，可以警醒和增强他们对相关悖论的认知，使之更加开朗豁达、沈静沉稳，更为从容自信地应对战略管理中的各种复杂矛盾与冲突对立，中流击水，张力充盈。

马　浩
美国得克萨斯奥斯汀
西湖山西河沿翠溪轩
2018 年 7 月 24 日初稿
2018 年 8 月 30 日定稿

目录
CONTENTS

导论　矛盾与悖论　/　1

　　矛盾的定义与解读　/　2
　　悖论思维的视角与方法　/　8
　　本章小结　/　18

第一章　大局与细节　/　19

　　大局与细节：谁决定企业成败？　/　20
　　战略定位与管理内功　/　24
　　战略意义与操作效力　/　31
　　行业选择与运营效率　/　36
　　本章小结　/　39

第二章　选择与决定　/　41

自由意志与环境决定　/　44
顶层设计与渐进涌现　/　51
果敢独断与参与互动　/　59
本章小结　/　70

第三章　独特与从众　/　72

特立独行与合群从众　/　72
竞争优势与合法从容　/　75
经济实体与社会属性　/　79
本章小结　/　85

第四章　承诺与灵活　/　86

献身投入与灵活反应　/　87
核心能力与核心刚性　/　93
先动优势与后发优势　/　101
本章小结　/　106

第五章　合作与竞争　/　108

单打独斗与合作拉拢　/　110

目录

你死我活与共存共生 / 117
生态系统与联盟集成 / 125
本章小结 / 132

第六章 专注与多元 / 134

专注聚焦与多元经营 / 135
专业插件与平台系统 / 145
战略中枢与拓展运动 / 152
本章小结 / 160

第七章 本土与国际 / 162

全球整合与本地反应 / 164
分部自主与总部统领 / 176
负债效应与溢价效应 / 185
本章小结 / 193

第八章 风险与收益 / 195

低度风险与高额收益 / 198
进入决策与潜在危机 / 206
退出战略与风险收益 / 214
本章小结 / 219

第九章　创新与固恒 / 222

创新变革与战略固恒 / 226

顺应大势与独辟蹊径 / 235

开放创新与封闭自行 / 246

本章小结 / 256

参考文献 / 258

后　记 / 272

导论　矛盾与悖论

20世纪90年代初，我在奥斯汀得克萨斯大学攻读战略管理学博士。由于我的博士论文题目跟那时正在兴起的资源本位企业观热潮有些瓜葛，我的导师戴维·杰米森（David Jemison）教授便邀请当时在德州农工大学任教的杰伊·巴尼（Jay Barney）教授加入我的论文指导委员会。由此，我有机会到德州农工大学拜访巴尼教授并旁听过一堂他给本科生讲的课。

巴尼教授课上讲的一个例子我至今还隐隐约约地记得，大概跟运气有关。大致意思是：你去问一个成功的企业家"你为什么会成功？"，他很可能会说"我努力工作，我力求认清环境，我注重企业内功，我不惧风险"，如此等等。你再去问一个失败的企业家"你为什么会失败？"，他可能会说"唉，我努力工作，我力求认清环境，我注重企业内功，我不惧风险"，如此等等。

等等，等等，等一分钟！这俩人说的怎么一模一样呢？！难道成功的人和失败的人说的和做的都是同样的事情？现在想想，可不是吗？！我经常说，上坡路和下坡路是同一条路。并不是因为你做对了什么，或者用了什么正确的方法做事，你才得以成功。也不是因为你做错了什么，或者按照什么错误的方法做事，你才因此失败。失败和成功，通常可能源自同一条道路、同一种方法、同一种机制和过程。关键看参赛选手与时空情境。

不唯如此，同一个选手，用同样的方法做事，也会偶尔失败，偶尔成功。前些年，德勤研究院的迈克尔·雷纳（Michael Raynor）博士写过一本《战略悖论》(*The Strategy Paradox*),其基本观点是:很多企业正是因为热切地追求成功而导致失败。跟巴尼描述的类似,那些力求成功的企业,其所作所为跟倒闭关张的惨败企业几乎没有两样,只不过某些企业在应对环境不确定性方面略胜一筹或者运气更佳。这跟"如果你努力,你一定能成功"之类的成功学鼓噪似乎完全不搭界,跟很多人脑海里关于奋斗与成功关系的认识可能完全矛盾、直接冲突。

再往前数,我们可以看看古希腊神话中的"伊卡拉斯悖论"(Icarus Paradox)。一位名叫伊卡拉斯的少年,希望能够飞起来。他父亲用羽毛和蜡给他做了一对翅膀。于是他高飞天上,逼近太阳,太阳的光热将蜡融化,最终他坠海而亡。导致前期成功和后期失败的是同一种因素。诺基亚的手机业务以及柯达的胶片业务,堪称此悖论的现代版展现。用当代学术语言来说,核心竞争力可以成为核心刚性与核心包袱。用中国的典故来说,那就是:"眼见他起朱楼,眼见他宴宾客,眼见他楼塌了。"俗话说得就更形象了:"跳得高,摔得重!"

欢迎来到矛盾与悖论的世界!

矛盾的定义与解读

矛盾的乱象与定义

人世间充满了各种矛盾(Contradictions)、冲突(Conflicts)和对立(Oppositions):贫富差距,强弱对立,邻里争端,男女权益,民族矛盾,国际冲突,老幼代沟,新旧交替;稳定与发展,局部与整体,速度与质量,均等与效率,自由与自律,个体与社区,企业的经济效益与社会效益。

导论　矛盾与悖论

至少从表象上来看，或者从逻辑上推断，矛盾、冲突和对立中的双方好像通常是互不相容的（Incompatible），难以在同一个时空情境下共同存在。比如，大家经常听到下面一些说法："既生瑜，何生亮""一山不容二虎""甘蔗不能两头甜""鱼和熊掌不可兼得""不是鱼死，就是网破""水火不容""命中相克"。

然而，我们却又有可能看到某些貌似矛盾的东西和事情的的确确地在我们眼前同时存在或发生。比如，一边出太阳，一边下雨雪；哭中带笑，笑中带哭；一半是天使，一半是魔鬼；横槊赋诗，既是秀才又是兵；打是亲，骂是爱；爱恨交织；死去活来。

也许，如果我们换一个视角看问题，矛盾可能立刻消失，也可能转化成另外一种矛盾。比如，两个人长期生活在一起，磕磕绊绊、争吵不断，甚至可能每天交流的主要特点就是矛盾和冲突、漫骂和争吵。但是只要二人还持续待在一起，就是一种生命的陪伴、一种关系的承诺。如果从天上以鸟瞰的角度来观察，两个人每天按时定点在同一个地点出现，并且不厌其烦地进行互动（Engagement），这本身就是一种谁也离不开谁的表现。如果双方都不在乎，或者一个人离开了，剩下的那个人还有每天可以争吵的对象/伙伴吗？此时，矛盾的主题早已从冲突转向了孤独。旧的矛盾没了，新的矛盾来了。

中文典籍中，对于矛盾的最早论述大约是韩非子的寓言故事，说的正是矛和盾之间的冲突：

> 楚人有鬻盾与矛者，誉之曰："吾盾之坚，物莫能陷也。"又誉其矛曰："吾矛之利，于物无不陷也。"或曰："以子之矛，陷子之盾，何如？"其人弗能应也。

对于上述故事，我们可以做出多种解读，可以挑战其适用的边界范围，也可以质疑其特定的假设条件，还可以想象各种引申和拓展的空间。

这些解读也许不是完全互相独立，而是有所融合与交叉。总体而言，它们可以帮助我们从多个维度、层面和视角来看待问题并给我们带来有益的启发。

选择观察视角

在什么情况下或者前提下"矛"和"盾"发生关系？如果把上述故事稍事修改的话，可以这么说：我的矛是全世界最锋利的（任何人的盾，都挡不住我的矛）；我的盾是全世界最坚实的（任何人的矛，都无法将其刺穿）。

那个貌似机智的人这时候会问：用你自己的矛，能刺穿你自己的盾吗？这个问题不必直接回答，先给他讲个故事。在网球"天王"费德勒最盛年的时期，假定他正手攻球（或曰进攻）和反手回球（或曰防反）都是整个网球史上最优秀的。如果有人问他：你自己攻、自己守时，是正手更强还是反手更强？试想他的回答会是怎样的？可能是：我傻呀？自己弄自己？！

通常情况下，一个人最好别自己跟自己过不去。如果麻烦不找你，不要去找麻烦。如果你确信"攘外必先安内"，那么内部矛盾注定突出。如果你高喊"拒绝内斗、一致对外"，那么矛盾便不主要存在于内部。根据观察视角的转换，矛盾是可以被重新定义和转化的。

欣赏均衡境界

矛盾是肯定会存在的，而且可以持续存在。如果你像韩非子寓言里那个楚人那样去说——没有刺不穿的或者没有挡不住的——那就露怯了，矛盾就不能"圆"下去了。然而，他说的这种可能性是存在的：全世界"最锋利的矛"和全世界"最坚实的盾"不仅都在我这儿，而且二者针尖麦芒、旗鼓相当。这时，是可以将矛盾"圆"下去的。"最锋利的矛"和"最坚实的盾"打了个平手。矛盾双方各自精彩，其同时出现和存在亦是精彩。平局。均衡。

如果进一步引申和想象一下，还有一种可能性：不管是不是最厉害的矛和最厉害的盾，一支矛正好将某个盾穿透到将要穿透而恰恰没透的那个临界点上。这时，盾，无法再阻挡；矛，也无法再往前移动一丝一毫。恰如"强弩之末，势不能穿鲁缟"。这时的矛盾就是永恒的均衡（Equilibrium）。也许我们需要学会从审美的角度来看待这种均衡及其背后的张力。

转换分析单元和层次

大家经常喜欢讲的一个做法，叫作"降维攻击"，即不在既定的游戏中与实力相当的对手打拼，而是选择进入一个更低级的游戏，更好地彰显和应用自己的实力，从而以强凌弱。而应对现有游戏中的矛盾和对立，还可以用更高层次的思维和游戏取代现有游戏中的困境和僵局。因此，有必要进行分析单元和层次的创造性的转换。

"螳螂捕蝉，黄雀在后。""鹬蚌相争，渔翁得利。"可以想象一下，从冷兵器时代转向化学武器时代，矛和盾之间的冲突和对立已经不是主要问题。也许矛和盾还在争吵到底谁比谁更牛，但使用矛和盾的人可能早已共同被毒气熏死了。矛盾没用了，没有意义了。

比如，前些年很多人担心白酒塑化剂对人体健康有影响。如果每瓶酒里（因瓶盖自身或者酿酒与装瓶过程中而产生）的塑化剂极为微量，那么可能只有在短时期内连续喝几百瓶白酒，才会有足够的塑化剂积聚和有害影响。但如果一个人真在短时期内喝了几百瓶白酒，那么，可能没等塑化剂开始起作用，他就已经出现酒精中毒症状了。

战略的悖论
拆解与整合

转换时空场景

随着时空场景的转换（Alteration of Temporal or Spatial Context），矛盾双方会被置于不同的情境下进行交往。双方会重新审视对方和自己，发现以往忽略的东西，并将原先的矛盾和冲突放在大的格局或者新的模式中来考量。如此，双方对原先矛盾的激烈程度及其重要性的解读便可能随之发生变化。比如，在战场上，矛和盾是兵器，是针锋相对的死敌。在其他场合，二者的关系甚至有机会从冲突对立变成合作互补，或者至少互不相碍。可以用矛顶着盾当雨伞，也可以用矛当扁担挑着盾走。如果是"大炼钢铁"，二者可能都不过是要回炉的原材料而已。

一个公司内的两个部门，由于部门间的利益冲突以及长期形成的积怨和成见，一把手之间通常互不相让、各执己见。然而，在公司未来领军人物培训班中深入交往之后，两人都惊奇地发现对方其实很不错。由于个人之间的紧张关系在非直接冲突情境下得到缓解，两人对部门间矛盾的意识和态度也会发生变化。矛盾也许并非原先想象的那样难以避免、不可调和。如此，培训班里，两人成为兄弟，部门间的矛盾也随之冰雪消融。

笔者某次去神户小住，在一家珠宝店里买珍珠。最终因为5个点的折扣谈不拢，买卖双方各执己见，只好放弃。晚间笔者在小吃一条街游逛，碰巧与店家再次相遇。店家一改在店中的执着态度，很热情地说道："既然我们在这里遇到，就是朋友，这是缘分，明早到我店里，我给你个好价钱！"于是，次日一早双方愉快成交。在某些时空情境内的矛盾，换个境遇看，根本不再是问题。

实践证明，很多矛盾和冲突都可以用茅台解决。一瓶不行，多来几瓶。还有很多解决矛盾的方式：室内娱乐，户外拓展；吟诗作对，唱歌跳舞；琴棋书画，摄影拍片；挥杆打球，跑步登山；通用电气的克劳顿村，

导论　矛盾与悖论

中粮集团的忠良书院。只要是在矛盾和冲突直接发生的情境以外进行沟通交流，就有可能（至少暂时地）刀枪入库、马放南山。

牢记大局和高层次目标

很多矛盾都是就事论事或者过于关注当下的细节而导致的。如果当事人时刻牢记大局，清醒地把握组织（或自己）最终的目标（Aiming at the Ultimate Goal），则很多细节上的冲突都不值一提，或者不再成为行动或者意识上的障碍。抓大放小，分清主要矛盾和次要矛盾，说的就是这个道理。

两家公司争一块地盘，冲突激烈，矛盾重重。一家公司希望在该地盘上构建其战略基地，从而能够辐射周边地区。另外一家公司的主要困境是要急于完成上面派下来的年度硬性总体销售指标。如果想构建战略基地的公司恰巧有些老的地盘需要放弃或者要不要都无所谓，那么它就可以"放水"给面临销售压力的公司，帮助后者完成总体销售指标，从而使之放弃或者降低在这块地盘上的"火力"。这就是整合性的思维，而不是"一根筋"的"死磕"。

一个人跟另外一个人长期生活在一起，无论是否结婚，问题的关键都是，在一起是为了更加幸福。如果实际上感觉到的是更加撮火、添堵，最好还是"三十六计，走为上"。当然，话说回来，很可能是"才出虎穴，又入狼窝""躲得过初一，躲不过十五"。无论你出离哪儿，进到哪儿，失去什么，得到什么，天下处处都充满了矛盾。有些矛盾无法真正化解或者逃脱；有些问题无法彻底解决或者完美应对。但该逃脱还要逃脱，该应对还要应对。只是什么时候也不能臆想一劳永逸地避开矛盾。矛盾是一连串的事情，接二连三，永不停歇。

很多情况下，事情的解决，往往是用一个新的事情替代旧有的事情；

矛盾的应对，通常是用新的矛盾化解和转换现有的矛盾。一个更加明智的选择，也许是用一种新的思维方式替代现有的思维方式，使当事人在一个更高的层次上心平气和地看穿或者藐视这些问题与矛盾，保持张力，容忍冲突，权衡取舍，即兴拿捏，不失时机地去构建和保持可以容忍和接受的均衡。这就是悖论思维方式大有作为的领地空间。

悖论思维的视角与方法

悖论的阐述

所谓的悖论（Paradox），就是貌似相互矛盾和互不相容的两个冲突对立的要素在同一句陈述中同时出现和共同存在。比如，一个比较简单的悖论，可以是这么一句话："这句话是错的。"

假设这句话的陈述是对的，那么我们得到的结论是"这句话中的陈述是错误的"。如果我们接受上述结论，那么从逻辑上我们必须承认"这句话是错的"这句话本身是错的。如此，这句话的陈述应该是"这句话是对的"才对。也就是说，"这句话是错的"和"这句话是对的"其实是同时成立的。

另外一个类似的悖论是："我在撒谎。"

如果这句话的陈述是对的，那么我是在撒谎。如果我是在撒谎，那么"我在撒谎"这句话本身也是一种谎言。那就是，我不是在撒谎。陈述中的"我在撒谎"和由此经过逻辑推导得出的"我不是在撒谎"同时成立，互相矛盾而又都顺理成章。

如果你觉得一句话的简单陈述太拗口，我们可以拓展我们的陈述，用两句话来描述一个悖论：

导论　矛盾与悖论

下面这句话是对的；

上面那句话是错的。

如果你确切地认为第一句话中的陈述是对的，那么从逻辑上讲你就应该认为第二句话是对的。如果你确切地认为第二句话是对的，那么根据逻辑倒推，你的结论应该是：第一句话是错的，正确的说法应该正好与其陈述相反，那就是"下面这句话是错的"。如此，如果这两句话同时成立，它体现的就是一种悖论，就是矛盾的持续存在，类似前面探讨的矛盾双方永久均衡地存在。

如果我们把悖论的陈述进行文字上的缩减而不是上述的拓展，我们可以用英文中的所谓"矛盾修饰法"（Oxymoron）来表示悖论。矛盾修饰法不是一个句子，而是一个词组，通常是偏正词组，前者修饰后者，前后两个成分互相矛盾而又同时成立（A Combination of Opposites in One Phrase）。

悖论的体现：矛盾修饰法

其实，"Oxymoron"这个词本身就是一个悖论。"Oxymoron"源自希腊语，"Oxy"意味着锋利和敏锐（Sharp, Keen），"Moron"意味着迟钝和愚笨（Dull, Stupid）。搁到一起，就是锋利的迟钝（Sharp-Dull）或者敏锐的愚笨（Keen-Stupid）。

说白了，这种"Oxymoron"跟韩非子的"矛盾"之说如出一辙、遥相呼应。中文里面没有对应的单一词汇，将其翻译为"矛盾修饰法"（亦称"矛盾修辞法"）或者"矛盾语"，虽然不是特别简洁精炼，但意思却还算较为准确到位。另外一个稍微文气而晦涩的翻译是"逆喻"，与比喻（Analogy）、明喻（Simile）、暗喻（Metaphor）等修辞手法对应和并列。

本部分开篇引用的关于矛盾的例子，比如健康的垃圾食品（Healthy Junk Food），便是矛盾修辞法的典型例子。类似的例子还有很多：

战略的悖论
拆解与整合

残酷的温柔（Cruel Kindness）
真实的谎言（True Lies）
严肃的滑稽（Seriously Funny）
唯一的选择（Only Choice）
放纵的克制（Indulging Restraint）
瞬时的经典（Instant Classic）
绝对的相对（Absolute Relativity）
相对的绝对（Relative Absoluteness）
相同的不同（Same Difference）
不同的相同（Different Sameness）
轰鸣的沉寂（Deafening Silence）
无声的惊雷（Silent Thunder）
沉重的轻飘（Heavy Lightness）
骄傲的谦逊（Proud Humility）
液体的面包（Liquid Bread）
甜蜜的忧伤（Sweet Sorrow）
忧郁的欢愉（Melancholy Merriment）
忠诚的背叛（Loyal Treachery）
乐观的悲观（Optimistic Pessimism）
严肃的轻浮（Serious Vanity）
冰冷的热火（Cold Fire）
病态的健康（Sick Health）
美好的不幸（Good Mischief）
温良的盗贼（Gentle Thief）
友善的侵略（Friendly Invasion）

导论　矛盾与悖论

善意的谋杀（Merciful Murder）

安乐死（Euthanasia）

小巨人（Little Giant）

独唱团（Solo Chorus）

爱国贼（Unpatriotic Patriot）

上下颠倒（Upside-Down）

爆炒冰块（Fried Ice）

没事儿瞎忙（Busy at Doing Nothing）

努力地装懒（Working Hard at Being Lazy）

非常地平均（Very Even）

超常地寻常（Unconventionally Conventional）

忠实地不忠（Faithfully Unfaithful）

不忠的信仰（Unfaithful Faith）

充满恐惧的勇敢（Fearful Bravery）

充满爱意的憎恨（Loving Hate）

可以预见地不可预见（Predictably Unpredictable）

有的矛盾修饰法还可能包含一些双关语意。比如英文中的"Copy"，在平常的理解中，既是"复印件"的意思，也可以是"一件""一份""一个版本"的意思。用来描述原件（Master 或 Original）的"件"字，有时也会用"Copy"一词。于是有了"Original Copy"的说法。其原意是"原始版本"，双关语意则是"原件复印件"，抑或"复印的原件"。复印的不可能是原件。于是，"复印的原件"便成了一个双关语的矛盾修饰法。

再比如，古钢琴（Fortepiano 或 Pianoforte）。在意大利语中，"Piano"可以意指钢琴，同时也有弱、低、轻的意思。"Forte"则是强、高、重的

战略的悖论
拆解与整合

意思。"Fortepiano"的字面意思是"重—轻""强—弱",貌似相互矛盾,实际是指一种可以高低音域通吃的音乐器械。这便是古钢琴名称的由来。类似的含有双关语的"矛盾语"还有:

靓丽的丑陋——忒丑(Pretty Ugly):"Pretty"原意是"漂亮",此处意指"非常"。

几乎一丝不挂(Barely Clothed):"Barely"原意是"裸露",此处意指"几乎不"。

贼好——好得一塌糊涂(Terribly Good):"Terribly"原意是"糟糕",此处意指"尤其地"。

大二学生——聪明的呆瓜(Sophomore):"Sopho"有"聪明"(Wise)的意思,"More"有"傻笨"(Foolish)的意思。

文明的战争——内战(Civil War):"Civil"意指"国内",同时也可以意指"民事""民间""文明"。

具体到商业领域,无论是直言不讳,还是双关、隐喻、反讽,我们经常会看到诸多的"矛盾语":

商业伦理(Business Ethics)

业余专家(Amateur Expert)

友好接管(Friendly Takeover)

一人小组(One Person Crew)

预算赤字(Budget Deficit)

微软不软(Microsoft Works)

每日特供(Daily Special)

广告的真实(Truth in Advertising)

灵活的承诺(Flexible Commitment)

导论　矛盾与悖论

工作式休假（Working Vacation）

必买的可选配置（Mandatory Option）

家中办公室（Home Office）

大众化定制（Mass Customization）

比最好还好（Better than the Best）

第一之后再超越（Beyond Number One）

延长了的"死期"（Extended Deadline）

拿工资的志愿者（Paid Volunteer）

付得起的奢侈（Affordable Luxury）

负动能（Negative Momentum）

新古董（New Antiques）

比如，上述例子中最常见的，就是大家对商业伦理（Business Ethics）的调侃。俗话说，无商不奸。某些做生意的可能连自己的亲爹都骗，哪来的商业伦理？这是大家通常的理解。但商业也有商业的规矩。电影《教父》里面，黑帮对手给迈克尔·柯里昂（Michael Corleone）讲道理的时候，说得非常直白：暗杀你爹并非个人恩怨，都是为了我们大家共同的事业（It's all about business！）。当然，这只是从事非法商业活动的黑帮团伙之间的逻辑。

连黑社会都有自己的"商业伦理"，显然，合法的商业活动自然也要有自己的伦理道德标准，这些标准通常会体现在各种公开或者默认的行规中，比如禁止恶性竞争。更进一步而言，商业也要面临更大范围的社会合法性问题，必须接受社会和社区中一般性道德伦理的约束。尤其是在大家都自愿地抑或不情愿地高举社会责任大旗之际，商业伦理也日益成为主旋律和笃实具体的实践，而不再仅仅是用来粉饰妆点的遮羞布。

战略的悖论
拆解与整合

悖论意识

之所以连篇累牍地罗列这么多的"矛盾语",至少是出于三个主要原因:增强"悖论意识",鼓励"二维拆解",提倡"升级整合"。"矛盾语"是悖论最简明精致的体现。对这些大家习以为常抑或稍觉新鲜的"矛盾语"的直观感受,可以增进大家对悖论以及悖论思维的认识和理解,增强悖论意识。悖论可以趋真,可以荒谬,也可以真假难辨。也许,关键在于定义,以及相应的理解。这就自然引出下面的另外一个原因。

二维拆解

根据从"矛盾语"的构建中获得的启发,我们可以更有意识地进行"二维拆解":通过两个不同维度和视角的观察与分析来拆解悖论中的矛盾。作为修辞手法,"矛盾语"通常是刻意营造的,要通过"逆喻"来对比、提醒、映衬、烘托、渲染和造势,从而达到某种特定的目的。也就是说,"矛盾语"里面的矛盾,通常情况下是想象出来的,而并不是真实地存在的。很多情况下,貌似矛盾的要素,主要是定义的问题。

比如,"非常虔诚地不虔诚",这也许并不矛盾。第一个词组中的"虔诚地"是对某种程序或者准则笃信无误地虔诚坚守(比如"人不为己,天诛地灭")。第二个词组"不虔诚"可以是虔诚自律地依照上述准则而表现得对所有其他人和其他事都毫无例外地不虔诚。类似的说法还有"忠诚的背叛"(Loyal Treachery)。可以说,忠诚与背叛的对象不一样,是为了某种忠诚而进行当下的背叛。比如关云长挂印封金,过五关,斩六将,背叛的是英雄曹操对他的超凡礼遇,保全的是对旧主刘备的绝对忠诚。

如此,很多"矛盾语"其实是对两种貌似互相矛盾的要素的巧妙组合与操纵（Manipulation）。就像魔术师，就是靠操纵别人的视线和注意力而吃饭的。否则，魔术师们就都得露怯"掉底儿"，喝西北风了。破解魔术需要的正是视角的转换。如果我们把两种貌似矛盾的要素进行系统的并列组合（Juxtaposition），在不同的维度上比较二者的相同性（Comparison）和反差性（Contrast），那么矛盾可能会得以化解和转化。如此，我们可以通过"反向操纵"（Reverse Manipulation）来还原刻意营造的"矛盾语"中具体矛盾的形成。同时，进一步引申，采用这种反向操纵，我们也可以对各种悖论中真实的矛盾进行创造性的解读和应对。

比如，竞争性垄断（Competitive Monopoly）或者垄断性竞争（Monopolistic Competition），在表面上就是以"矛盾语"的形式出现的悖论。如果我们把竞争和垄断假设为两个独立的维度来并列考察（Juxtaposed），我们会发现它们可以构成不同的组合状态。此时，竞争和垄断，这两个原先貌似相互矛盾的要素，并不是在（只由竞争对手的数量界定的）同一个谱系上的两个极端，而是代表两个不同的维度。

这样，就有一种情形是高度垄断和高度竞争的组合，比如双头垄断。当然，竞争与垄断的焦点和维度也可以事随境迁。比如，两个企业间的垄断效应主要体现在定价上（可以是自然，也可以是合谋），而双方激烈的竞争，可能主要体现在品牌和差异化的价值提供上，而不是（至少不是主要）体现在价格维度上。如何处理竞争和垄断的关系，正是对悖论中张力的拿捏，需要企业决策者伺机适时地去把握二者的平衡。

总结说来，我们从上述讨论中得到的一个重要启示是，对于一般的悖论和具体的"矛盾语"，我们可以进行多维度、多层面、多视角的系统性的比较分析，来试图拆解悖论中的矛盾，对之进行创造性的转化。现在，让我们回到本章开篇对于解读矛盾的讨论。悖论思维的视角、"矛盾语"的拆解、"逆向操纵"的应用，恰恰可以帮助我们选择合适的观察视角，

战略的悖论
拆解与整合

转换分析单元与层次以及时空组合,从而在承认(甚至欣赏)矛盾存在的同时,依据决策的终极目标来更加巧妙地应对矛盾和创造性地解决问题,"化腐朽为神奇"。

升级整合

与二维拆解相反的一种对悖论的解读,是所谓的"升级整合",即在更高的层次上审视悖论中矛盾双方的共同点,开阔视野,寻找共性,升级思考,存异求同。这种升级整合,也许通常需要建立在二维拆解的基础上。

不妨看一下"充满爱意的恨"这个著名的"矛盾语"。爱与恨貌似是不可兼容的矛盾,是反义词。其实,正像竞争与垄断不是反义词一样,爱与恨也不是反义词,或者不一定是反义词,取决于不同的视角。爱与恨是两个不同的情感表现,可以有不同的组合。爱的反义词是不爱,恨的对立面是不恨。这样的拆解,强调的是这两种情感方式的不同和相对独立。而"升级整合"则强调的是二者的共性。那就是,无论是爱还是恨,都是极为强烈浓重的情感,表明当事人态度的认真、情感的投入和内心的在乎。从这个意义上说,爱与恨的共同反义词是"无所谓""不在乎""随便"之类用来形容用情不深或漠然的词语。正是在这个高度,爱恨情仇才会有最大的张力。两个人之间,充满爱意地恨,恨之入骨地爱,恨得咬牙切齿,爱得死去活来。只要两个人持续在一起,矛盾就会存在,悖论就会持续。至少,他们互相在乎。

另外一个例子是大家常见的。很多人盼着退休,觉得退休之后就可以不用起早贪黑、忙忙碌碌了。而一旦退了休之后又可能会失落,一时缺乏归属,无所适从,才又想起来应该有点事儿干。有些人被返聘或者再谋事由,成为"退休了的工作者"(Retired Worker)——退休了但还在工作。

导论　矛盾与悖论

有些人退了休给子女带孩子可能比上班还累。现在有些人说退休后专注养生。但你养好了身体，又为了什么？这又是个问题。其实，用升级整合的视角看，退休恰恰是一种悖论：退休也是一种工作。从每天生活的内容和任务管理的角度来看，退休是另外一种形式的工作，既跟原先的工作不一样，又跟原先的工作很相似，甚至二者之间在很多线索上都有关联。

让我们再看一个升级整合的例子。20 世纪早期有一位极为重要的管理学家玛丽·福利特（Mary Follet）。她曾经讲述了一个例子，突出地彰显了整合意识在悖论思维中的重要性。图书馆里有两个读者。其中一位读者嫌屋里憋闷，要打开窗户。而靠近窗户的那位读者则不愿意受到由窗而入的风的直吹。如果双方争执不下，矛盾就会僵持。如果换一个思路，双方都同意的结果，是打开另外一扇窗户。当然，如果我们引申想象一下，也可能就只有一扇窗户。此时，只要靠窗的人挪得离窗户稍微远一点即可。此人也许同样喜好由窗而入的阳光和新鲜空气。当然，如果靠窗的人同意的话，也可以让想要风的人和自己换一下座位。无论如何，双方的意愿都得到满足，靠的是整合思维（Integration）。

但如果靠窗的人不愿意挪动，就不会有整合，想要风的人就得不到满足。这是一方强势地坚持自己的想法（Domination）。另外一种可能是妥协（Compromise），靠窗的人只同意开一个小缝，自己觉得已经委曲退让，想要风的人仍然觉得不满足，但又不好意思再做进一步的要求，双方都觉得不爽。以此观之，从升级整合的视角来应对矛盾，通常是导致双方共赢结果的必需。

然而，我们也不得不承认，有时矛盾的解决（一时的解决）就是通过一方用强势压倒另外一方，使之暂时甚至永久屈服。矛盾双方的互相妥协，在很多情况下，也是不可或缺的权宜之计。最终，每个决策者都要对面临的矛盾进行系统的考量，通过相应的权衡取舍，在相互冲突的要素之间构建和把握必要的平衡，尽量避免被压制（尤其是长期被压制），谨慎使用妥协，力求整合双赢。

本章小结

本章对悖论思维的探讨提醒大家心系最终目标，抓住主要矛盾，从多视角思考，二维拆解，升级整合，争取化解矛盾，或在更高的层次上得到圆融统一。这是决策者应对矛盾、解决问题的纯熟境界。总之，矛盾是几乎无所不在的，有些甚至是无解的。对此，我们必须首先承认现实。在此基础之上，采用悖论视角，也许我们能够更加豁达从容地应对矛盾，创造性地解决问题。正是本着这样一个基本信念，本书着力于探讨如何看待和应对企业战略管理中广泛存在的各种纷繁复杂的矛盾与问题。

第一章 大局与细节

正如在前言中提到的,战略管理这个说法本身就可以被认为是一个以"矛盾语"形式存在的悖论。虽然我们企盼神明的存在,往往会有"运筹帷幄,决胜千里"那样的臆想,但现代科学研究表明(而且我们自身的观察也清楚地发现),个体和组织只具有有限理性(Bounded Rationality)。事前的计划和准备,在有些情况下对决策和实施是显然有效和必要的,但在很多情况下,尤其是在高度复杂和不确定性的情况下,通常收效甚微,甚至于事无补。决策和应对的关键在于临机处置和即兴发挥。因此,从这个意义上来说,人们是无法系统地对战略进行管理的,尽管大家认为某些有章可循的常规性活动确实属于战略管理的范畴,比如战略规划与战略评估。

战略注重方向与大局;管理讲究执行与细节。前者专注于有效性,强调做正确的事情;后者着力于效率,强调用正确的方法做事。从视野格局到思维模式,从价值取向到实际行动,二者是存在深刻的冲突与对立的。但是,话又说回来,在实际的操作中,我们往往又很难在事前将运营管理和日常决策与战略决策和顶层设计完全剥离开来。一方面,一个具体的运营决策可能在事后被证明是有强烈的战略意图和深远影响的。另一方面,一些貌似具有战略意义的决策,可能只是战略计划部以秘书处的职能所开展的一年一度的自娱自乐的游戏,是员工按照领导的授意或者在揣摩领导的心思之后所总结的一些纸上谈兵的口号而已。

如此，战略性管理也许难以区别于日常性管理。无论如何，战略与管理之间是存在矛盾和冲突的。将二者扯在一起，既是一种逻辑上的悖论，又是一种活生生的现实。高层决策者自信自己是在做战略管理。一个庞大的学科领域也声称自己在研究战略管理。我们不妨承认战略管理的存在。在这个假设前提下，我们可以探讨战略管理领域存在的各种悖论，从而对其中矛盾的解读与应对有所启发。

本章具体讨论大局与细节的矛盾。我们从三个方面来讨论此问题。首先，我们从理论和实践两方面来对比战略定位与管理内功，考察企业家如何看待企业经营与内部运营的关系。其次，我们从概念层面来比较战略意义与运营效力，探讨到底什么样的企业特质与行动具有高度的战略性，运营效力是否可能，并且在什么情况下具有战略意义。最后，我们以行业选择为主题，探讨外部定位与企业自身实力的关系以及处理这一关系时面临的挑战。在进入这三个话题之前，我们首先对本章的主题"大局与细节"稍作进一步的分析。

大局与细节：谁决定企业成败？

曾几何时，"细节决定成败"的说法颇为流行。于是有人不禁愤愤然，大声疾呼，战略决定一切。双方引经据典，各执己见。其实，这两种说法和所有的所谓"××决定一切"的狭隘论断都一样荒谬和可笑。

试想如下境况：某靓女一向坚持要把自己最满意的面容展现给世人，所以她恪守一条基本准则，那就是不化妆就不出门，而且每次化妆必须按照既定程序，照顾到每一个细节。设想，若某天该女子家中失火，她是素面朝天、仓皇逃命，还是化完妆，照顾到每一个细节后再靓丽出门？这种对细节的关照是已经达到了战略的高度还是"反战略"的高度？

第一章　大局与细节

"细节决定成败"的说法到底意味着什么？我们至少可以有如下三种理解。细节是成功的充分条件；细节是成功的必要条件；细节是成功的充分必要条件。按照逻辑推理，只有在"细节是成功的充分必要条件"时，我们才能有信心地说"细节决定成败"或者"细节决定一切"。如果细节对成功来说既不一定充分也不一定必要，那么"细节决定成败"的说法即便不是空谈，也要大打折扣。稳妥的说法应该是，细节只是在某种情况下可能影响成败。顺便说一下，我们对战略的态度其实同样应该如此。战略不是总能派上用场的。

首先，如果"细节是成功的充分条件"，那就意味着只要注重了细节就一定会成功，也就是说，细节本身足够导致成功。如果我们可以找出例子证明我们对细节的重视并没有导致成功，我们就可以认定"细节不一定是成功的充分条件"。

其次，如果"细节是成功的必要条件"，那就意味着只要获得成功，就一定注重了细节，也就是说，细节对于成功不可或缺。如果我们可以找出例子证明成功之获得与对细节的重视无关，我们就可以认定"细节不一定是成功的必要条件"。

最后，如果"细节是成功的充分必要条件"，那就意味着只要注重了细节就一定会成功，只要获得成功就一定注重了细节。也就是说，细节，只有细节，才是决定成功的唯一因素。如果我们可以找出例子证明充分性和必要性两者之一不成立，我们就可以认定"细节不一定是成功的充分必要条件"。

细节是否为成功的充分条件？

20世纪初，福特公司的T型车成为"准产业标准"。老福特本人对技术细节的关心大大胜过对市场需求的关心。"你可以要任何颜色的T型车，只要它是黑色的。"为什么福特公司选择只生产黑色的 T 型车？原因可能有很多，但其中一个重要原因是黑漆干得最快，易于提高生产效率。这就是对细节的近乎痴迷的追求。效率在老福特掌管福特公司的前期给公司带来了竞争优势，使之大获成功。由此可见，细节可能是成功的充分条件。

后来，随着二次购车以及富裕家庭购车的人越来越多，大家对车的类型、设计和特色必然有更多和更复杂的要求。然而，老福特不为所动，仍坚持自己的标准。在与产品高度多元化的通用汽车公司的竞争中，福特公司最终败北。这主要是由于福特公司对市场趋势和企业战略定位的忽视，过分沉溺于追求操作细节的完美，只"低头拉车"，不"抬头看路"。这也就是所谓的用正确的办法去做事，很有效率，但没有做正确的事情，缺乏有效性。所以，细节虽然导致了老福特早期的成功，但同样导致了他后期的失败。

结论1：细节不一定是成功的充分条件。

细节是否为成功的必要条件？

传说中有这么一个故事。某企业要雇一名员工，多人应聘。面试期间，该企业 CEO（首席执行官）刻意装扮成清洁工串场打扰。面对清洁工的打扰，应试者的表现是礼貌客气还是很不耐烦，抑或是只顾取悦考官而对清洁工视而不见？某应试者注意到该清洁工举止不俗、目光犀利，皮鞋、手表都是名牌，于是断定是大人物临场，因此对该清洁工尊重有加、礼貌客气，深得 CEO 和主考官好感，于是获聘。所以，对细节的重视可能是成功不可缺少的，具有战略意义。那么，是不是成功都必须重在细节呢？

昔日，楚汉相争。项羽会刘邦于鸿门宴上。席间，项庄舞剑助兴，意

第一章　大局与细节

在伺机刺杀刘邦。刘邦借故离席,与从人议。

>沛公曰:"今者出,未辞也,为之奈何?"樊哙曰:"大行不顾细谨,大礼不辞小让。如今人方为刀俎,我为鱼肉,何辞为?"于是遂去。乃令张良留谢。(《史记》(卷七·项羽本纪))

事在大局,生死攸关。"三十六计,走为上",逃命要紧,哪顾得了什么礼数细节?刘邦与四名随从徒步出逃,回至营中,成功保命。

结论2:细节不一定是成功的必要条件。

综上所论,细节,对于成功来说,既不一定是充分条件,也不一定是必要条件,所以也不一定是充分必要条件。因此,不加分析地高喊"细节决定成败"或"细节决定一切"只不过是为了吸引注意力而夸大其词的伎俩。同样的道理,战略对于成功虽然很重要,但它既不是充分条件,也不是必要条件。所以,"战略决定一切"的说法同样不可能放诸四海而皆准。

当然,也可能存在对细节定义本身的语意学问题。实际而言,某些时候,微小的细节可能关乎大局,战略的执行可能取决于某一细节。一个人看来是细节的问题,对另外一个人来说,可能是战略的大局问题。在某个层次上的战略问题,对另外一个层次来说,可能是细节问题。也有人可能更加取巧地声称:战略就是细节。那么,这时根本就不用说什么"细节决定一切"了。根据定义,细节本身就是一切了。

如果我们把讨论的焦点放在语意学的定义层面上,那么任何理论都可以自圆其说。也就是说,通过关联定义和循环论证,任何一个因素都可以成为另外一个因素的充分必要条件。比如,针对"细节决定成败"的说法,我们可以把细节定义为决定成败的那种因素,把成功定义成重视细节所导致的必然结果。这时,"细节决定成败"的说法或者"××决定一切"的说法便永远颠扑不破。按照这种逻辑，如果重视细节而没有获得成功，那么你重视的肯定不是细节，至少不是可以导致成功的那种细节。如果你没有重视一些细节而获得了成功，那么你必定重视了另外某种细节，或者某种你没有意识到的细节，某种你认为是大局问题的细节。

这样的定义和争论无疑是没有太大实际意义的。当我们只强调某种单一因素对成功的影响时，我们已经不知不觉地掉入了经验主义的陷阱。对于成功来说，资源、能力、人才、知识、忠诚、态度、战略、细节、沟通、承诺、时事、运气、领导力、执行力，等等，任何一个因素都可以在某种特定情况下决定成败，并在很多情况下影响成败，但不可能在所有情况下决定成败。

究竟有没有什么东西能够决定一切？这的确是个值得深思的问题。

战略定位与管理内功

战略是连接企业与外部环境的桥梁，体现了企业对外部环境（尤其是竞争环境）的特定选择以及具体的应对姿态。桥梁的两端，分别包括两个层面的连接点：一个是企业与外部环境的连接，这是所谓的战略定位的问题；一个是内部组织过程及资源和能力与其战略定位的连接，这是所谓的战略执行的问题。理想境界是，在两种连接中，双方都是相对融洽地匹配（Match）或曰契合（Fit）：战略要与环境匹配，方向正确，行为有效；执行能力要与战略匹配，方法正确，行事高效。如此，才有企业与环境的内外匹配以及相应的竞争优势与卓越绩效。

理想境界，亦即通常难以实现的状态。本章开篇强调的战略与管理间的冲突、大局与细节的矛盾、外部定位与内部运营的持续张力，使得大多数企业的常态是顾此失彼、无所适从，甚至有不少企业在矛盾和冲突的双方之间不断摇摆、来回折腾。当然，应对矛盾的路数，并不是全然无序、瞎撞乱碰。一些接近理想境界的典型的平衡点还是存在的。这些平衡点应对的是一些基本的战略类型（Generic Strategy）。每一个理想类别（Ideal Type）的应对战略，都分别需要其战略定位特点与内部运营要素的特定组合（Configuration）。

迈尔斯与斯诺的战略分类法

在战略管理文献中，雷蒙德·迈尔斯（Raymond Miles）和查尔斯·斯诺（Charles Snow）所提出的基本战略分类体系（Miles and Snow Typology），主要考察企业应对竞争的不同态势。企业的基本竞争战略态势，可以通过一个企业在经营活动中如何应对三种"调整变化周期"（Adaptive Cycles）的基本问题来考察和界定。这三种调整变化周期分别是外部定位周期（Entrepreneurial Cycles）、运行操作周期（Engineering Cycles）与组织管理周期（Administrative Cycles）。它们集中地展现了战略管理的精髓与张力：如何同时平衡外部战略定位与企业内部运作的关系。依据企业对这三种周期的应对态势与方法，企业的竞争战略可以被划分为四种基本类型：前瞻者、守成者、分析者和被动者。

前瞻者（Prospector）在外部战略定位与企业管理内功的权衡上，果断地选择了前者。它们预见未来、引领潮流、跑马圈地、抢占先机，是市场导向型的典型，注重把握方向，不善坚守阵地。它们几乎连续不断地寻求市场机会，有规划地对新的市场动态进行各种应对实验；它们兴风作浪，是市场中变化与不确定性的创造者，而对手不得不有所反应。由于过分注重产品和市场创新，其效率通常不尽如人意。

如果前瞻者所涉足的领域不仅高速增长，而且利润空间较大，那么这种战略可能获利丰厚。所谓"大行不顾细谨"。尚未到需要在任何市场上

战略的悖论
拆解与整合

精耕细作之时，企业就又已经发现新的增长领域和利润点。然而，如果前瞻者所涉足的领域需要非常专业的技术手段和经营方法，或者如果新产品和市场开发前景较为渺茫，这种战略则可能增长受阻，并且由于对效率的相对轻视而利润率低下。前瞻者的技术体系和运作过程强调宽广普适，能够包容多种元技术，并且转换灵活迅速，适于应对市场变化，然而缺乏专精。其组织体系适用于保持灵活性和有效性，通常具有很大的余度和缓冲空间，但可能没有充分利用资源。总体而言，管理内功与技术运营的相对薄弱，可能造成潜在的资源浪费和效率低下。

也就是说，前瞻者的增长主要通过产品和市场的开发、不断的攻城略地来实现，而不是靠市场渗透的精细和效率来实现。某些新的市场领域在形成早期潜力就已经非常巨大，可以使一些幸运的前瞻者迅速腾飞崛起，急剧增长，甚至达到赢者通吃的境界，比如腾讯的微信业务。而有时市场和受众则需要前瞻者去耐心地教育、培养和等待，比如 CNN（美国有线电视新闻网）的 24 小时新闻报道。最为危险的是，还没等到收割的当口，诸多不幸的前瞻者已经弹尽粮绝，闷头倒下。后来居上"摘桃子"的，反倒可能是一直观望并伺机出击的所谓分析者。在评介分析者之前，我们先看前瞻者的一个明显的对立面：守成者。

守成者（Defender）是注重管理内功和专业化经营的典范，在战略定位上独辟蹊径、执着一隅，不善随波逐流，自信而又固执。一旦战略定位确立，就很少再轻易摇摆，而是沉下心来全神贯注地耕作精细、讲求效率。它们一般具有较窄而非常专业化的经营领域，高层管理者为本领域的生产专家，不善于跨出本领域去搜寻机会，很少需要进行技术、组织结构或者运作方式方面的重大调整，主要精力集中在提高现有经营运作的效率上。

守成者基本上只低头拉车，很少抬头看路，而且车技娴熟。在市场变化多端、技术更新较快的竞争环境下，这种对阵地战的承诺有很大风险。

然而，一旦企业的经营空间选择被证明是有广阔发展前景的，或者至少有稳定的需求与增长，其他对手通常只好望洋兴叹。因为执着于企业内功，所以技术效率对于企业绩效至关重要，但是这种技术方面的巨大投资要求企业着眼于那些在很长一段时期内比较熟悉和可以预测的技术问题领域。管理体系适用于维持稳定和效率，但不适于发现和应对新的产品或市场机会。在环境宽松稳定的情况下，这种组织结构有利于阵地战的进行，组织流程清晰、控制体系可靠、运转流畅、行为高效。而在外部环境突变、市场动荡的情况下，企业可能对外部的变化反应迟钝，不利于发现新的机会或意识到自身面临的威胁，并且不利于进行企业生存所必需的调整与变化，现有观念根深蒂固，组织惯性大，积重难返。

比如，在印刷排版业，有些人曾是刻蜡版的高手，有些厂家在活字排版工艺上享誉多年，而激光照排技术的出现，使其不再拥有施展才华的空间。再比如，在数码技术和无线网络时代，原先那些执着于优质（有线）音响和功放机的小型精品企业，如果不能积极地应对无线音响技术带来的冲击，就很可能面临主业停滞而被迫出局的危险。从历史上来看，除了爱马仕（Hermes）等个别做马具的企业转型成功并保持原有品牌的卓越价值，大部分当年做马具的企业早已倒闭关张、销声匿迹，静静地尘封于历史的档案中。

分析者（Analyzer）最能体现战略定位与管理内功之张力平衡。介于前瞻者与守成者之间，它们攻守兼备、双轨并举、关注潮流、看重效率，是快速跟进者的典型，既不先动冒险，也不坐失良机。它们跨越两种经营领域：一种稳定，另一种多变。在稳定领域，它们通过正规程式化的组织结构和过程正常、有效率地运作；在多变领域，高层管理者密切注视竞争对手的新创意，并迅速采纳与跟进那些最有前景的创意。

分析者企图将外部前瞻与内部守成进行对立统一，其主要外部定位问

战略的悖论
拆解与整合

题在于如何发现和利用新的产品与市场机会，同时保持一个传统产品和顾客组合的稳固阵地，并保持二者的动态平衡。相对于前瞻者而言，分析者属于快速跟进者而非先动者，因此不需要过多的先期投入，可以"搭便车"，享受前瞻者开创市场所带来的外部溢出效应。相对于守成者而言，分析者研发投入较小，对经营活动效率的承诺不够，但具有新的发展空间。分析者的一大弱点可能是顾此失彼，既没有效率优势，也没有先动优势。

为了解决跟错方向而被锁在行业主流之外（Lockout）的问题，分析者可能同时跟进多个前瞻者所引领的道路。比如，索尼的蓝光DVD（数字通用光盘）和东芝的HD-DVD（高清光盘）在争夺产业标准之际，松下与两个战略联盟都保持良好的合作关系，不管哪个联盟的技术最终成为产业标准，它都可以快速切入，利用自己的制造规模和营销实力去大举占领市场。松下电器在日本素有"山寨者"（Me-Too）的昵称，通常紧跟典型的前瞻者索尼。

被动者（Reactors）面对内外挑战举棋不定、左右摇摆。它们往往经营意识混沌，缺乏应变能力，内部困窘，外部凄迷。它们的高层管理者时常感受到经营领域内环境的变化与不确定性，但又无法有效地做出回应，经营战略和组织结构间缺乏相对一贯持久的关系，难以像前瞻者、分析者和守成者那样形成特定的理想战略类型。早期曾经率先起步的一些互联网公司（尤其是门户网站时代的业界翘楚）如今很多都处于被动漂移者的状态。

回到我们的起点和焦点，这里我们考察的是企业如何平衡战略定位与管理内功的问题。迈尔斯与斯诺为此提供了精彩的展示与阐释，详解了三种理想类型的平衡点和相应的内外组合。虽然其内部运作包括组织管理与技术运作两个方面，但技术运作主要是作为战略执行层面的维度来考量的。战略定位也主要涉及市场定位和对外部环境中机会的把握。如此，其假设是，外部市场基本上是外生给定的，企业只要先期到达即可。

技术创新型拓荒者

这里要推出一个不太成熟的战略类别，笔者把它叫作**技术创新型拓荒者**（Technovator 或者 Technovating-blazer）。仔细想想，在现实中，尤其是在最近突飞猛进的高科技行业，许多新的市场是由企业的技术创新而建立的。比如，在乔布斯的苹果公司没有发明 iPhone 之前，没人会想到要一部智能手机。绝大多数的消费者对移动智能装置一无所知，更别说有需求了。同样，乔布斯信奉的榜样——作为全球电子行业技术先锋的索尼，也是一贯地坚持依靠自己原创的技术来发明新产品，建立新市场。这种战略意图与行为，肯定是属于前瞻性的，虽然执行效果有好有坏、毁誉参半。比如，从彩电到盒式录音机再到蓝光 DVD 的胜利，从 Beta 录像机到 Laser Disc（激光影碟）再到 Mini-Disc（微型音乐录放器）的惨败。

略显遗憾的是，回头来看，原本的迈尔斯与斯诺战略分类法（1978）并没有将技术创新正式纳入其中。说到技术问题（Engineering Problem），他们关心的主要是现有技术的运作效率。在他们的相关研究中，最先选择的产业情境是大学教材出版行业。这是一个相对成熟而又有明显增长的行业，可以使他们同时看到不同企业对于三种调整周期的不同应对组合的全部分布。基于此，他们提出了三种理想类型以及不够理想的被动者类型。

但是，当时该行业的技术进步与变化远非现在可比。之后，印刷技术不断创新，图书的承载模式也在创新（比如视听版或者电子版的书）。如果说这些出版业的创新仍然还是借力于其他行业的技术创新（比如只读光盘或者在线技术的成熟），那么像亚马逊的 Kindle 阅读器这样的产品和服务，从内容提供、阅读模式和产品推广等多个方面来看，都是该企业独创的全新市场，使得原来不读书的人也可能读书了。同样，苹果的 iPad 等移动智能装置也在很大程度上改变了人们生活、工作、学习和娱乐的媒介与方式。

从这个意义上说，应该有一个新的战略类别，那就是基于技术创新的拓荒者，不妨称之为技术创新型拓荒者。尽管它很难被简单机械地安插到现有的相对完美的迈尔斯与斯诺分类法当中，但这个新类型的确给我们提供了一个新的视角和新鲜的刺激：在战略和管理这两个充满张力的维度之外，我们必须考虑技术创新作为战略创新和市场定位的一个重要决定因素。战略、管理、技术这个"三脚架"中的技术应该强调创新，而不只是当下的运行效率。企业要通过自身的技术去造就和开发新的市场，而不仅仅是像原先的前瞻者那样去寻找和进入市场。这需要有梦想和较真儿的企业、保护创新成果不受侵犯的政府，以及有品位欣赏和有能力使用新产品的客户。在一个假冒伪劣产品盛行、企业偷工减料、消费者一味贪图便宜、政府对恶性竞争熟视无睹的环境中，这种战略类型基本难以得见天日。

在其整个分类法的阐述中，迈尔斯与斯诺以"组合构型"（Configuration）的总体方式来描述战略类别，同时揭示企业战略、组织结构、管理过程、技术体系、人员配置、管理团队等多个维度的特点以及它们之间的对应关系。它不仅涉及战略选择，而且关注战略实施，将竞争战略过程视为一个各部分互相支持的有机整体，强调其内在的一致性。作者还着重强调了"理想类型"与"殊途同归"的概念。理想类型指的是每一个稳定的基本战略都应该存在一个"理想的组合构型"（Ideal Type Configuration），这时，战略与结构、过程、人互相匹配融合，最优化地体现并实施该种战略。殊途同归指的是在"理想类型"状态下，不管是哪种具体的竞争战略，都可能会在某个产业中为企业带来竞争优势和优异的经营绩效。

当然，理想类型主要指的还是企业的管理与技术内功。这种内功是否与特定的理想战略类型匹配，肯定是影响企业经营绩效的重要因素。但这也只是我们前面说的"战略是连接企业与外部环境之桥梁"的那个桥梁的内部连接点。另外一个连接点，则是企业所选取的战略类型与外部环境的连接点。这个连接点决定企业的战略定位本身是否能够适应特定的外部环境。

显然，在中国快速发展的四十年间，在很多行业中，守成者是难有一席之地的。虽然一时间弘扬工匠精神的说法不绝于耳，但真正甘愿承诺投入的极为稀少。另外，说得好听一些，"山寨"型企业可以被归类为分析者。而各类前瞻者则比比皆是。大家八仙过海、各显其能，不失时机、千方百计地发现和利用一切可以利用的机会。从早年价格双轨制下的外贸公司以及各类"官倒"公司，到电信行业和金融业，再到房地产开发业以及电商、风险投资、私募基金、互联网金融以及 P2P（小额借贷），前瞻者层出不穷。

然而，这些大都是市场导向型的前瞻者，很少有原创技术创新者，或者说技术创新型拓荒者。难怪很多人认为，中国企业和企业家通常是重视经营，轻侮管理；沉溺外联，缺乏内功。最近，针对过去四十年的改革开放，著名财经观察家和商业畅销书作家吴晓波写了一本书，书名中借用了周其仁说的四个字——"水大鱼大"。问题是，大鱼虽然看着排场，但不一定好吃。

战略意义与操作效力

一天到晚高喊战略的，其所作所为以及过程和结果也许未必有任何战

战略的悖论
拆解与整合

略意义或者战略色彩。而那些被认为没有战略或者没有明显战略的企业，却又有可能实实在在地在某些方面独领风骚、卓尔不群。如此，其突出的特质和显著的竞争力，便不折不扣地具有浓烈的战略色彩和深远的战略意义。企业间的竞争，日复一日，年复一年，比拼的不仅仅是战略"调色板"上的倾情描摹，而且很可能主要是企业瞬时常态的运营品质与操作效力。

在评价当年本田摩托车进入美国市场后历经曲折而终获成功的案例时，理查德·儒梅尔特（Richard Rumelt）教授曾经一针见血地指出：如果你会做世界上最好的发动机，我可以在三天之内告诉你所有你想知道的与战略有关的知识；如果你不会做世界上最好的发动机，那么即使你手下有好几个战略管理学博士也大抵无济于事。问题的关键在于你首先要有竞争力（即使是运营层面的操作效力也可以），能在某些方面出类拔萃、技压群雄。

战略性：战略意义

战略乃取胜之道。战略是企业为实现其根本使命和具体目标而制定的总体规划和基本谋略。与战术相比，战略是相对较高层次的概念和现象，并且相对稳定、持久和一致。战略具有非常强烈的目标导向，为实现某种特定目标服务。因此，那些对于实现企业目标具有极大价值的要素，经常被称为战略性（Strategic）要素或具有"战略意义"的要素。这种战略性要素往往是实施某种战略或实现某种目标时最稀缺的、制约性的因素。

广而言之，比如能源、通信和基础设施建设等是国民经济发展的战略要素，属于所谓"制高点"上的要素。细而言之，比如赤壁之战中，孙刘联盟共破曹兵，万事俱备，只欠东风，此时东风就是战略性要素，因为它关乎孙刘联盟在赤壁大战中的成败。这时，作为战略性资源，东风是与具体的竞争战略相关的，也就是说，东风是由于火攻这一特定军事战略才显得重要的。

然而，值得注意的是，我们这里所说的"战略性"，实际上指的是某种要素对于实现某种目标的"重要性"和"关键性"，而并不一定必然与某种清楚明了地表述出来的战略相关。比如说，我们开垦一片地种庄稼。如果这块地缺碱，而碱的含量与我们要种的庄稼的出产率成正比，那么碱就是战略性要素，不管你采用个体经营战略还是集体耕种战略。

再比如，一个人报考 MBA（工商管理硕士），可能分数、经验和能力等多个方面都很强，但只是在与竞争对手比较时，某一方面显得相对薄弱而未被录取，那么，这一相对薄弱的方面便具有战略性。所以说，对于一个考生来说，很难说什么是最重要的或最具有战略意义的。学校拒绝录取时阐述的理由就是最有战略性的方面，而这种战略性要素在很多情况下是无法提前预知的。

那么，我们在事前如何告诫这些考生呢？我们很可能会说，你必须在所有方面都很优秀。这跟没说一样。而具有讽刺意味的是，如果一个考生能够做到在所有方面都出类拔萃，那么，在这种情况下，实力在那儿摆着，也就没有必要诉诸任何战略了，只要出场亮相就行了。其实，对于一个在竞争中面对极大不确定性的企业而言，作为市场上的一个"考生"，它与上述 MBA 考生面临着相似的战略挑战。

战略，就是要在很多限制条件下进行取舍，进行调配，从而避免或缓解战略性要素的短缺造成的不利局面，或者最大限度地挖掘某种战略性要素可能带来的收益，"一俊遮百丑"。而战略性要素的两个主要特点就是重要和稀缺。重要意味着对实现目标起显著作用；稀缺，根据定义，意味着不是每个企业都能充分享有，它在不同企业间的分配是不对称的，而它的缺乏则构成对实现目标的强有力制约。

战略的悖论
拆解与整合

这样看来，战略性的资源与能力只是四种可能性中的一种。我们可以简单地比较其他三种：一是重要但不稀缺的资源，因为可以随时得到，所以其不可能成为一种制约因素。比如，水对于生命非常重要，但在通常情况下，在供水充裕的地方，水并不被认为具有战略地位。二是稀缺但不重要的资源，其对目标的实现往往无碍大局，但也贡献不了多少，通常是可有可无。比如，人们常说"三条腿的蛤蟆难找"，但找到了也往往没什么大用处（除非你开珍奇动物展览馆）。三是既不稀缺又不重要的资源，比如没有经过任何技术训练的劳工，通常可以很方便和廉价地获得，不具有战略意义。所以，只有重要并稀缺的资源才是真正的战略性资源。这种资源，如前所言，可能适用于多种战略的构想和实施，也可能只在某种特定战略中发挥优势。

操作效力的潜在战略意义

迈克尔·波特（Michael Porter）在他那篇著名的《什么是战略?》（Porter, 1996）一文中，曾经竭力声称日本公司其实没有"战略"，有的只是所谓的"操作效力"（Operating Effectiveness）。笔者认为，并不能因为某些企业没有采用某个著名分类法界定的基本战略类型中的一种，就认定这些企业没有战略，或者认定这些企业的资源与能力没有战略性。把日本企业的大规模高质量生产制造实力贬低成操作层面的战术要素，很容易造成理解上的偏差和混淆。这里至少包含两个层次的问题："操作效力"究竟是不是战略性资源或能力？日本制造业企业到底有没有战略？

第一，如果某些企业拥有某种资源或能力，而对手没有或相对缺乏，且这种资源或能力能够给企业带来持久竞争优势，那么这种资源或能力显然是非常具有战略性的。日本的"操作效力"恰恰就是这样一种能力，在全球范围内不仅重要，而且稀缺。当大多数企业对生产的制造工艺、生产过程质量以及产品质量并不是非常重视的时候，当美国底特律制造的汽车按照设计只准备在路上行驶七八年的时候，日本企业对质量宗教般的信奉和追求是独特的并且具有经济价值的。对质量的追求不仅带来了企业的工艺精良和人员的训练有素，而且还带来了浪费的减少和成本的节约。这是日本制造业在20世纪后半期成功的最根本原因之一，极具战略意义。

第二，日本企业在上述时期的操作效力是基于非常清晰的战略意图的，那就是"永久占据并领先国际市场"。日本企业对质量的追求和对操作的完善，简而言之，对操作效力的重视和应用，是有目的、有系统的，是不断改善和增强的。这是它们占领国际市场的主导竞争战略。根据资源本位企业观的主要提倡者杰伊·巴尼的"战略要素"（Strategic Factor）理论，日本企业的操作效力不仅有经济价值，而且稀缺、独特、难以被模仿。并且，这种效力通常和企业特定的组织体系密不可分。而建立在这种战略要素上的竞争战略就难以被对手模仿。以此观之，日本企业的"操作效力"体现的恰恰是一种独特的竞争战略。

正像日本企业在记忆储存装置市场上，用更低的价格和更可靠的质量把美国的英特尔"请出局"一样，韩国和中国的企业也在日益攻占日本企业的传统领地。当对手的质量赶上来时，日本的操作效力优势已经日薄西山，成了相对重要但并不极为稀缺的要素。而异军突起的三星等企业则依靠设计等方面的创新战略，成功地挑战了日本传统企业基于质量的战略。然而，后起之秀的赶超并不意味着日本企业当年对质量的重视及其操作效力不具战略性，而只是说明，企业要长期发展和领先，就必须持续不断地延长其战略要素的使用寿命，或者更新其战略要素。

比如，我们可以看到21世纪日本企业从B2C（Business to Customer，企业对消费者）向B2B（Business to Business，企业对企业）业务的大规模转换。索尼在家电产品的终端市场上的表现已然大不如前，但在例如手机镜头等诸多产品的 B2B 业务上仍然大有作为。三星以芯片和屏幕这两款数码时代的基础原件为基础构建自己的独特竞争力，一时风头占尽。在远效欧美、近赶日本的不断"山寨"过程的驱动下，三星自己也不断创新，终于成为世界首屈一指的家电企业。不知道波特教授认为以三星为代表的韩国企业是否有战略。当然，如今三星的日子也不好过：前面已经没有对标的榜样了，身后又上来了紧跟的中国军团。大家都在不停地折腾。而能够在事后被总结成战略的东西或者具有战略意义的举动，也许通常都是在运营层面所进行的歪打正着的折腾——逐渐积累，日益打磨，最终成型，而后失灵。

行业选择与运营效率

很多人都喜欢赶时髦，企业家也不例外。我们的企业家最喜欢问的问题之一，就是"能不能告诉我下一个要火的行业是什么？"或者"下一个会火的业务在哪里？"貌似十分高瞻远瞩，实则各个短视投机。趁机"捞浮财"的心态十分流行，而大家对自己是否有足够的实力和内功去发现、挖掘和利用各种机会却少有思忖和自省。

自从迈克尔·波特的《竞争战略》一书于 1980 年问世以来，产业分析和选择便成了战略管理研究和实践所关注的主要焦点。根据产业分析学派的论断，一个企业的盈利高低，主要取决于它所在产业的所谓吸引力。由此，战略定位的核心任务被认为是企业在外部竞争空间的定位——选择最具有吸引力的行业，争取在该行业建立强势地位，享有持久竞争优势。

问题是，什么是有吸引力的行业呢？是不是一个行业对所有的企业都具有相同的吸引力呢？是不是某个行业的平均利润率高或者增长率高就一定具有吸引力呢？对这些问题的回答，仅靠产业分析一种理论视角的帮助，显然是不够的。事实上，在主流的管理文献中，一直存在着另外一种声音，那就是资源本位企业观。这种理论视角将企业看成一种独特的资源与能力的组合，而不仅仅是产业分析学派所定义的产品和市场活动的组合。

伯格·沃纳菲尔特（Birger Wernerfelt）于1984年首次正式擎起资源本位企业观的大旗，并且提倡从企业内部的资源禀赋和能力组合的角度来考察企业行动的原因和导向，乃至企业利润的来源。沃纳菲尔特与其妻——著名战略管理学者辛西娅·蒙哥马利（Cynthia Montgomery）曾于1986年在《管理科学》上合作发表了一篇论文——《什么是具有吸引力的产业？》，对上述问题做出了精辟的回答。

简言之，结论就是，不同类型的产业，对于不同能力的企业来说，吸引力是不一样的。我们不妨称之为"吸引力悖论"。具体而言，如果一个产业中的某些企业由于优异的成本控制能力而极具成本优势，那么这些企业较广阔的利润空间和较高的利润率会把整个产业的平均利润率提得较高。如果一个产业中所有企业的成本都比较接近，也就没有企业可以长期拥有比对手更高的利润率，这样，整个产业的平均利润率就会相对较低。所以，对于成本控制能力较强（所谓高效率）的企业来说，利润率高的产业比利润率低的产业更具有吸引力，因为它相对于成本控制能力低的企业的竞争优势可以被凸显出来，被最大限度地利用。相反，对于成本控制能力较低（所谓低效率）的企业来说，在利润率较低的产业当一个一般的选手比起在一个利润率较高的产业当一个失败者，日子可能要更好过一些。

同样，对于低效率的企业而言，增长率较高的产业比增长率较低的产业更具有吸引力，因为高速增长的行业往往需求大，竞争压力相对较小，比较容易包容和袒护低效率企业的不足。泥沙俱下，看不出"谁傻谁笨"。而对于高效率的企业而言，在相对稳定和成熟的产业中要比在高速增长的产业中更容易发挥优势。越是打"阵地战"，实力的差别对结果的影响也就越大。当然，这并不意味着高效率的企业应该进入停滞的或者衰退的产业。

两位作者对美国《财富》500强的128个样本进行了实证检验，上述结论得到研究结果的有力支持。我们不得不为这项三十多年前的经典研究工作所发出的某种信号而拍案叫绝，因为这个信号强大而经久不衰。那就是，战略管理是一门情境艺术，讲究的是企业自身资源与能力以及外部环境的机会与要求之间的动态匹配与契合。没有对所有企业都具有吸引力的产业，也没有任何企业在所有产业中都能够生存并取胜。企业要根据自己的实力去发掘机会，根据环境的约束来提高自己，从而保持战略的生命力以及企业的竞争优势。

《孙子兵法》有云："水因地而制流，兵因敌而制胜。故兵无常势，水无常形。能因敌变化而取胜者，谓之神。"这种信号之所以强大，就在于它所昭示的战略精髓。这种信号之所以持久，就在于它有存在的必要，尽管我们经常会忽视它。在现代版本中，这种信号所昭示的战略实质最早反映在20世纪中叶哈佛商学院的SWOT分析框架中。这个框架的核心精神是：成功的企业战略应建立在对企业内部运作的强势（Strength）和弱势（Weakness）以及外部环境的机会（Opportunity）与威胁（Threats）的共同考量之上。当然，说实在话，这类建议性、指导性和纲领性的理论框架并不是某种精确的理论模型，可以用来对所研究的要素之间的关系给出类似物理定理一样的描述。因此，它也需要得到不断的完善，从而更加具有操作性。

波特在产业分析方面的工作便是这样一种企图和贡献。同样应该值得赞赏的是与之相辅相成的资源本位企业观。波特的产业分析使企业对其竞争环境以及它带来的机会和威胁有了更清楚的认识和准确的把握。这种分析不仅涵盖产业总体结构层面，而且包括产业内的细分市场结构和战略群组动态以及具体的竞争对手分析。遗憾的是，由于产业分析学派的极度昌盛，波特的五力模型被过分滥用。SWOT分析中的环境因素（OT，即机会和威胁）被人为地夸大，环境决定论之说甚嚣尘上；企业的内部运作（SW，即强势和弱势）在很大程度上被忽略。在管理实践中，也存在着各类企业不顾自身条件和实力，盲目进入大家都认为具有吸引力的行业的现象，比如曾经盛行的光伏产业以及最近的共享单车业务等，结果是重复投资严重，很多企业惨败。

战略定位的决策离不开对行业趋势的战略性判断、对自身实力基础的冷静审析，以及对二者之间的匹配与契合的综合考量。环境要求与内部实力的动态匹配，既是大家习以为常的老生常谈，又是真实存在的、需要持续关注与应对的动态矛盾。真正精于此道者，则屈指可数、凤毛麟角。这也是战略管理悖论固有的内在张力之显现。如果是个企业就能做到战略和管理俱佳、大局与细节并重、外部定位与时俱进、管理内功如影随形、内外匹配天衣无缝，那么战略管理已经不再具有任何存在的意义了。那是大同世界的臆想。

本章小结

所谓的经营企业（Run the Firm），包括在变化多端的外部市场上攻城略地、纵横捭阖，也包括在企业内部通盘打理、精耕细作。前者是战略定位的挑战，需要识大局、定方向，做正确的事情，注重战略意义与战略性。后者是管理内功的领地，需要重细节、善执行，用正确的方法做事，专注于运营的效率和精益性。在战略定位与管理内功之间如何把握适当的

战略的悖论
拆解与整合

均衡，乃是企业经营的终极挑战。理想的状况是在外部环境要求与企业内部特点之间保持动态的平衡。真实世界中的实践，则是在适应外部环境与利用自身实力特性这两个通常相互矛盾冲突的方面不断探索和变化调整。道路多是曲折，前途难以料定。

一味地鼓吹企业既要重视战略定位也要重视管理内功，也许于事无补，只是"站着说话不腰疼"。不同的企业，需要根据自己的实力和经历以及对未来独特的判断来构建和保持自己特有的平衡。在短期内，也许可以在两方面同时发力；长期而言，通常是彼此交替、顺序而行，有时专注于战略，有时专注于内功，由一方的改变和调整打破现有的均衡，从而带来另外一方的变化和顺应，关键节点上力求做好大局上的把握，日常运营中保证对细节的关注以及高效率的运营。

某些情境下，一些企业在技术和产品领域的突破性创新，不仅可以创立全新的战略空间（新兴行业或市场），引领未来的发展潮流，而且可以同时拥有卓越的自身实力，在新建的战略空间尽情驰骋。从这个意义上讲，某些重要的细节，乃是可能具有重要的战略意义的。低头拉车和抬头看路，并不是车和路的全部组合。一种更加令人振奋和鼓舞的方式，是拉着自己的车去开辟全新的路。

第二章 选择与决定

在哲学中，自由意志（Free Will）与决定主义（Determinism）之间的矛盾由来已久。前者主要强调的是人根据自己的意志而自由地选择自己的行为，体现的是人在不同的行为之间具有不受阻碍地选择的能力。相反，决定主义（或曰决定论）则意味着只有一种特定的行为可能，而自由意志没有用武之地。如此，至少在二者各自定义严格的情形下，自由意志与决定论之间可以说是无法相容的（Incompatible）。

当然，也有意见认为二者其实是可以相容、可以互动的，甚至是互为表里的。可以想见，相容派的人士一定会在二者的定义上做文章。有人认为自由意志本身就包括一定程度的决定论。如果行为选择本身没有约束性和局限性，或者行为的后果没有确定性和必然性，那么选择本身是无所谓的，是没有实质意义的。而且，有人甚至会说，即使在唯一选择的情境下，人也存在不选择的可能性。

"不自由，毋宁死。"

"人不为己，天诛地灭。"

"身后有余忘缩手，眼前无路想回头。"

"不成功，便成仁。"

"我不是你最好的朋友，我是你唯一的朋友。"

"出来混，迟早要还的。"

"善有善报，恶有恶报。"

战略的悖论
拆解与整合

"作恶者一定不得好死。"

"你迟早要遭报应的。"

"我们的目的一定能够达到。"

"你别无选择！"

上述这些情形体现的到底是客观的决定论，还是人为设定的决定论？人们能否确定自己的自由意志完全是发自内心而且是丝毫不受外界干扰的，是不受各种决定论的影响的？我们所谓的自由意志与我们自身的利益是不是吻合的？我们的信仰是我们自身利益不可分割的一部分，还是影响我们对自身利益判断的另外一种存在？这种信仰存在是自由意志的体现，还是外部环境的强加或诱导？著名哲学家罗素曾经如此声称：我绝不会为我的信仰而献身，因为我知道我可能是错的。

如果一个人对某种行为上瘾，比如抽烟、喝酒、打游戏、吸毒、赌博、偷东西，这些行为体现的究竟是当事人在行为发生时的自由意志，遵循自己内在的决策准则的理性行动，还是受其他外部决定因素的逼迫和驱使？是不同的环境决定了不同的自由意志——自由意志可能的存在空间与类别分布，还是自由意志选择了不同的环境来进一步决定未来的自由意志？

孟母三迁，大抵是出于自己的自由意志而要为儿子创造良好的成长环境。潜台词是，环境对人的意志和行为是有决定作用的。其实，这也是一种悖论。如果你到哪儿都能行使自由意志的话，你还搬迁干啥？！"是金子在哪里都会发光""邪不压正""脚正不怕鞋歪""出淤泥而不染"，这些说辞描述的到底是常规还是特例？显然，决定论肯定是有其存在的理由的。

反过来说，那么多的张母、李母、王母、赵母，为什么只有孟母一而再，再而三地迁徙？这不是超乎寻常的自由意志又是什么？同样，别人家都给私塾老师两个银元的束脩，胡适的母亲则给老师加倍，老师就多教给胡适几个字。这就是先动优势，来自一个早年丧夫并家道中落的妇人的自由意志。同样的环境，并没有产生完全同样的意志和同样的结果。

曾经流传这么一个说法：国企搞不好是正常的，搞得好是不正常的。怎么看待这个说法呢？首先得看比较时采用的评价指标。在有些指标上，国企肯定比其他类别的企业搞得好，平均意义上好，也可能是绝对意义上最好。在其他指标上，国企肯定不如其他企业，平均意义上不如，甚至绝对意义上最差。纵使我们纯粹假设，剔除政策优势和其他优势，国企在很多指标上都不好乃是常态，仍有一部分优秀的国企（或者由卓越的企业家掌管的国企）在所有重要的指标上平均都高于其他类别的企业，甚至是绝对意义上的最优。这也许算是决定论和自由意志论同时存在的一种可能。

让我们首先用导论中提到的第一个办法——二维拆解——来尝试着解决这个问题。不要把自由意志和决定论放置在一个维度的两个极端，而是要把二者都各自当成一个独立的维度，而且每个维度都是一个连续变量。这样，我们就可以造就二者的多种组合，2×2、3×3、9×9，如此等等。也就是说，自由意志以及决定论通常是可以同时存在的。所有的选择都是在某种决定论之不同程度的影响下的相对自由的选择。

其次，我们在导论中还提到了"升级整合"的思路和方法。用于这个场景，那就是，无论是自由意志论还是决定论，抑或二者的同时作用，这三种组合情形的一个共同特点是：事情的起因都是可以追溯的，有相对明确的因果关系。还有一种组合：既非自由意志的选择，亦非决定论的影响，在人类可以理解的范畴内，可能就是一个随机的事件，抑或其因果关系难以确定或者破解。这也许是很多事情的真实状态，但我们通常又宁愿采用决定论或者自由意志的语境去形容它们。

也许，自由意志也是某种先验的决定论的体现，而决定论也不过是人们基于自由意志而进行的"认命"的选择。欢迎来到自由意志与决定论的悖论世界。具体到企业的战略管理，上述悖论就体现在所谓的战略选择说（Strategic Choice）与环境决定论（Environmental Determinism）之间。前者强调战略管理者自由选择和主动行为的角色和功效，强调人的主观能动性和对自己的行为及其结果的影响与掌控。后者强调企业的外部环境难以抵挡的制约力量，以及对不同类型的企业所施加的不同的束缚、所进行的选择和淘汰。

本章从三个方面探讨基于自由意志的选择与环境决定论在企业战略管理领域中的体现和应用。首先，我们比较战略选择与环境决定论的主要论点并尝试解读二者的不同组合。其次，我们聚焦于对战略决策过程特点的考察，对比战略规划（尤其是所谓的顶层设计）与渐进摸索这两种思路与方法各自的特点以及二者之间潜在的冲突与整合。最后，我们着重考察在企业内自由意志作用的空间，以及最高决策者的果敢决断与企业其他阶层人士互动参与的关系。

自由意志与环境决定

管理者能动性与环境决定论

管理者到底能有多大的主观能动性以及自由选择的空间？对于这个问题的回答，从自由意志论到环境决定论之间的各类说法，几乎都在管理实践中有所体现和见证，亦在文献中有所涉及和争锋，但又最终是一个近乎个人信仰和偏好的问题。萧伯纳曾言："人们总是抱怨说境遇使然。我不相信境遇。在这个世界上有所作为的人，每天都在寻求他们想要的境遇，如果找不到，就去创造它。"与萧伯纳一样荣获过诺贝尔文学奖的英国政治家丘吉尔则说得相对温和诚恳："我们造就我们的环境，然后我们的环境造就我们。"中国作家刘索拉就直接一句话："你别无选择！"其同名小说至少从字面上看则是不折不扣的环境决定论。也许，环境决定与战略选择之间可能存在双向的因果关系（Reciprocal Causality）。

从事战略管理的人往往或多或少地，至少是隐含地或不自觉地，愿意相信管理者是有能动作用的，可以进行有意识的、积极主动的**战略选择**，而且其战略选择（包括对组织结构等战略实施手段和经营氛围的选择）会影响组织的运作活动以及企业的最终经营绩效。也就是说，管理者可以根据自己的自由意志对企业的经营运作产生预期的影响和控制，而并不只是在环境的各种约束下随波逐流、被动漂移。

如果没有这种极端执着的近乎盲目无畏的信念（Blind-Faith），估计人们也就不去折腾了，干脆碌碌无为、随遇而安，抑或尸位素餐、混吃等死。在商界，那么多的企业家和创业者，如果没有极端自以为是的信念作为支撑，估计大多数早就偃旗息鼓了。信念和态度，至少决定了人的行为，虽然不一定导致人和事儿的成功。但是，没有行动，便没有成功。一旦诉诸行动，大多数情况下是失败。此乃人世常态。

信念归信念。概而言之，组织不可能自给自足，必须与外界进行交换。组织依靠其外部环境获取经济资源和社会资源。因此，环境是组织的生存前提，组织必须满足其环境中那些掌控和拥有不同资源的各类相关组织与群体的需求，并同时受之约束。某些资源的重要性和稀缺性使得组织对环境的依赖性增强，因此更加受制于外部环境的控制。管理者也只能在这种依赖和控制下行事作为。大趋势界定小选择。

作为组织生态圈中的一个特定的物种，当某一类组织群体已经不能适应它们赖以生存的外部环境的要求时，就会惨遭无情的淘汰。而这些组织

战略的悖论
拆解与整合

中的战略管理者，无论如何自信和能干，面对外部环境中的灭顶之灾以及企业内部的顽固惯性，基本上是无可奈何、仰天长叹。需要说明的是，说到环境，通常情况下，我们特指企业的外部环境。其实，对所谓"企业内部环境"的分析和理解同样重要。企业的内部环境指的是企业自身的结构设计、制度安排以及文化氛围。内部环境既体现了战略管理者的选择与设计，同时也要符合外部任务环境（包括产业结构与技术特点等要素）的要求和条件。

管理学领域里曾经流行的权变理论（Contingency Approach）也许能够帮助我们思考战略选择与环境决定之间的矛盾和冲突以及潜在的整合。管理者要选择那些在特定环境下较为适应环境要求的战略举措与组织安排，而管理者在这些选择上的质量和有效性又取决于不同特质的任务环境。

战略选择与环境决定的多种组合

回到之前提到的二维拆解，如果把战略选择和环境决定看作两个独立的维度，而不是同一个谱系的两个极端，我们就可以玩味和解读二者的多种组合。首先，在一个特定阶段内，二者的组合是可以在时序上有相对的先后关系的。也就是说，自由选择与环境决定在时间上是交互替代的。比如，经过自己的审慎分析和果敢定夺，一个企业一旦选择了某个具体的业务抑或商业模式，比如上马建造发电厂，它便很难在短期内转向其他业务的经营，比如做服装。它能做的大概是电解铝抑或其他可以大规模用电以及与电相关的业务。你选择具体的环境，环境反过来决定了你下一步的选择空间。

其次，二者可以同时出现和存在。即使有时序上的先后和交替，最终的均衡状态也注定是二者的某种即时的组合。在管理学文献中，劳伦斯·赫雷比尼亚克（Lawrence Hrebiniak）与威廉·乔伊斯（William Joyce）曾经对战略选择与环境决定二者关系的组合做过精彩的尝试，给我们带来了有益的启发。根据战略选择以及环境决定可能存在程度的高低，可以有四种不同的组合来界定战略管理可能的运作空间，这四种空间分别对应不同的潜在关系模式。

第一种可能的组合是，环境决定的影响作用较大而战略选择作用的影响相对较小。这时，面对强大的环境约束，战略管理者相对被动。企业与环境之间关系的主要模式是"自然选择"（Natural Selection），也就是企业被环境选择，企业自身几乎没有选择。结果是适者得以生存，劣者惨遭淘汰。这是支持环境决定论的主要场合。巴菲特曾有句名言，大概意思是：当一个骁勇善战、功勋卓著的企业天才跟一个臭名远扬、坑人无数的糟糕行业遭遇时，往往是后者的名声得以保全。君子不跟命争，但你可以选择避免这种遭遇。

早在1935年，著名地理学家胡焕庸先生就曾在中国版图上画了一条自东北地区黑龙江黑河到西南地区云南腾冲的线，将中国的疆土一分为二。该线左上方（西北）区域的"大漠长河孤烟"，地域面积占当时中国面积的三分之二左右，而人口只占到全国总人口的4%。该线右下方（东南）区域的"小桥流水人家"，地域面积占三分之一左右，而人口则占到96%。这一分布模式至今仍然基本成立。可以想见，两个区域的经济与社会发展的速度、深度、广度、密度、浓度等各种指标也会有与之相应的不同。如果一个企业的业务与地域人口的基数以及经济体量直接相关，那么它对地域市场的选择可能是没有选择的选择。环境决定论可能压倒一切。

第二种可能的组合是，战略选择与环境决定的可能性"双高"，既有选择的空间，又有环境的决定。这时的战略管理挑战主要是在约束下积极调整（Adaptation），要靠选择上的"差异化"（Differentiation）战略和"聚

战略的悖论
拆解与整合

焦"（Focus）战略来最大限度地利用自身的优势与外部的机会。也就是说，在选择不同的业务领域和专注方向时，企业有较大的自主权，根据自己的实力与偏好以及对未来的预判，可以有意识地选择进入那些既符合自己的目标与能力又符合未来发展趋势的业务空间（Domain）。而一旦选择了向着某个业务空间定位进行承诺，决定论的力量就会极大地限制企业在一定时期内的再次选择，并使其行为和后续决策向着既定方向行进。

许多所谓的垄断性竞争（Monopolistic Competition）抑或竞争性垄断（Competitive Monopoly）也是这样一种情形。比如，在既定细分市场内，一个企业会享有垄断优势；而在不同的细分市场之间，企业间又存在着相互的竞争。垄断与竞争也不是同一个谱系上的两个极端，而是两个不同的、独立的维度。二者的组合，可以是完全竞争，可以是完全垄断，也可以是垄断竞争"双高"的双头垄断，还可以是二者"双低"的、自生自灭的无序游动。

上述垄断性竞争抑或竞争性垄断则是适度垄断与适度竞争的组合。而导致这种结局的，可能正是我们这里讨论的战略选择与环境决定"双高"的组合。在进入某个细分市场之前，企业是有选择的。一旦进入，便需要按照那一具体环境的要求去尽力而为。选择上的"差异化"战略和"聚焦"战略可以人为地促成所选环境"所决定"的"垄断"和"专注"优势。苹果公司可以选择自建封闭的 iOS 系统抑或采用通用的 Android（安卓）系统，但它采用了前者，至今效果不错。

在某些关键的节点上，一旦选择有误，便很难轻易地更张易辙、收复失地，只得硬着头皮走下去，到了下一站（抑或心理上的某个节点）才有可能进行再一次的选择。诺基亚在智能手机业务上选择了 Symbian 系统，即使后来出现了问题，也基本上不可能再转向安卓或其他系统，最终的命运是不得已降价贱卖给了微软。微软的 Windows Phone 也是同样的命运，逐渐败北，销声匿迹。

第三种可能的组合是，选择的余地非常大，环境决定的制约相对较小。此时的组合主要是战略选择可以相对自由地进行发挥的情形。虽然不是为所欲为，但基本上是在既定的条件下任意选择。这时，企业也许可以通过某种"设计"（Design）和规划来选定自己的生存空间和运作方法。在某个产业发展的初期，新市场领地的出现、新技术以及技术创新导致的新产品与服务的涌现、一揽子宽松政策对某些行业的支持和鼓励，等等，都可能给不同企业及其决策者带来无限广袤的想象空间和尽情施展抱负的宽广余地。从某种意义上说，蓝海战略所要寻求和锁定的正是这样一种可能性。

具体而言，中国自改革开放以来，各种经济特区、开发区、试验区、自贸区和产业园等源自特殊政策安排的经济发展空间，对于企业而言，都或多或少地减少了环境的制约作用，给了企业多种自由选择的机会。同时，这种制度安排也给这些特殊经济区域的官员以很多自主权，鼓励他们去创造支持自己尽快升迁的业绩。如此，他们更愿意鼓励区域内的企业去创造业绩并给他们带来其急需的政绩，有时甚至不惜亲自披挂上阵，或者全家上下、亲朋好友齐上阵。官商勾结，互相成就。成就之余，偶尔难免不当之举败露。选择太多，有时候也不都是好事。人还是要受些约束的，要悠着点儿。

当年的万科决定放弃包括零售在内的诸多迅猛发展的业务，而专注于住宅房地产业，便是有意识地进行的战略选择。不仅决定要做什么，而且也许更重要的是决定不做什么。环境相对宽松温和，可选的机会很多，诱惑也很多。万科的选择与承诺终于把自己推向行业"老大"的宝座。再看腾讯，其在电商业务上曾经面临一个经典的问题：是外边买，还是自己做？最终，其选择是放弃自己已有但并非行业领先的电商业务，转而在战

战略的悖论
拆解与整合

略投资层面入股电商翘楚京东。

第四种可能的组合是,战略选择和环境决定的影响和作用"双低",这种组合情形对应的基本上是相对偶然自发的行动与过程主导的领域。此时的企业行为主要是"渐进选择"和"随机调整"。环境也许并不怎么制约你,而你基于主动选择的各种折腾通常也不会有什么明显的效果。

管理自由度:一个整合体系

综上所述,环境决定与自由选择往往同时存在,共同影响企业的战略管理决策。企业的战略管理决策者究竟有多大用处呢?管理学领域研究CEO和高管群体的首席专家唐纳德·汉布里克(Donald Hambrick)与其学生悉尼·芬克尔斯坦(Sydney Finkelstein),曾经在借鉴诺贝尔经济学奖获得者奥利弗·威廉姆森(Oliver Williamson)等学者的早期工作的基础上,详细阐述了所谓的"管理自由度"(Managerial Discretion)的概念,并开发了以此概念为核心的一个分类框架,试图在自由意志论和环境决定论这两个极端的视角之间架起沟通的桥梁。

具体而言,他们将管理自由度定义为管理者能够按照自己的意愿行事的程度和空间,它的大小因不同的情境而改变。不同的情境由外部环境、内部环境以及管理者个人特点三方面共同决定。首先,是企业的**任务环境**——比如产品的差异化程度、产业结构和增长速度、需求的稳定性等。其次,是企业的**内部组织**——比如企业的组织惯性、年龄、大小、文化以及资本结构等。最后,是管理者的**个人特点**——比如野心、成就欲、权力基础、政治智慧等。

基于上述三方面的因素,可以将每个因素分成高和低两个层次,然后做出一个 $2 \times 2 \times 2$ 的三维立体矩阵,将管理自由度按照不同的组合情境分为八类:"行政官僚""丛林向导""作茧自缚""为所欲为""名义首脑""游击队长""第五车轮"和"催化良酶"。

比如,当环境严峻险恶、组织僵化窒息、管理者个人软弱无力时,三方面所允许的自由度都很小,管理者不过是"名义首脑"或称傀儡,有名无实,无所作为。试想,一个边远山区穷困县的一位年老多病、等待退休而又与世无争的文化局副局长,基本上是没多少权力和自由度的。相反,当产业发展迅速、环境宽松自由、组织灵活、资源充沛、人力精干而且管理者个人敢想敢干时,三方面所提供的自由度都很大。天时地利人和,管理者则是真正的实权派,几乎是"为所欲为",一张嘴基本上都是命令式的祈使句。

"游击队长"则能在环境和组织都不利的情况下,凭一己之力,有所影响和作为。而"作茧自缚者"则在环境优裕和组织支持的情况下故步自封,错失良机。在组织条件良好但任务环境不利的情况下,有些管理者可能过分强调环境的威胁和制约而不去想办法上下求索,只求规避风险。这种管理者可以被视为"行政官僚"。而有些管理者可能会积极主动地去探索,为企业找出路,寻求机会。这种管理者扮演的是"丛林向导"的角色。在任务环境有利但组织僵化掣肘时,有些管理者会轻易放弃追求,崇尚明哲保身,扮演"第五车轮"的角色——没他不少,有他不多。同样的情况下,有些管理者则锐意进取,成为推动变革的催化剂,即"催化良酶",为组织带来新的气象和精神面貌。

总之,环境决定与战略选择,不是非此即彼,而是组合平衡的问题。管理自由度,最终是一个量的问题。你的管理自由度到底有多大呢?

顶层设计与渐进涌现

战略选择的说法,其实隐含着某种理性决策的假设。新古典经济学的

战略的悖论
拆解与整合

基石在于对人或决策者之理性的假设：决策者作为理性的"经济人"，按照自由意志行事，充分地掌握相关信息，全面系统地分析和比较解决问题的所有方案，并最终追求自己利益最大化的实现。相反，赫伯特·西蒙（Herbert Simon）教授倡导的行为决策学的基石，则是所谓的"有限理性"假设：人处理信息的能力是有限的，因此不可能达到完全理性的境界，尽管人们企图去理性地对待自己的行为决策。囿于有限理性，通常的决策往往具有两大特点：有限的本地搜寻（Local Search），而不是系统的全面搜寻（Complete Search）；遵从寻求"满意解"（Satisficing）而不是最优化（Optimizing）的决策准则。

可以想见，人们处理信息的能力是有限的，来自企业环境方面的复杂性和不确定性将会使得企业面临的信息愈发地多样复杂而且数量极大。这将给各类决策者本来就相对有限的理性带来更大的负担和挑战。也就是说，即使基于自由意志的战略选择是可能的（比如在上述的第三种组合情形下），由于战略决策者的有限理性，他们对自己可选择的空间和具体备选方案及其后果的把握也是粗略和模糊的。因此，其决策选择的实际空间以及选择的质量也注定是有限的。

在某些关键的节点上，比如最初始的选择时期以及巨大的环境震荡当口，也许大家常说的所谓"顶层设计"范畴的举措是有一定可能性的。在常规的每日运营中，尤其是在环境之决定作用占主导的情形下，比如上述第一种组合与第二种组合（尤其是第一种组合），顶层设计和事前的规划通常既不可能实现，亦无甚大效果。一个企业不可能一天到晚反思和审视自己的战略。决策者能够做到的，顶多是基于经验和判断的渐进摸索，以及基于一定目标和具体决策准则的相对自律的即兴发挥与临机处置（Disciplined Improvisation）。无论是环境的决定还是决策者自身的制约，决策者基本上是"聪明不得"的。其常态注定是所谓"正常的傻瓜"，因为正常人多少都会受到有限理性的制约。不一定是决策者没有自由意志，而是基于自由意志的选择往往抵不住环境的复杂多变而导致出错受阻、露怯显傻。

渐进摸索乃是常态

如上所述，除非你能够完全掌控你的环境而不是被环境所决定，时常地臆想顶层设计无疑是痴人说梦。自然的常态当是不断地与环境进行接触、碰撞，逐渐地探究和摸索，不失时机地朝着既定的目标游移靠拢。大家熟悉的"摸着石头过河"便是解决自由选择和环境决定悖论关系的一个经验法则。在管理实践的进程中，"摸着石头过河"经常被人们当作由于迫不得已而姑且为之的做法，是无奈之举。走着走着，突然发现，水变得越来越深，石头似乎没有那么容易被摸到了。于是，大家开始焦急地反思和争论。如果前面真的没有石头了怎么办？这时，大概有两种声音开始流行，一个朝后，一个向上。

其实，大家可能会有短暂的健忘症，或者"得了便宜还卖乖"。遇到困难，很多人似乎本能地会怀恋过去，要向后看。当初不是挺好的吗？为什么非要弄得像现在这样乌烟瘴气、惶恐不安？说这些话的人也许忘记了，当初正是他们（或者他们的父辈）发出震耳欲聋的最后的吼声：要过河，立刻过河，说什么也不能在河这边儿了，这边已经到了崩溃的边缘，云云。时过境迁，好了伤疤忘了疼。他们选择性地忘记过去的悲惨和无奈，不着边际地期冀着回到臆想中过去田园牧歌般的生活。

另外一种声音，手向上指，呼吁顶层设计。此类声音通常来自各类自诩的帝王师、战略管理咨询师以及各类公知们。他们貌似忧国忧民，出离愤怒，情真意切，慷慨激昂：我们不能再这样继续盲目地试探下去，而是应该更加清醒地进行全面系统的顶层设计！要从根本上解决制度的问题、

战略的悖论
拆解与整合

决策科学化的问题、这样的问题、那样的问题。客观地说，前方的河路上有没有石头，自然是一种不确定性，在过河之前通常是无法确定地预知的。那是不是应当在所有的石头都搞定之后再过河？谁都没有这种奢侈。在项目管理层面也许可以，在战略管理层面绝对不行。如此，有没有石头都得过河。肯定有可能犯错。走着走着，突然没有石头了，于是有人大声嚷嚷，一面质疑"当初为什么不进行详细的规划和顶层设计"，一面呼吁"现在再不做顶层设计，我们真的就全完了"。事实可能是，当初如果大家忙于争论顶层设计，比如，为什么要顶层设计、如何进行顶层设计、要什么样的顶层设计，可能根本就没机会起步。事情总是要在不确定性的前提下先干起来再说，然后不断渐进地纠偏改善。

假设大家在过河之前尚有一定的时间去研究思考、计划准备，那时候都没有心境和条件去认真仔细地做所谓的顶层设计，难道当下困囿于深水区的这些更加迷茫无助的过河者会更有心思、精力和能力去进行顶层设计？没错，处在深水区的人们通常比在过河之前更加容易体会到顶层设计的必要性。但是，这一事实本身并不意味着身处深水区的人们更有能力和意愿去折腾奢侈的顶层设计。他们面临的更实际的挑战，是如何拼命地挣扎而不至于被淹死。

也就是说，下水之后，过河者并不一定变得比下水前更加从容淡定、有条不紊。无论是过河之前还是过河之中，有限理性的事实不会改变，外部环境的制约不会改变，至少不会迅速地改变。而且，下河之后，经历挫折和坎坷，是不是要在原定的地方到达河对岸，这个问题本身也会历经变化、招致怀疑。如果发现河对岸并不如想象的如意怎么办？如果过河的过程中可能会牺牲骨干人员的生命又怎么办？

也许在很长一段时间内，大家都是顺水漂流，摸着石头朝着下游走，或许碰巧在某个意想不到的地方到达彼岸，也可能漂着漂着，又回到了出

第二章 选择与决定

发的这一边,并且会有人感慨喟叹:真是想不明白,当初那些人为什么上赶着要过河呢?!也许有人发现了渡船,也许还有直升机,也许只有鳄鱼和鲨鱼、暗礁和险滩。

所谓的顶层设计,是一种理想和奢侈,偶可为之,滥用不宜。尤其是在组织创立之初,做事的基本程序和相关的制度安排,可以通过先知先觉者的打造与坚持,形成特定的组织发展基因。至于组织进程中具体的作为和实践,则注定要依靠决策者在事件发生过程中的临机应变,不断地应对问题,解决问题,用新的问题替代老的问题。试想,现在大家呼吁的顶层设计,它所要解决的是当初的问题、当下的问题,还是未来的问题?

无论显得如何理性,对顶层设计的期冀与企盼,都可能会将我们的思路带到另外一种思维误区:原来过河是由于看不清楚、想不明白,而只能在黑暗中摸索。现在,经过了足够的探索和尝试,我们的经验和能力提升了,终于可以进行科学决策、系统规划和顶层设计了。殊不知,至少存在这样一种很大的可能性:回过头来,我们现在看得清楚的可能只是过河之前的问题。我们对今天的问题之迷茫和无知的程度,一点都不比过河之前对当时问题之迷茫和无知的程度要低。

过河之前,我们无法完全看清楚当初的问题,不能抑或不愿预见过河的进程中将会产生的更多的问题。如今,我们同样不一定能看清楚最为急迫的问题,抑或有能力和意愿去预见未来可能面临的更大的问题。基于现在对过去的理解而去耗时费力违和地折腾针对当下挑战的所谓顶层设计,这基本上与刻舟求剑无异。面对今天暗藏的一些更大的问题,我们也许更加无知无力、无助无奈,更为被动,又何谈设计?

我们没有我们想象的和期望的那么聪明。有限理性意味着我们不可能预知最优的方法路径,甚至不可能完全清楚地意识到我们行事的目标本身。承认吧,在复杂性和不确定性充斥的境遇里,通过不断的尝试和纠偏

战略的悖论
拆解与整合

而推进事物的进程,使之阶段性地向着预期的某个大方向发展,将是一种常态,而不是不得已而为之的无奈之举。

毕竟,我们是企图理性的。顶层设计的呼吁,自有一定道理。增强做事的系统性和规划性,作为一种理想原则,估计谁也不会公然反对。然而,如果我们承认自己的有限理性,则我们必须接受现实,在尝试中行进,在探索中变革。增进顶层与基层的对话与互动,使得基层中独具真知灼见的有识之士能够有进入决策顶层的开放通道,这也许是比顶层设计本身更为重要和实际的。

如果我们在关键的节点上可以揉进些许顶层设计,那也应该是对于管理准则的设计,而不是决策内容本身。上下互动的实验与尝试、明确开放的上升通道、有目的的摸索渐进,鼓励在增量上做文章,尽量避免直接触及既得利益者。这些基本的准则,体现了一个组织平和务实的态度和精神。即使是这种准则的设计,也注定要在具体的实践和探索中被怀疑、扭曲、篡改。实践与探索,需要付出代价。

也许,呼吁加强顶层设计的人们,他们自己也清醒地意识到进行顶层设计本身的不现实。之所以仍然呼吁和鼓吹,其实是意欲重新定义问题,构建影响未来的权力。组织的高层必须牢牢地掌握定义问题的话语权。而对问题的定义,则不必沉溺于过往的目标和经历。韩非子曰:"不法先王之法,而法先王之所以为法。"用新的语境定义新的问题。在没有能力架桥的情况下,"摸着石头过河"的宿命也许在所难逃。其实,思路更加宽广一些,我们可以发现,除了河流,还有诸多其他的选择和比拟,高山、莽原、荒漠、绿地、白云、蓝天。梦想照进现实,探索依然继续。

战略规划与不断折腾

基于自由意志的战略选择,通常体现在企业的战略规划过程和结果上。通过全面系统地不断检测其运营环境中的各种机会与威胁,参照专家的意见以及自己的预判来构建不同的未来走向和趋势(Scenarios),从而有的放矢地进行相应的战略规划,从容不迫地应对未来的挑战。这既是诸多企业的一种或多或少的实践,也是一种难以企及的理想抑或梦呓。全球范围内企业的实践经验表明,战略规划的实际结果少有奏效、鲜有成功。

究其原因,一是环境难以全面精准地被预测和把握;二是各类权变因素难以被随时兼容并因之对战略进行调整;三是规划本身与日常运营脱节,规划的意图无法真正落地施行;四是一把手通常不会只靠(或者主要依靠)固定的规划来发号施令——规划是死的,行动是活的。关键的问题是,进行规划的活动本身是需要与企业的日常行动紧密结合的。这一点,大多数企业是做不到的。

如此,在很大程度上,一个企业的战略规划部的主要定位是充当研究部门、秘书部门和事务管理部门,要么负责日常运营指标的汇总,要么负责重要文件的起草,要么就是专注于财务和投资职能。通常情况下,一个企业的战略规划不过是战略规划部门职员们一年一度自娱自乐的游戏。在极端的情形下,一个战略规划的精彩程度可能取决于该部门新招大学生做PPT(PowerPoint,演示文稿)的水平。

常言道:"人无远虑,必有近忧。"这种基于选择性感知而提炼出来的格言警句充斥于我们的文献典籍和智慧宝库,貌似有理,实则牵强,毫无悖论色彩。事实是,人无远虑,不一定必有近忧。人多远虑,也不一定不被近忧困扰。杞人忧天,倒是思虑甚远,结果把自己忧虑得每日里寝食难安。导致近忧出现或者消失的因素复杂众多而不确定,很难一一被提前预识并且予以远虑。世事之间通常不是单一线性的因果关系。如此,是否未雨绸缪地考虑未来与当下是否就会遇到麻烦之间没有必然的确定关系。我们至多能说,远虑也许可以在一定程度上帮助我们减免、化解和应对某

战略的悖论
拆解与整合

些未来的麻烦。仅此而已。

我们在仰慕钦敬那些高瞻远瞩、运筹帷幄的大英雄的同时，喜好贬损和诟病的是所谓蝇营狗苟、鼠目寸光之辈。殊不知，高瞻远瞩与运筹帷幄的光鲜形象，多是走运得势之后的包装打扮。众多热衷于纵论未来者，可能不过是自以为是地主观臆想，抑或不着边际地夸夸其谈。而那些并没有许多未来幻想的人，在当下脚踏实地做事，顺藤摸瓜地前行，倒也可能在不经意间影响未来、造就未来。这倒不是说，他们对未来毫无思考，而是说，他们更多关注的是可以相对清晰感知的近期图景，而不是那些难以企及的所谓未来。因此，问题的关键在于我们思虑未来的眼光到底要放多远。

1932年，松下幸之助慷慨激昂地向员工们阐述了松下公司的使命：通过制造像自来水一样价格低廉而供给丰裕的产品去克服贫穷，增进人们的福祉。为了完成这一使命，他推出了一个250年的战略规划。250年的长远眼光以及愚公移山的精神亦值得褒扬。然而，几代之后，松下公司的所作所为，岂是松下幸之助所思所想？20世纪80年代末期，当宗庆后亲自蹬着三轮车上街卖冰棍和汽水的时候，估计不会怀揣着哪怕只有25年的梦想抑或2.5年的战略规划。如今，数次引领中国富豪榜的宗老板及其营业收入将近500亿元的娃哈哈集团到底有没有长期战略呢？按照他自己的说法，恐怕还是没有。市场变化那么快，你定了也没用。市场调研倒是要做，但做重大计划也只是关于下一年的，主要靠的是老板的个人直觉。

战略要接地气，首先要有勇气承认我们都是在黑暗中摸索。实际的战略是即时鲜活的，往往在于经营者直觉的判断、果敢的行动和迅速的调整。也许，自由意志更多地体现为决策者的判断和果敢，以及灵活应变，而不是规划和设计本身。面对复杂性和不确定性，战略决策通常也是一个在日常行动中不断尝试纠偏的连续过程，而不是高高在上、苦思冥想的设计和规划练习。如果我们可以预知未来、摆脱环境依赖，那么战略也许根本没有必要存在。

诸葛亮未出茅庐，已然确知三分天下，接下来不过是精准定位和有效执行。如此，诸葛亮顶多是个项目经理。未知未来，却在每一阶段都争取即兴发挥得漂亮一些，最终也许能够总结出一段精彩的战略故事。所谓的高瞻远瞩，大抵来自对当下环境中不同现象和趋势的细微洞察及积极应对。德鲁克曾言：我从不预测。我朝窗外望去，看看哪些可见的东西还尚未被看见。

果敢独断与参与互动

究竟由谁来代表企业行使其自由意志，进行其战略选择？答案只有一个：一把手！企业的战略管理，尤其是战略的选择和制定，是一把手自己的活儿，别人替代不了。不在其位，难以谋其政。在战略选择的过程中，企业靠的不仅是一把手个人的远见和智慧，往往还需要上下互动的激发与确认，但最终的决策选择注定是一把手的。当然，战略的执行和实施则是大家都必须共同参与的事情，到时谁也跑不了。如此，战略的选择和实施，既要有一把手的果敢独断和最终拍板，又要有大家的参与互动、理解支持和承诺执行。但战略最终是一把手的责任与担当。

首先，这个担当体现在企业目标与方向的确立以及战略行动与纲领的选择上，要由一把手最终拿总、拍板定夺。这种拍板对于一把手而言是责无旁贷的，无法授权他人。其次，一把手的拍板并不意味着只是自己"拍脑袋"，通常还要"拍别人的脑袋"，让别人献计献策，从而在充分审慎地进行相对较为全面的考量之后再最终拍板决策。这就意味着一把手要任用专业靠谱的人才，营造良好的组织氛围，鼓励大家在做好本职工作之

战略的悖论
拆解与整合

外有意愿和积极性去不断创新，从而促成组织中不同阶层之间共同参与的良性互动。有时候，技高一筹的一把手还要刻意造成一种印象和感觉：虽然是自己最终拍板，但战略决策好像是靠大家主动自发做出来的。

战略是一把手的专项职能

一言以蔽之，战略是由一把手来定的，不管一把手是开明还是昏庸，是聪慧还是愚蠢，是善纳忠言还是固执己见。只有一把手才能干一把手的事，做一把手才能做的决策。一把手有合法的权力，可以名正言顺地应用组织资源去推行其战略，从而实现其远见。正所谓成也一把手，败也一把手。一个昏庸的一把手可能不如聪颖的下属有战略头脑和技巧，但这并不是说企业的战略就应该由下属来定，而是说应该由聪明的下属或者别人来当一把手。下属无论如何能干，只要不当一把手，就难以合法地参与战略之事。下属也最好不要自以为是地发牢骚、过嘴瘾，这样对谁都不好。

战略成败的关键在于一把手的战略素养、眼界和能力。谁是一把手？直截了当地说，谁最终说了算，谁就是一把手。不管你有没有名头、职位、官衔儿，或者是不是组织的所有者，只要你说了算，你就是一把手。为什么要与一把手聊战略？原因有多种，至少主要在于眼界、信息、交往，以及压力与责任。

首先，下属和员工，由于劳动分工的限制和组织结构的困囿，看到的多是组织某个部门或领域的人和事，视角片面从而具有浓厚的"地方性"，不可能具有一把手所在位置的眼界、总体观和全局观。不在一把手位置上的人难以从总体和全局的视角去看问题。

其次，一把手的信息优势使得下属和员工无法匹敌。一把手是一个组织里信息处理的中枢。组织内外信息的收集、处理和发散主要由一把手来掌控，可以通过不同的渠道，包括正式的和非正式的。某些机密或敏感的信息只能在高层管理团队中发布，甚至只有一把手一人知晓。而不掌握这些信息的人很难看到战略问题的全貌以及整个组织面对的各种挑战和机遇。决策的基础是信息。没有对相关信息的接触和把握，全面准确地理解战略问题并且参与战略决策的可能性也就基本无从谈起。不仅如此，一把手与下属间的信息不对称，恰恰是一把手权力的现实基础和实际表现。而权力是制定和实施战略的保障。无权不言战略。

再次，一把手的交往圈子使其更加具有信息优势、资源优势和人脉关系的优势，有利于进一步增加其社会资本的积累。一把手跟一把手交流和学习，互通有无。这种社会精英之间的交往可以帮他们进一步开阔眼界、梳理思路、共享资源、互通有无，提升自己以及所在组织的地位和合法性，并促进战略创新与实施。

最后，也是最为关键的恐怕还是能否承担压力和责任。一把手为组织的长期生存和发展负最终责任，要从容面对诸方利益相关者，更不能心软，要有魄力。该严厉时，六亲不认；该温和时，春风化雨。不在一把手的位置上，很难感受到一把手面临的这种终极压力。勇于承担这种压力和责任是享用巨大权力的前提和代价。

上下互动的决策制定与实施过程

和谐社会，就是谁该干什么就干什么。和谐的企业经营，也是大家各司其职、合理分工、职业专注、协作互动。战略是一把手的，也是大家的，但最终是一把手的。一把手既要自身果敢独断，又要鼓励企业内多层级的上下互动，给自己的战略拍板提供鲜活的刺激以及实施上的支持。

从自由意志论与环境决定论的悖论关系来看，一把手的战略选择离不开企业内部环境的制约。如果是一把手根据外部环境的挑战以及自己的愿景来选定战略，他必须考虑是否有人愿意并且有能力实施他企图选定的战略。如果他根据企业自身的现状来选定战略或者进行战略转型，他要看企业现有的创新举措以及未来潜力能够支撑什么样的转型和振兴。决策是一把手的，过程是大家的。无论是战略制定还是战略实施，一把手最终的拍板往往要建立在多方互动的基础之上。

表 2.1 是笔者希望探讨的一个企业高层、中层和基层上下互动的战略决策与实施的分析框架。此框架以行动（ACT）为导向，具体阐释企业高层、中层和基层管理三个阶层的主要职能及其上下互动的模式。每个层面的专业职能主要聚焦在重点关注、主要牵挂以及关键任务这三个各有侧重而又最终可以重叠合一的维度。

表 2.1 企业决策与实施的上下互动过程：一个 ACT 框架

互动内容 \ 管理层级	高层	中层	基层
Attention 重点关注	Agenda 目标议程	Assessment 苗头监控	Action 行动执行
Concern 主要牵挂	Culture 文化氛围	Championing 支持鼓动	Completion 任务完成
Task 关键任务	Talent 人才保证	Transmission 上下传送	Tryout 自发尝试

高层管理的职能

有人甚是喜好卖乖地说，一个管理得好的企业，一把手在不在时都照样有条不紊地运转。这有些异想天开。首先，如果可能，这也只是对于常规的内部运营来说的。关键的外部事件和突发的紧急要务则必须由一把手亲自出面。你让政府主管部门派个哪怕是秘书级别的科员到企业走走，你看看一把手会不会不在。其次，说一把手不在，也只是说他当天没来，大家都知道他还"在"。如果一把手一个月不"参与"企业的经营，企业运营照样没有任何不同，那么他真是没必要存在，一定是有真正的一把手坐在幕后或者实际的一把手站在前台。最后，如果一个一把手真的是来不来都无所谓，那他十有八九会坚持每天都来，即使带病也要来。道理很简单，因为他绝对不想让别人看到企业离了他照样转，甚至可能会更精彩。他可能不仅每天都来，而且口中还要念念有词：放心不下，太忙，离不开。

还有一种情形，一把手可以假装自己不在，比如一会儿让别人轮值CEO，一会儿说人人都是CEO，虽然多少有些虚伪抑或走火入魔，但他至少还在，结结实实地存在。一个人办正事儿的时候，也可以偶尔打个盹儿，不过脑子；长时间心不在焉，则一定会出事儿。综上所述，一把手要在其位、谋其政。一把手如果老是在正式任职期间出去爬山、跑步、摄影、划船，基本上就是不在；不在就会出各种各样的问题。一把手要定期地跟各方利益相关者照面，否则大家可能不知深浅，甚至焦虑难耐。

接下来是要考察一把手的专业职能。一把手的挑战是什么？懂战略，善决策，重执行，敢担当。此乃笔者的总结。一把手究竟要干什么？坊间有很多版本。无非是搭班子、定战略、带队伍、出业绩。让我们先从**目标议程**（Agenda）开始。企业的一把手决定未来的发展方向，定调子，执大局，主管战略议程和行动纲领。企业所选的目标，既要符合外部环境中的趋势和潮流，又要适合企业自身的条件和具体状况。具体的拍板定夺，可以是基于自身远见而形成的自上而下的设计和命令，也可以是对于自下而上的动议的认可和推广，还可以是对上下互动结果的审定和追认。

如果自己已经想得清楚明白，那就果敢决断，迅速做出正式的决策并昭示于众，以组织命令的形式将行动议程与作战纲领下达给公司所有人。宁高宁掌管中粮时期，从有限相关多元化再到粮油食品"从田野到餐桌"的可追溯的全产业链便是出自其个人远见。全产业链的目标和纲领是由集团党组文件正式下达的。韦尔奇掌管通用电气（GE）的时候曾经放言，公司战略路线一旦确立，任何人无论以往业绩如何或者个人私交如何，不执行路线就坚决铲除。这是一把手的魄力和担当。

如果自己还没想清楚，那就要慎重而行，搞清楚内外环境的制约。一是要把握外部战况，至少要知道对手或者要对标的企业在做什么，自己在产业中和社会上的位置与声誉，自己的竞争优势与合法性，以及面对的潜在挑战与威胁。二是要看企业自身内部人员的精神风貌以及职业诉求。一旦发现好的实践苗头与创新举措，可以进行总结提炼，在适当的时机进行全面推广。这种拍板是对企业内已经存在的创新尝试进行核准与追认。中国农村的经济改革便是从包产到户开始的自下而上的自发过程。

战略家不可事必躬亲。很多一把手的口头禅是"下属不得力"，于是忍不住要做下属该做的事情，连下属做的PPT都要自己上手改一遍（这样会显得自己是组织中最优秀的，至少比下属优秀），最后可能会上瘾，一天到晚对下属指手画脚、随意骂喊。这是对整个组织管理体系的一种戕害。一把手要做一把手该做的事情，而不是做下属该做的事情。

除了定方向和目标，就组织建设而言，无论是作为硬件的组织设计、作为操作系统的控制体系，还是作为应用软件的企业文化与权力整治，一把手的作用就是要极力促成企业运营的架构（Architecture）与组织氛围（Organizational Climate）的构建、维护与更新，使得各个阶层和部门各司其职，一来增进执行效率，二来鼓励基层创新。尤其是企业文化（Organizational Culture）的构建与弘扬，要让各个阶层的员工感到有归属感和凝聚力，有参与感和自豪感。谷歌的管理者对幸福企业的提倡、给员工自由发挥的空间，等等，都是氛围上的滋润。

再有，就是"人"（Talent）。像香港瑞安集团老板罗康瑞说的，老板不仅要重用人才——那些能够各司其职、把事情顺利完成的人才，更要寻觅和善用顶尖的"人财"——那些能够想点子给企业赚钱的天才。否则，大家只是"人在"甚至成为"人灾"。最低的限度，就是聘用靠谱和敬业的人、专业化和职业化的人。评判一把手的一个最为重要的指标，就是看他如何任用和激励这些人。作为一把手，你使大家的利益最大化了吗？作为老板，你给弟兄们分股权了吗？

一把手要极尽各种激励手段，千方百计地给下属物质刺激与精神奖励，让他们感觉到给这个企业卖命很值。就像韦尔奇说的，最不要脸的，就是自己一边赚着大钱，一边对下属说钱不是最重要的。独霸利益，克扣他人，认为别人的贡献不值得给那么多钱，什么事儿都是靠自己的聪明睿智抑或其他才能搞定的，自己当然要拿大头，别人全是可以"招之即来，挥之即去"的可有可无的帮工。这是残害组织与所有人的一剂毒药。

中层管理的战略职能

大家有一种很普遍而且很危险的误解，那就是所谓的扁平化以及去官僚化、去中介化，如此等等。好像随着信息技术的发达，上级与下级之间可以及时沟通，中层管理根本不需要了，日常的管理由各种先进的 IT（信息技术）系统和各类的 ERP（企业资源计划系统）就自动打理了，没有摩擦了。谷歌的两位创始人刚开始也这么认为，在技术公司里工程师是主角，管理可能是一种羁绊和浪费。可过不了多久，两人就不得不诉诸职业管理了。如果没有职业管理，光每天的报销签字就能让你啥都别干了。基层的管理者，甚至包括中层的管理者，既有管家的职能，又有保姆的职能。主人越忙，越需要保姆，看孩子管家不是一系列摄像头和监视器就能搞定的。

也许，有些人以为，有了先进的算法，有了自动自发、自由自主的一线人员的参与，共享经济就腾飞了。你去看看成千上万辆堆积废弃的共享

战略的悖论
拆解与整合

单车，肯定不禁会心生疑问：怎么会是这样的呢？咋没人管呀？你不想想，谁管呀？在全世界大多数国家，可以说，依照人们现在的职业水准和道德情操，别说日常的商业运营，就是生死攸关的时候，自动自发的协作和有效运转的自组织都是理想的特例，而不是想当然的常态。人们需要管理。管理注定意味着阶层、规章、制度和流程。

什么是中层管理？广义地说，如果一个企业内老板一人独断，那么一把手之下一直到一线班组长之间的所有管理者都可以被看作中层。如果高管人员确实是一个团队，大家既有分权又有协作，那么中层通常是指高管团队以下的管理人员。有趣的是，很多公司里，是个人出来都是"高级"经理甚至"高级"副总裁，这种级别的"高级"管理层可能有十几个层级。这些人说白了就是中层管理者，有些甚至就是一个人，除了管理自己，可能谁都管不了。

中层管理者干什么？首先，最简单也是最为传统的职能，便是上传下达、上下传送（Transmission）。这是中层管理的关键任务。由于管理跨度的约束，每一个层级的管理者都需要面对招募、沟通、激励、评估、奖惩等多种与下属直接接触的需要，因此只能管理有限数目的下属。如此，一个大型的组织自然而然地要通过阶层制来分解管理任务。接受命令、传达信息、反映情况、上报问题，这些都是中层管理者的日常互动。中层管理的质量，首先可以通过信息传递是否通畅来考察。

其次，有抱负的中层管理者，可能心有灵犀、嗅觉敏锐，会主动地去监控和捕捉组织内外以及上级和下级中各种机会与威胁的苗头。这种审视（Assessment）可以帮助他们熟悉情况，以便对比多种行为方案，确保进退自如、攻守灵活。一是明哲保身，不出错误；二是抓住机会，争取升迁。保住自身的位置，是任何一个阶层管理者的本能，无可厚非。

最后，就是在"保本"的基础上更上层楼。这样，他们必须有自己的一本账,给自己留有余地。比如,业绩优异的时候,尽量给自己留有盈余。一旦有失利的情形,可以迅速"挖潜"补缺,渡过难关。他们也会紧跟上级的关键词,从一把手的言行中捕捉风向、发现苗头。一旦有升迁的机会,不惜杀鸡取卵,在规定的时间内迅速地做出规定的动作。

通常,在规定动作之外,还要有精彩的自选动作,才能真正使得中层管理者脱颖而出。如此,中层管理者不仅要紧盯高层的动向,而且要对下属的情形了如指掌、烂熟于心,要知道哪些人能够折腾事儿,哪些人能够为高层的行动纲领"输送炮弹",哪些人可以被总结为上司需要的典型,哪些人可能胡乱"放炮"因而必须严加看管和惩戒。

具体而言,中层管理者要有选择地跟踪并至少是在暗中支持和鼓励(Championing)某种创新项目,一旦成事儿,就可签上自己的大名请赏邀功;一旦失败,也可以尽量迅速撇清。但有时候跟错局势和项目,可能难脱干系,惨淡收场。这确实有些刀口上舔血的意思。无论如何,这是中层管理的艺术,也是符合企业自身的利益的,可以鼓励来自基层的创新。其实,这也是中层管理者下情上传的职能,只不过是对该职能所进行的有选择的执行,而不一定必然是所谓的不正之风。

回到中国农村经济改革的例子。如果没有若干省部级高官对于县乡级自发的改革举措的暗中容忍和最终支持,家庭联产承包责任制是不会作为农村的一项基本经济制度轻易地被高层认可和全面推行的。商界中一个著名的例子是20世纪80年代中后期英特尔从记忆储存装置DRAM(动态随机存取存储器)向电脑芯片CPU(中央处理器)的转型。在DRAM业务败局已定之前,中层管理者中的有识之士就已经开始有意识或无意识地调拨资源去尝试CPU业务。如此,英特尔的战略转型虽然不是顺理成章、水到渠成,但至少也不是临时抱佛脚的胡打乱撞抑或完全依靠运气。

战略的悖论
拆解与整合

基层管理的职能

所有的行动最终都将落实到一线基层。搞过装修的人都知道,无论设计如何精良,最终的质量都取决于施工队的实际水平。很多人先看效果图再看实际工程质量,不禁要恨得咬牙切齿。优秀的设计公司在非本地接项目,都会坚持自带费用较高的本地合作伙伴的一线员工。项目当地的"游击队"通常不具备足够的职业技能以及起码的管理水平。一句话,基层监工(Foreman 或 Supervisor)的作用是不可小觑的。工匠精神,魔鬼细节,准确理解,有效执行。想要这些,那你一定得有懂行而又负责任的基层管理者给你盯着。

管理最为通俗直白的定义就是通过他人把事儿办成。通过他人意味着自己通常并不直接上手,而是要对他人的行动进行计划、组织、指挥、协调和控制,从而实现目标,把事儿办成。也许,管理阶层越高,越是需要通过别人把事儿办成;越是前线和基层,管理者可能越是要与下属打成一片,有时还可能要亲历亲为,至少要时刻保持能够直接在一线冲锋陷阵的手艺和本领。总之,无论是通过什么样的管理模式以及什么程度的参与,基层管理者最主要的牵挂就是要把事儿办成(Completion),没有借口,不能抱怨。

搞过拆迁的人都知道,把事儿办成的路数很多。你可以通过收买意见领袖然后对剩下的"钉子户"分而化之,还可以采取司法手段来给自己维权,等等。出于各种原因,高层管理者往往不便或者不愿在这种问题上亲自出面。但如果基层的管理者能够通过自己的智慧、关系和作为把事情办成,将是对组织的重大贡献,也自然会得到高层和老板的赏识。能够在一线解决最为棘手的关系到整个企业总体利益的问题,是基层管理者(包括中层管理者)脱颖而出的最佳良机。

通过自身的行动和对下属的管理而把事儿办成,这是基层管理者的规定动作。除此之外，锦上添花的事情，便是基层管理者自动自发的创新尝试。无论是技术研发、产品创新、组织流程创新，还是商业模式创新，来自基层的举措有时不经意间就可以改变整个公司的进程。万艾可（俗称"伟哥"）的发现和万次贴的发明都来自企业前线技术人员的尝试，甚至从正规的组织规程来看乃是失败的尝试。但在某些基层以及中层管理者眼中，这些尝试却能够在未来为企业带来迅猛的发展和很好的获益前景。腾讯微信的开发，亦是基层创新与上下互动支持的典型。大企业中鼓励基层创业如今已蔚然成风。

三个管理阶层的上下互动

总结说来，每一个管理阶层的作为都可以从规定动作和自选动作两个维度来衡量。作为高层管理之最终代表的一把手，其规定动作是：人要在，身在心在，要拍板定目标、定方向、定大局、定战略行动议程。锦上添花的自选动作是：识人善任，用重金重赏吸引优质人才，并创建良好宽松的组织氛围去鼓励大家在恪守自己职责的同时不断创新，一来增进自身利益和巩固自身地位，二来贡献于企业的长期发展。

从多层互动的视角来看，应该说，造就和鼓励不同的管理阶层上下互动的责任首先在于高层。这是因为，高层，或准确地说，一把手，最终任命和评定所有其他层级的管理人员。如果一把手本人不相信互动的流程以及基层的智慧与积极性，他可能只会采取上传下达的命令式决策模式，而不会在意基层的创意和举动。除非一把手一直是天才，一直交好运，否则他离不开基层的反馈和刺激，离不开下属的主动性和创新创意。从这个意义上讲，建立良好的文化环境，找到靠谱的人才，授权下去，鼓励创新，这些原本锦上添花的事情也许同样也是一把手的规定动作。你已经是一把手了，添再多的花，也许都是分内之事。

中层管理者在上下互动中起着关键的作用。好比和尚念经，即使是人品正、悟性高的和尚，出于各种考虑以及自己的有限理性，也可能把经书给"念歪"。一定程度的曲解（Distortion）是再正常不过的了。有时写经书的人自己可能都说不清楚什么是正、什么是歪，需要大家解读、发挥、填充、实现，然后去总结和追认。这是互动的另外一个必要性。即使一把手料事如神，也需要大家的积极参与和承诺才能把事儿办成。而下属的理解自然要根据自己的情境展开并发挥。

你说要构建世界级的企业，下属认为这意味着世界级的工资和福利。由中层给基层管理者如此解读，再由基层管理者给一线员工添油加醋地发挥。真弄成了，目标实现了，谁都不后悔。即使下面没有正确领会上面的纲领，只要基于自身或者中层管理者的解读确实使得员工认同企业的纲领，也仍然可能把事儿办成。也就是说，中层的上传下达，注定要有他们自身的选择与发挥。这不是下属不得力，而是人之常情和组织常态。关键是企业的氛围要好，大家的积极性还在。

基层对互动的参与，一是通过高效能和高效率的活动进行常规的运营，顺利完成企业高层下达的指令，二是不断通过自己的技术、产品、工艺、流程、模式等方面的创新，影响企业未来的战略前景。基层要努力，中层要支持，高层要开明。无论是自上而下的战略实施，还是自下而上的创新与选择性的呈送，多层的互动乃是必需。企业文化氛围的支持、互动渠道的畅通、互动内容的丰富性，都是企业管理过程质量的良好体现和反映。

本章小结

战略选择究竟是基于自由意志还是由外在环境决定？一个企业的战略决策可以用自由意志说作为自我壮胆的激励，同时也会感受到各种环境决定论所带来之打击的残酷无情。实际的情形和状态，也许永远处于自由意

第二章　选择与决定

志论和环境决定论的某种交汇组合之中。战略选择的内容和方式，受制于企业内外环境的影响和制约。每一轮的选择又进一步地影响下一轮的选择，无论选择本身自由与否。战略选择与环境决定可以先后替代、交互继起，也可以共同存在、同时作用。没有环境约束的选择，也许根本无所谓选择，虽然随意任性。

大家常说，战略决策不仅在于选择做什么，而且在于选择不做什么。能够选择不做什么，在某种程度上说明既有选择的余地又有实际选择时的自由意志与临场发挥。根据具体的情境以及个人的判断来进行战略决策，"兵来将挡，水来土掩"，不断应对充满复杂性和不确定性的各类战略挑战，在渐进的行动中不断尝试和摸索，也许是战略管理者的常态。高瞻远瞩的顶层设计以及全面系统的战略规划，在组织初创阶段抑或面临其他生死攸关的巨大震荡之际，也许可以有所考量，而在日常的组织运营过程中通常难以有机会涉及。

企业的内部环境同样决定其战略决策的质量以及战略实施的效率和有效性。高层战略管理者，尤其是企业的一把手，既要当仁不让、责无旁贷地进行具体的战略选择并最终拍板，也要力争构建和维持一种组织氛围与文化环境，在重视现有决策执行的同时鼓励和支持创新。不仅战略实施靠的是全员的承诺和投入，战略制定过程本身也会得益于多个阶层的上下互动。企业战略的选择，除了利用外部的机会，还包括对企业自身实力的巧妙应用，以及对来自基层的自动自发的创新举措与尝试的重视和欣赏，并在合适的机会进行认可褒扬与全面推广。

第三章　独特与从众

战略的最高境界体现于企业的持久竞争优势和长期卓越经营绩效。取胜或赢，通常意味着脱颖而出、拔尖出众。而要想长期地赢，则需要旷日持久地优异和随时随地与众不同。但如果一个企业一味地特立独行，也会出现问题。常言道，"木秀于林，风必摧之""枪打出头鸟"，如果你发现没人模仿你、"山寨"你，甚至别人连这种企图都没有，要么你极其伟大，要么你极端孤立。也许，通常情况下，即使你极其伟大，你也极端孤立。你不合群，你不从众，你就可能成为大家群起而攻之的另类异己。于是，你便缺乏足够的社会合法性。如果你每天都在企图紧盯对手、"山寨"模仿、对标学习，那么通常你也只能是随风而动、充当分母，所谓的"泯然众人矣"。

如何应对战略管理中独特与从众的关系？此乃本章具体探讨的核心问题。首先，我们从概念上考察特立独行与合群从众各自的道理以及潜在的冲突与整合。其次，我们聚焦于竞争优势与社会合法性的关系，并通过实例进行解读与剖析。最后，我们探讨企业的经济利益与社会表现的兼顾平衡，强调企业的经济属性与社会属性的悖论统一。

特立独行与合群从众

小时候，母亲曾经对我说："如果你想当兵，你要成为一位将军；

如果你想当神职，你要成为一个教皇。"但是，我想成为一名画家，于是我成了毕加索。

这是毕加索对自己职业生涯定位选择的回忆。无论是个体还是组织，其立身之本在于发现和利用自己独特的专长，从而在自己选择的领域出类拔萃、独领风骚。善用独特性，这不仅仅是一种常识和信念，其背后也确实不乏令人信服的实践证据以及含义深刻的理论支撑。

波士顿咨询公司创始人布鲁斯·亨德森（Bruce Henderson）教授曾撰文称，1934年，莫斯科大学的一位科学家高斯（G. F. Gause）曾经做过如下的一系列比较实验：把两个非常小的动物（原生物）放在一个瓶子里，投喂同样的食物。如果二者是不同类的动物，它们可以共同生存下去；如果它们来自同类，则无法共生。高斯于是得出了"竞争性排他原理"：两个活法相同的物种不可能持久共生。亨德森教授将此原理引入商业竞争之中，一针见血地指出战略的基点是一个组织或企业特有的属性，或曰独特性（Uniqueness）。

这种独特性——持久的独特性，界定了一个企业的鲜明特征，从自我认知到外部形象，更凸显了一个企业在实质上的超群之处：它的竞争力，它的战略所依赖的、难以被对手模仿的资源禀赋与能力组合抑或其他组织机制和行为范式。正是由于这种独特性的存在和难以模仿，基于其上的企业战略才难以被对手模仿，长期取胜才有机会成为可能。无论是"差异化"战略的逻辑基础、资源本位企业观的理论初衷，还是市场营销文献中对"细分市场"或"利基"的表述，其实都反映了对企业独特性的青睐，并强调了这样一个基本思路：战略的制定离不开对企业自身条件的创造性应用。

这种战略管理领域通行的视角，与众多管理学书籍中的通常教诲即使不是大相径庭，至少也在概念层面和应用层面上有着根本的不同。一般而

战略的悖论
拆解与整合

言，管理学教科书中所提倡的和"兜售"的最佳实践和管理诀窍，反映的通常是某些具有独特优势的企业先行一步而达到的境界。这些最佳实践和诀窍，从统计学的角度来说，本来是一些"离散点"，俗称"野点"（Outliers），但随着大家的不断模仿和学习，它们最终成为行业的一般规律和中心趋势（Central Tendency）。

如果大家都朝着现有的或者已知的最佳实践努力，顶多是保持随大流，与对手达到战略持平（Parity），往往并不能获得竞争优势和卓越绩效；如果达不到这个水平，倒是很可能遭遇竞争劣势和绩效低下，除非个别企业具有无可匹敌的后发优势。概而言之，一般的管理学说，从"对标"到"榜样"，都是教人怎样不落伍，但并不能昭示如何出人头地。诉诸实践，在自己的领域内拼命地模仿别人，向最佳实践学习，最终也顶多是"二流的别人"。努力发现和打造自己的独特性，也许能够成就独特的自己。在竞争中胜出，依靠的还是自身基于独特性的原创或曰自主创新。当然，这也包括基于自身的特点而对其他领域的选手进行的跨界模仿，从而实现自己现有领域内的独创。泰康人寿的创造人陈东升常说的"创新就是率先模仿"就是这个意思。关键是跨行业、跨市场、跨地域的模仿和借鉴。我们在第九章会再次探讨这个问题。

显然，一个企业不可能在所有领域都表现独特并遥遥领先。通常情况下，一个企业在某些方面独特卓越，在某些方面说得过去，在某些方面不尽如人意。如此，它既要向别人学习，取长补短，又要被别人学习，可能被赶超。有时候，企业怕的不是被别人模仿，而恰恰是没人来模仿。比如，红牛能量饮料刚刚推出的时候，完全是一个细分品类的小众市场上的一个独特产品。如果它满足于这种地位，随遇而安，倒也无所谓。只要没人来模仿，自己就是独一份。然而，无论是百事可乐还是可口可乐，无论是运动饮料巨头佳得乐（Gatorade）还是各种精品特殊饮料品牌

(Boutique)，大家都愿意进入红牛独创的领域而分一杯羹。

事实上，正是由于可口可乐这样的"巨无霸"饮料公司的参与，能量饮料这一红牛独创（或者使之早期流行）的细分市场才成为被公众熟悉和认可的市场。这种行业龙头企业的认可与背书使得这项业务的正规性与合法性骤然提升。由于整个市场容量的几何级增长，水大鱼多，红牛原先100%的市场占有率下的销量和利润，恐怕也难以比得上如今众多品牌参与竞争的格局下其所占到的某一市场份额所带来的销量和利润。红牛所要做的，是如何在竞争出现的情境下保持自身的先动优势以及品牌的原创形象。

需要强调的一点是，可口可乐等公司虽然在这个产品上采取的是模仿战略，但它们有自己的独特性与后发优势。那就是，它们一旦看准某个市场，便可以利用其品牌制造能力和分销渠道快速切入。这是它们的"独特性"。可口可乐的Dasani品牌从无到有，从小到大，从默默无闻到在全美瓶装水市场占有率第一，不过三五年的时间。

从这个角度来看，一个企业觉得自己最好足够独特领先，而同时又希望大家来模仿和追赶，从而形成一种健康的"群众性运动"，把自己当成大家的一员、学习的榜样、追赶的对象。而在这个运动中，企业需要去思考如何永远领先一步，比如，与最近的下一位对手保持五年的追赶距离。毕竟，大多数企业还是愿意或者不得不向对手学习，因为模仿通常比原创更为容易。

竞争优势与合法从容

如前所述，战略的理想境界讲求的是出类拔萃、技压群雄。战略所关心和祈求的是天才和优秀的一面，最大限度地发现和利用独特性，成为大

战略的悖论
拆解与整合

家仰慕而又高不可攀的闪亮"野点"。《孙子兵法》中的"不战而屈人之兵"所推崇的就是这种境界。总会有超出中心趋势的独特战略存在。这些独特的"野点",并不向中心趋势回归,而是向外拓展边界。当然,这些独特的"野点",离群孤立,要么是极其优秀,要么是极端悲惨。天才和傻瓜的共同特点就是与众不同。而二者的关系既可以是天壤之别,也可以是同病相怜,关键在于时间、际遇以及上天是否成全。

另外,在某些方面极具天赋,可能同时意味着在其他方面极端愚蠢和低能。一个人不可能把什么好事都占全了。天才和傻瓜可能在同一个主体上发生,无论个人还是组织,即愚蠢的天才、天才的傻瓜。这也是一种悖论。一个天赋异禀的钢琴家或者小提琴家,少年时就被大家当作天才加以宠爱,长大后可能缺乏成人应有的起码的社交技能。在古典音乐等纯艺术领域,个性可能还会增加艺术家的神秘色彩;但在世俗层面的娱乐圈中,极端自恋而口出狂言的各类所谓的影视巨星们,就很可能由于放荡不羁,忍不住挑衅世俗与常规,因而"扎"了某些人的眼,阴沟里翻船。

商场如战场。在时刻需要跟人打交道并且面临各种权力斗争与政治游戏的企业管理领域,在某些方面的薄弱低能可能是致命的硬伤,无论是呼风唤雨的明星企业家,还是如日中天的企业巨头。自 20 世纪 80 年代以来,中国出现了不少曾经辉煌一时、名满天下而后又黯然离场、命途惨淡的企业家们。其中有些被迫出走,有些锒铛入狱,有些黯然逝去,有些销声匿迹,还有少数得以卷土重来、东山再起。辉煌时风光无限,失意时仰天喟叹。他们每个人都很独特,曾经创造过名噪一时的神话和业绩。但无论具体落败的原因是什么,他们的低谷似乎都或多或少地与社会合法性(Social Legitimacy)的丧失有关。

显然,战略的应用是在一定的社会结构中展开的。因此,企业除了面临在经济环境中构建竞争优势之挑战,还存在一个该企业在竞争环境中以及竞争所发生的社会大环境中的合法性问题，包括行业中的、制度方面的和社会文化等方面的。社会学中的制度学派强调的是一个组织群体中不同组织间的同形性（Isomorphism）或扎堆儿现象。这种同形性赋予一个企业在一个特定行业和社会中的合法性：其行为符合基本社会规范，其做派不违反该行业的基本规矩。这种合法性是正当从业的基础，是从容获取资源的保证，是与其他对手至少持平并能公平竞争的前提条件。如果没有这种合法性，企业的运作就可能步履艰难。

比如，21世纪初，双汇集团进入南昌市场，其冷鲜肉的售价几乎与当地肉联厂的整猪批发价一样，导致当地经营者无法竞争和生存，结果遭到店铺被砸的厄运。当地政府有关部门也不得不以肉源不符合当地进货条例为由，查封双汇在当地的库房。双汇的行为，在从地域市场领先向全国市场推进的过程中，从公平竞争的角度来看，完全没有问题。但它在当地的商业生态环境中立刻显得不合群，缺乏足够的社会合法性。

在跨国经营中，这种合法性亦尤为重要。一个激进的外国银行如果依托其全球势力采取极端的竞争手段打压本土银行，很可能会遭遇本土同业者和公众的集体谴责及抵制，或向政府投诉求助。所以，外资企业必须尽量本地化，或向这方面打扮自己，高喊"与中国共同发展"。中国企业在对外扩张的同时，也需要关注如何融入当地市场的问题。2002—2003年温州烟具行业协会对欧盟"反倾销"诉讼的成功应对，堪称典范。但2004年中国鞋商的存货（由于其定价被认为是"恶性竞争"）在西班牙被烧的事件，应该在更大范围内引起我们的重视和警觉。

其实，社会合法性即使在一个成熟发达的市场经济体系内也是一个大问题。有兴趣的读者可以去考察，自20世纪50年代至今可以找到的美国管理学教科书中，凡是被引为学习榜样和管理标兵的组织和企业，十有八九都在某个时候被美国政府指控过或惩罚过。因为它们优秀，就极可能为

战略的悖论
拆解与整合

所欲为，招致对手的不满、公众的反感，何况强势企业本身就容易引起公众的怀疑和不安。所以，再优秀的企业也不能太猖狂。为了实现其主业的合法生存，美国的烟草公司必须花大力气给政府和公众一个说法并随时准备道歉。零售巨头沃尔玛也必须给那些被其一路打压的小门脸儿、夫妻店铺以及当地民众一个交代以及其他方面的关照与补偿，比如给学区捐款。

20世纪90年代，微软在遭到美国政府的反垄断指控后，一开始高傲狂妄、不屑一顾，自认为靠技术起家，乃是自由世界技术创新的引领者，无须向政府低头。如果微软执迷不悟，继续强硬下去，也许其早已声名受损、风光不再。好在它迅速地认清了自己在政府关系上的能力短板，花大价钱和大力气游说政府，打点关系。比尔·盖茨出访各国，通常首先拜会各国政府要津，比如商务部，然后不遗余力地推进慈善事业。

如何拿捏好独特的竞争优势与足够的社会合法性，在独特性与合法性之间构建和保持动态的平衡，乃企业战略管理最为重要的挑战之一。最大限度地独特，最低限度地合法，尽量出众而又足够合群。一个企业可以技高一筹、优势明显，但同时又必须让同业者认为自己是它们中的一员，是从业者可望而不可即的榜样，而不是令人不齿的另类异己、人人喊打的对象；要让政府、顾客和社区认为它是社区的一员，而不是唯利是图的投机商。

毕竟，企业的环境是复杂、细碎和动态的，而且利益相关者的诉求也是多方面的。因此，独特性与合法性各自需要关照的维度也是多方面的，而不是单一的领域和节点。也就是说，企业独特性的最优化程度（Optimal Distinctiveness）也必然体现在对多维度指标体系的综合考量上。

在一个和谐社会里，富人是穷人的榜样，而不是其仇视的对象。在一个鼓励竞争的市场中，大家努力去追赶那些业绩优良的标杆企业，而不是盘算着如何向政府告状。然而，现实并不总是那么理想。因此，一个企业

第三章　独特与从众

在考虑其社会合法性的时候，必须考虑到中国社会的现状，既要赢利，也要为人民服务，还要争取得到社区的认可和政府的表扬。关于企业及其战略的独特性和合法性的结合，有一种说法很时髦，也很贴切：更社会主义，更市场经济。

经济实体与社会属性

企业是镶嵌于特定的社会与制度环境中的经济实体。这就意味着它不仅要时刻关注自身的经济利益，也要扮演预期的社会角色，承担其必要的社会责任，虽然有些时候这些关于社会责任的预期可能过于强烈，比如对公益事业方面近乎硬性规定的企业捐款。这些社会责任可能会给企业带来难以承受的额外负担，甚至导致其生存危机。而有些情况下，某些善于管理其社会形象的企业，则可能通过有选择地参与和支持某些社会活动来营造其良好的社会形象，从而提升其总体品牌形象以及经济效益。

然而，没有盈利和起码的生存，长期而言，一切关于社会责任的鼓噪卖乖皆为空谈。社会责任，或曰"额外的社会责任"，必定是在做好本职工作之外的锦上添花，而无锦花将不存，何况雪中送炭注定是政府的责任。企业不是政府，也不是非营利性机构。作为经济实体，赢利是企业的天职，否则就是滥用社会资源，不管动机如何高尚，借口如何堂皇。显然，企业的经济利益与社会责任既可以齐头并进、互相促动，也可能相互抵触、顾此失彼。如何掌握二者的平衡乃是战略管理的一项重要挑战。

企业的经济利益

著名自由主义经济学家弗里德曼（Friedman）教授曾在1970年的一篇文章中如此说道："企业只有一种社会责任，仅此一种，那就是，利用

战略的悖论
拆解与整合

资源，增加盈利，只要是在游戏规则之内，也就是说，通过公开和自由竞争而不是蒙骗与欺诈。"这应当是文献中对企业作为经济实体的社会责任最为直截了当的表白了。无独有偶，在管理实践中，声名曾经丝毫不逊色于韦尔奇的原迪士尼老板埃斯纳，在掌管好莱坞派拉蒙影业公司的时候，更是赤裸裸地扬言："我们没有责任制造历史。我们没有责任制造艺术。我们没有责任制造宣言。赚钱是我们唯一的责任。"商家逐利，天经地义。可以说，在一定的法律与道德底线之上通过经营活动赢利是企业作为经济实体的首要责任，是其本分所在。除了直接为企业实现赢利的活动，其他任何活动都是企业的"课外活动"。

也就是说，满足基本的市场需求好比雪中送炭，承诺额外的社会责任恰如锦上添花。两者都是企业存在的重要原因。前者涉及企业的定位与实力，显示其在市场上从业的资质与在经营领域里的职业合法性（Professional Legitimacy）；后者注重企业的形象，关注企业在社会与社区中作为一个公民与成员的社会合法性（Social Legitimacy）。

当然，当"课外活动"能够变相地帮助企业赢利的时候，企业是会毫不犹豫地参与进来的，无怨无悔，尽心尽力。作为一种获取竞争优势的手段，企业对社会责任的极力鼓吹（包括某些实质性的承诺）最终是符合自身经济利益的，其实质都是对相关实体的一种公关与拉拢，要取悦政府、社区、公众与消费者，关注弱势群体，安抚利益集团，抵御阻力，平息事端，提升企业的社会合法性和公众形象。

比如，效益好的企业可能会主动出资为本地的其他企业进行管理培训，提高当地企业的整体经营素质，既为自己的上下游企业和合作伙伴做出了贡献，也替政府分忧解难，为社区的建设和发展做出了贡献，从而名利双收。这时的"课外"社会责任活动，其实还是为了实现企业的最终社会责任，即赢利。俗话说得好，"无利不起早"。

第三章　独特与从众

在极端的情形下，如果一个企业的产品或者手艺极为精湛独特，或者其业务极为独特（甚至相对隐匿于大众视线之外），也许它可以暂时地利用其独特的经济活动获取巨大的商业利益，而并不进行超额的社会责任贡献，也就是说，并不拿出与其巨额利润相匹配的资源去贡献于公益事业或者其他社会责任领域。比如，曾有报道称，美国前25位对冲基金一把手的年收入加起来要高于美国《财富》500强企业CEO工资的总和。显然，这些对冲基金获利颇丰，但很少见它们大张旗鼓地参与或者宣传其对社会责任的承诺。

再比如，各大著名医药公司的药品研发成本巨大，而且，它们还要支付高昂的费用和花大力气去维持与政府监管部门的关系、与保险公司等第三方付费者的关系，以及与医院和药店等市场推广渠道的关系。很多药品的研发和批准周期长达十余年甚至更长的时间。药品定价之畸高已经为它们带来了负面的社会效应。但在法律保护专利产品的社会里，别人连模仿的机会都没有。大家恨得咬牙切齿，但大多数时候也只能忍气吞声。无奈，很多药品没有替代品。道理很简单，要么砸锅卖铁想办法筹钱买药活命，要么苍凉悲壮地在声嘶力竭的谩骂和讨伐声中壮烈牺牲。

也许，我们应该暗自庆幸，无论多贵，至少还存在可以治疗某些疑难杂症的药品和器械。如果医药公司没有足够的经济激励去开发新药品和治疗手段，则病人即使花再多的钱也没地方去买。这就是所谓创新的暴利。医药公司的潜台词也很清晰："您就知足吧！如果没有我们的努力工作，就不会有那么多的新药问世。我们的新药拯救了无数人的命。这本身就是最大的社会贡献！"说得也在理。不过谁都不能过分。大家都要在最低合法性的底线之上游走，否则，后果会很严重。但至少有些企业的独特经济贡献能够使其小有庇护。

战略的悖论
拆解与整合

企业的社会责任

上面主要是从企业作为一个经济实体的视角出发所进行的探讨，下面我们再看企业的社会属性。早在20世纪五六十年代，彼得·德鲁克（Peter Drucker）就提出了测度企业绩效表现的8项综合性指标，其中就包括"对顾客和社会的公共责任"。1979年，以阿奇·卡罗尔（Archie Carrol）为代表的学者在管理学界开始倡导将企业的社会责任（Corporate Social Responsibility，CSR）方面的表现纳入对公司业绩的总体考核中。1984年，哲学背景出身的管理学者罗伯特·弗里曼（Robert Freeman）提出了以利益相关者（Stakeholder）为视角的战略管理模式，来替代和补充上述以经济学家弗里德曼为代表的学者提出的股东利益至上模式。1992年，罗伯特·卡普兰（Robert Kaplan）和戴维·诺顿（David Norton）总结了所谓的平衡计分卡体系，再次重申了各方利益相关者的重要性。

与文献中的倡导和阐释相伴随的，是实践中的运动和潮流。在过去的二十多年里，社会责任在全球企业圈中陡然升温。随着消费者对自身利益的重视和对生存环境以及社会公正等问题的担忧与日俱增，企业需要在社会责任领域对自己的形象"抛光打磨"。无论是实质性的参与还是口头上的演说，一时间大家都表现得貌似热衷于环保和可持续发展（Sustainability），关注弱势群体（Disadvantaged）或曰金字塔的底层（Bottom of the Pyramid），投身于慈善和其他各种公益事业（Charity and Public Causes）。公司年报中如果没有提及社会责任，就仿佛生活在20世纪。

需要指出的是，作为锦上添花的社会责任，通常是需要以雪中送炭为前提和基础的。一般而言，善于锦上添花的企业，顾客会对其有某种特殊的好感，比较愿意让它们来雪中送炭，但必须是及时、可靠、优质、合理地送炭。如果是雪中无炭,自然也就无什么锦可言,或者有锦乏用。于是,此时奢谈添花,便是空中楼阁、水中望月。如此,如果一个企业真的是靠自己的本事吃饭,它的(额外超常)社会责任表现正是一种锦上添花,并不需要刻意为之。

然而,也有一些(所谓的)企业,大家根本不知道其主业到底是什么,却每天闪耀在公益事业圈中,以慈善"标王"等形象游走于世界。这些不过是以社会责任为幌子,实际上不务正业、暗藏心机、欺上瞒下、沽名钓誉。当然,在某些行业中,如果企业参与社会责任活动是规定动作和标准配置,那么大家多少都会积极踊跃地参与。参与不一定带来竞争优势,不参与倒会因为社会合法性的缺失而带来竞争劣势。此时,企业往往需要矫枉过正地持续参与才能摘掉"缺乏社会责任"的后进帽子。

幸福企业:一个潜在的突破口

在计划经济时代,没有真正自主经营的企业,大家都是国民经济发展总体计划的执行者。那时所谓的"单位",既是经济实体,又是一个相对完整而封闭的社会体系。单位不仅要进行生产,而且要负责员工的所有生活问题。比如,铁道系统内的人把所有不是铁道系统的人都称为"外边的人"。整个十堰市就是因为当年的二汽(第二汽车制造厂)而存在的。就连外企到中国合资也不例外,自己是一个相对独立完整的小社会。惠普中国当年的 CEO 孙振耀先生曾经回忆在中国最初的职能:极为重要的一些任务就是分房子和管班车与托儿所。

改革开放之后,逐渐有了典型意义上的企业。企业的经济职能和社会职能逐渐分开。员工需要自己打理生活,买房租房、上学入托、看病养老、游乐吃喝。就像本来是拎包入住,现在要自己当装修队队长,所有的生活和社会问题都要自己打理。如何平衡企业员工在工作领域和社会生活领域两方面的诉求，也是企业社会责任的一部分。员工也许应该是企业最重要的利益相关者，他们是在一线冲锋陷阵的人，是企业的常项，甚至优先于股东和顾客。股东和顾客可以随时逃走，而员工一旦承诺于企业多年，不可能随意离开。选拔、培育、激励和留住员工，并帮助他们解决好生活问题，也是企业对社会的一大贡献，而且是直接的贡献。最近兴起的幸福企业的提法和做法，其实是值得仔细思考和借鉴的，虽然实践中仍然存在诸多问题。

让我们来看苏州固锝电子股份有限公司——一个主要生产二极管的制造业企业。该公司表面上以孝道为主题建立自己的企业文化，实际的结果是增强了企业内部工作岗位落实的"问责制"（Accountability）。他们切实地关心员工生活和社会诉求，并主要通过大家在企业内外做义工而交流感情、增进归属感，并致力于改善企业内的管理细节、提升执行效率。这种文化既有动力又有压力。比如，他们会给表现好的员工一些额外的物质奖励，并直接寄给员工的父母。如果该员工怠工或者企图跳槽，首先会受到来自自己家庭的劝说甚至谴责，会感到自己不明事理、忘恩负义。每件事的执行和每个角落的管理都要落实到具体的班组和个人。厂房楼顶空地的每一小块几平米的空间都有义工包干负责打扫，更不用说车间内部的工作区了。果园里的每棵果树也都有专人承包，负责义务培育和看护。据说有位员工为了使自己负责的小树显得精神抖擞、引人注目，不惜自掏腰包买啤酒给小树擦身洗澡。

牵强的地方和潜在的问题虽然很多，但从实际的执行效果来看，的确是有利于提高企业的生产效益。在2010年推广"幸福企业"计划之后，到2016年左右，固锝电子公司的员工离职率从原来的20%逐渐降低到3%。社会效益不仅增强了员工的归属感和凝聚力，而且转换成了直接的经济效益。

第三章　独特与从众

本章小结

企业的战略管理游走于独特性与合法性之间：力求最大限度的独特，确保最低限度的合法；既要特立独行，又要合群从众。独特性主要表现在经济领域，关乎竞争优势与经营业绩。合法性主要表现在企业在社会与社区中的表现与形象，具体体现在是否被对手接纳、受社区欢迎、被政府认可、令员工满意等诸多与各类利益相关者关系上的作为与口碑。

显然，独特性与合法性不在一个领域，不是一个谱系上的两个极端，而且各自都包含多个维度并涉及多个层面。这就意味着依靠某种独特性成事儿的机会其实很多，而且，出事儿和犯事儿的机会大概也是同样多。二者皆须详查。再特立独行、成就卓著的企业与企业家，也要时刻掂量自己社会合法性的底线。

企业乃是经济实体，兼具社会属性，镶嵌于特定的社会体系与制度安排之中。企业需要恪守职业本分、实现生存和赢利，也要承担社会责任，促进人类和谐以及可持续发展。然而，通常情况下，生存乃是企业践行其社会责任的基础，虽然投身于社会责任本身也可能在某些领域和某些时期在某种程度上帮助企业实现其经济利益。社会是充满各种诱惑和陷阱的。

无论是政府、社区、公众，还是消费者，都可能会情不自禁地对企业在社会责任方面寄予过于不切实际的幻想，甚至干脆无端地企图进行要挟和道德绑架。而企业要么疲于应付，要么缺乏自律，或者兼而有之。不少企业喜好在社会合法性方面倾力造势、招摇撞骗，而在职业合法性方面偷工减料、过海瞒天。于是，一个企业的存在表面上可能有各种光鲜的理由，而实际上可能就是圈钱、骗钱或洗钱，并没有满足消费者的任何实际需求。人在做，天在看。如何在赚钱和行善之间平衡，是每个企业和企业家必须直面的挑战。

第四章　承诺与灵活

战略名家潘卡吉·盖玛瓦特（Pankaj Ghemawat）教授曾经出版一本专著，英文主标题就一个单词——"Commitment"（承诺）。这本专著在很大程度上帮助他在32岁的时候成为当时哈佛商学院历史上最年轻的正教授。该书的主旨就是：战略性的承诺可能会成为持久竞争优势的充分和必要条件。所谓的承诺，就是大规模的不可逆转的资源投入。也就是说，企业不可能从这些资源投入中没有损伤地随时或者轻易退出。其实质就是行动的不可无损逆转和不可轻易取消。

一方面，承诺可以给企业带来竞争优势，比如，强势定位、先动优势、独特资源的获取，等等，使企业在竞争中胜出。同时，这些承诺亦可以成为阻止对手进入、模仿与攻击的行业"进入壁垒"或者"移动壁垒"。如此，承诺可以帮助企业持续保持其竞争优势，并因而获得长期卓越的经营绩效。这是承诺作为持久竞争优势之充分条件的一面。反过来说，如果没有这样的承诺，其他后来进入的企业就可以相对轻易地进入先动者已经进入或者创立的市场，强行分一杯羹，甚至后来居上。如此，先动者的早期优势便会很快烟消云散、荡然无存。这是承诺作为持久竞争优势之必要条件的道理。

当然，承诺只是潜在地可能同时成为持久竞争优势的充分与必要条件。另外一种可能性是，承诺本身根本并未带来竞争优势，遑论其持久性。由于战略决策注定要面临复杂性与不确定性，企业的战略承诺很可能

第四章 承诺与灵活

会误植于错误的方向，于是成为经济学上所谓的"沉没成本"（Sunk Cost），俗称"打水漂了"。此时，承诺便成了一种惊人的浪费。

如何看待和应对承诺与灵活之间的矛盾？本章从三个方面进行梳理：首先，我们从概念层面来阐释战略承诺与灵活反应的各种潜在关系模式，并考察序列决策中承诺升级与灵活应对的比较和选择。其次，我们聚焦于一个经典的悖论，探讨核心能力与核心刚性的关系以及动态能力的潜在应用前景。最后，我们比较先动优势与后发优势的主要异同以及各自相应的可行性与具体的适用情境。

献身投入与灵活反应

作为献身投入的承诺

其实，英文中的"Commitment"一词，在中文中很难找到直接的对应语来翻译。用"承诺"来表示可能还不够精准和严肃，不够"狠"。说得轻一点，承诺是简单的许诺（Promise）。但许诺可能只是空头支票，可能因为爽约而随时落空。说得重一点，承诺的最高境界就是献身投入或曰委身（Devotion）。也就是说，承诺的一刹那，资源已经被划拨出去了，基本上是不可逆的、不可撤销的。这种承诺往往需要代价不菲的巨额资源投入，甚至生命的付出和牺牲。或为理想献身，或为利益冒险。

没有这种承诺，大家都企图永远"灵活多变"，就不会产生企业间战略的持久差异性，从而没有企业间经营绩效的差异性。换言之，如果企业的定位选择对企业没有相对长期持久的影响和约束，那么，预测未来，并对某种想象的未来做相应的承诺，也就没有什么意义可言。面对竞争环境的高度不确定性和复杂性，可以想见，承诺对于企业的长期持续发展必然具有重要的战略含义。委身承诺与灵活应变之间的矛盾，恰恰在于企业要在充满复杂性与不确定性的"事前"进行决定，而承诺一旦做出（投资出手），便不能因为后续发现的目标实现机会大小而再轻易便捷地撤回或改变。

是否可以随时退出游戏，可以说是"承诺"与"参与"（Involvement）的根本区别。参与往往可以见机行事、权衡取舍，可以随时抽身而退。承诺则不具备这样奢侈的灵活性。如此说来，承诺也是对其他可能性与机会的舍弃，或者是对灵活性本身的舍弃。显而易见，承诺和参与是本质上截然不同的两类活动。比如，西方人常用早餐中的不同食物来比喻二者的区别：就早餐中的咸猪肉和煎鸡蛋而言，鸡只是"参与"了一下，而猪则是做出了"承诺"。

当沉没成本还没有"明显"沉没并且仍被认为有希望带来回报的时候，它可以成为约束自己的所谓"退出壁垒"，使参与不得不继续下去。比如，通过炒股变成某一公司的股东，这时的参与正在逐步向更大的承诺迈进。再比如，谈恋爱是参与，同居则可能被认为是某种承诺，因为此时退出壁垒相对升高，行动越来越不可逆转。与此相比，婚姻则是更高层次的承诺。各国各民族复杂而又夸张的婚礼庆典风俗，除了喜庆，最大的社会功能便是提高当事人的退出壁垒，包括经济的、社会的、文化的、心理的，等等。

有人说，获得持久竞争优势的唯一手段就是永远能够改变游戏规则。也许这是有道理的。知道在什么时候和往什么方向进行承诺，什么时候放弃旧的承诺并拥抱新的承诺，这是战略家的理想。而现实中，风险总是存在的：可能是使劲儿折腾一番但一事无成，也可能是成事后的故步自封导致最终的堕落和衰败。如果没有风险和代价，也就无所谓承诺。一方面，我们不能因为承诺可能带来风险就拒绝做出承诺；另一方面，战略毕竟也需要某种灵活性，需要在关键的节点上审时度势，在承诺与灵活间保持某种均衡。在一个具体的游戏中"深潜"还是时刻保持进入多种游戏的可能性，这是问题的关键。

不识时务地沉浸于过往的承诺曾经带来的辉煌中固然不可取，但总是企图投机取巧，也并非完全可行。一是机会不总有，二是能力不到位。实际上，改变规则的机会并非俯拾即是。而且，面临新的机会，往往是新建企业更加敏捷矫健，已经承诺于既定路径上的企业可能被牢牢锁定，即使认清潮流、意欲灵活游动也往往多方掣肘、寸步难行。通常情况下，只有"游击队"才能经常地、最大限度地保持其灵活性。而"游击队"永远不可能是企业界的中坚力量。"游击队"要么发展成"正规军"，要么被消灭。而一旦成为"正规军"，便要有各种必然的规矩和刚性。船大难掉头。这也就意味着原先"游击队"阶段的灵活性在很大程度上会丧失。

承诺与成功的不确定关系

不承诺难以获得持久竞争优势，但承诺本身并不一定导致竞争优势。有些时候，背水一战，置之死地而后生，可能使得自己的队伍更受逼迫和激励，更加专注和勇猛，从而可以大获全胜。有些情况下，即使破釜沉舟也未必胜券在握，仅凭自己的意志和献身投入，可能拗不过"天时地利人和"上的短板和制约。可谓成也在于承诺，败也在于承诺。

其实，在世界战争史上，把自己的队伍逼到绝路的承诺做法屡见不鲜，结果有胜亦有败。在实力差距悬殊、运气不济等情况下，承诺本身并不自动带来胜利和成功。赤壁之战，曹操的战船自锁停当，可谓是一种放弃灵活性而拥抱稳定性的巨大承诺。可惜的是那恼人的东南风。这种对稳定性的承诺，同时也使其不堪一击的弱点被昭示天下、一览无遗，为孙刘联盟巧用东南风火烧战船提供了绝佳契机。

战略的悖论
拆解与整合

在商业竞争中,承诺与成功的关系同样复杂多样。沃尔玛的创始人山姆·沃尔顿(Sam Walton)在1962年敏锐地感觉到"折扣量贩"将成为零售业的未来趋势,于是抵押了自己的房产,推出了最早的四个沃尔玛分店,从此一发不可收拾,不断增进承诺、急速扩张,20年后成为美国首富。相反,一家制药厂可能花费数十亿美元的研发费用研制某种新药,但最终失败或者终止,或者未获政府监管部门(例如美国食品和药物管理局,FDA)批准上市,这都是正常的商业风险。

在高科技行业,当别人的技术成为"准产业标准"的时候,自己承诺的方向可能惨遭行业离弃,自己也可能被锁在现有技术主流的外面(Lockout)。摩托罗拉公司在20世纪推出的Iridium移动通信业务,由于其所依赖的卫星技术的高度复杂性(需要66个卫星覆盖其全球网络)以及产品定价之高昂难以被消费者接受,在耗费数十亿美金之后偃旗息鼓、宣告失败。第一章曾经提到过的索尼,一向愿意做技术和产品创新的先锋,既有获得巨大成功的全球爆款,比如其磁带播放器("随身听")与光碟(CD),也有重大的尴尬败笔,比如激光影碟(Laser Disc)与微型音乐录放机(Mini-Disc)。

某些航空公司,根据统计规律和实际经验,会针对某些紧俏的航班预售出多于实际座位数量的机票,即超售(Overbook)。这是因为,某些顾客通常会买了票但由于种种原因而不能按时成行。但是,所有买了票的旅客都要求搭乘该航班的可能性总是存在的。一旦此现象发生,航空公司就无法实现对所有顾客的承诺。负责任的航空公司往往会动员一些可以在其他时间出行的顾客主动放弃自己的座位而改乘其他航班,以保证最急需的顾客的需要。而对那些主动放弃座位的志愿者,航空公司要做出另外的承诺作为报偿,比如舱位升等、赠送里程券或者代金券等。这还算是其灵活性的一面。当然,不负责任的航空公司很可能就采取先到先得的做法,把

第四章　承诺与灵活

责任转嫁到某些顾客身上。

灵活性的妙用与成本

让我们换一个角度，从灵活性的视角来看待承诺。首先，需要明确指出的是，灵活性也是有成本的。最灵活的资产无疑是现金。现金是有成本的。明白了这一点，就明白了灵活性的成本和代价。这些成本不仅包括那些为了不用过早地进行特定承诺而必须承担的时间成本和与之相关的费用，还包括由于不作为而失去其他赢利机会的所谓机会成本。说得极端一点，通常情况下，灵活性注定是一种奢侈，而奢侈往往意味着浪费。这种通常意义上的奢侈和浪费，就是著名的"组织裕度"（Organizational Slack），可以使企业决策相对更加从容。

早在20世纪，比尔·盖茨治下的微软就以现金充裕著称。有一个著名的说法：如果微软做出了重大的错误决定，它离破产至少还有18个月，因为它有600亿美元现金在账上。离破产总有18个月，这是一种巨大的缓冲保护。水涨船高，如今600亿美元已经成为历史数据。据硅谷的科技网站SiliconBeat报道，2017年，美国拥有现金最多的五大公司全属于高科技行业：苹果2460亿美元，微软1312亿美元，谷歌863亿美元，思科718亿美元，甲骨文528亿美元。而且，这些现金大多数散落于上述公司遍布全球的业务单元。微软的现金95%在海外。只要这些公司不把现金带回美国，就无须在美国交税。

除了现金，企业的灵活性主要体现于其资源与能力的灵活性，以及企业协调和整合这些资源与能力的灵活性，包括下一节要探讨的动态能力的构建和使用。按照盖玛瓦特与同事的说法，资源的灵活性至少可以用资源的用途特定性（Usage-Specificity）和企业特定性（Firm-Specificity）两个维度来衡量。最具灵活性的资源当然是两个维度"双低"的资源，比如

战略的悖论
拆解与整合

前面提到的现金。最不灵活的资源自然是"双高"组合,即只有少数企业能够拥有的专用于一种产品或业务的资源与能力。比如,某些瑞士企业和韩国企业在牙齿种植中使用的金属基座制造上的诀窍。再如,同时并列五个刀片组合的吉利剃须刀 Fusion5,便是基于吉列无与伦比的剃须刀研发和制造能力所推出的。

如果某种特定资源与能力具有较高的企业特定性,但又可以灵活地应用到多种产品和业务用途上,则它可以为企业带来与灵活性相关的优势,比如耐克可以利用其广受欢迎的品牌优势以及卓越的品牌推广能力进入多种与体育运动相关的服装与器械行业。最后一种组合,即那些具有强烈的用途特定性却不具备企业特定性的资源,很难为任何企业带来超常的价值。在产品创新领域,那些具有独特的架构性能力(Architectural Capability)的企业可以相对灵活地收编和利用其他插件性的产品,比如思科在路由器业务上的整合能力。而打造插件产品的企业,则要力求将自己的插件产品应用到尽可能多的最终产品上,比如三星的显示屏可以应用于手机和彩电等多种数码电子产品。

另外一个保持灵活性的手段是进行分阶段的序列投资。比如,风险投资企业通常不会一步到位地把大额资金投在一个创业者身上,而是通过多轮的投资,逐渐找到可以成功上市或者倒手退出的创业项目。这样,它们可以在前景不佳的投资上迅速止损。风险投资企业希望创业者能够尽可能地公开其信息,从而能够更加迅速精准地判断其发展空间以及回报潜力。创业者则希望自己主宰自己的命运,不愿意过多地披露自己的准确信息,从而保护自己的商业机密不被泄露,希望风险投资只是投钱就好,不要过多地干预自己。因此,风险投资与创业企业之间也存在一种博弈。

同样,企业自身的投资项目也可以采用边走边看的序列决策。心理学中的承诺升级理论以及战略管理领域当下流行的实物期权理论可以帮助我们分析如何在承诺与灵活性之间保持平衡。承诺升级理论可以警示大家不要（由于感情等非理性因素）在已经明显被证明是错误的投资项目上再继续"砸钱"，给沉没成本举办毫无意义的隆重奢华的"葬礼"。实物期权理论也许可以帮助大家在关键节点上对下一步的承诺以及总体回报的图景有更好的判断和把握。然而，在实践中，矛盾和张力永远存在。到底什么是关键的节点？决定阶段性结果好坏的标准到底是什么？什么时候按照常规来判断？什么时候可以允许特例？这些问题是管理实践者们需要经常扪心自问的，但没有既定的答案。

核心能力与核心刚性

核心竞争力或曰核心能力

所谓竞争力（Competence）的说法，通常指的是某种有助于企业在竞争中表现优异和赢得胜利的技巧（Skill）和能力（Capability）。在管理学文献中，所谓特显竞争力（Distinctive Competence），根据塞尔资尼克（Selznick，1957）的定义，指的是某个组织或企业所拥有的某种独特、突出和显著的竞争力。所谓核心竞争力（Core Competence），亦被有些学者称为核心能力（Core Capability），根据普拉哈拉德（C. K. Praharad）和哈默尔（G. Hamel）的定义，特指的是多元化经营的企业中集体学习与智慧的结晶，尤其是指那些与协调不同生产技能以及整合不同技术流相关的知识与能力。

我们不妨首先看一看上述两位作者对核心竞争力的详细描述，然后列举我们对核心竞争力的一些曲解和误读，以正视听。根据两位作者在1990年发表在《哈佛商业评论》上的原文中的定义，一个公司的核心竞争力应该有如下基本特点：

- 是企业的某种显著的竞争力
- 是协调多种技术和技能的知识体系与能力
- 具有企业经营活动的基石与核心的作用
- 广泛应用于企业的不同业务和终端产品中
- 在很大程度上界定企业的形象认知
- 专指多元化经营企业
- 属于企业总体而不属于某个业务单元

对于一个多元化的企业而言，可以把企业比作一棵大树：主干和枝节就是企业的核心产品，更小的枝节就是企业的不同业务单元，叶子和果实就是企业的终端产品，滋养和稳定一切的大树根系是企业的核心竞争力。作者进一步强调，核心竞争力有如下属性和特征：需要跨部门的交流、参与和承诺；需要在使用中得到积累，在共享中得到增强；需要谨慎保护和精心培育。识别企业核心竞争力的基本标准在于：核心竞争力为企业进入广泛的产品市场空间提供跳板、支持和契机；核心竞争力应该为它所支持的终端产品增加价值，使产品在客户的眼里具有较高的效用；核心竞争力应该很难被对手模仿。

企业在培育核心竞争力之时，应该首先清楚地界定企业的战略目标（要实现和达到的目标、具体的可测量的指标），然后识别和界定企业所需要的核心竞争力：如果没有该竞争力，我们能够在市场上保持上风多久？没有这种竞争力，我们在将来会失去什么样的机会？这种竞争力能否促成多种产品市场的进入？它能否提供一系列顾客价值和效用？

作者给出的核心竞争力的例子包括佳能公司支持各种有关图像处理产品的微电子技术、光学技术和精密仪器技术；本田公司设计、制造和应用小型发动机的能力；卡西欧的屏幕显示能力等。类似的例子还有：

第四章 承诺与灵活

3M：技术创新的实力

苹果：研究与开发（产品设计）能力

戴尔：为客户量身定制产品和服务的知识与能力

宝洁：管理优质品牌的能力

索尼：产品微型化的能力

思科：兼并整合企业的能力

下面我们列举和剖析对核心竞争力概念的一些典型误解：忽略企业多元化的背景，混淆资源与能力的概念；误将产品当竞争力；将核心竞争力与竞争优势错误地画等号；过分神话核心竞争力的作用，等等。

首先，根据定义，核心竞争力是多元化经营公司中所特有的现象。之所以核心，就在于它在多元业务中的主导地位和关键作用为多个业务单元所共享。核心竞争力是多元化经营的公司中总体经营战略要解决的问题，主要由公司总部负责。然而，忽略了企业的业务范围和产品市场组合，尤其是对于那些在单一产业或单一业务中经营的企业（比如一家小餐馆）而言，核心竞争力就无从谈起，无所谓核心或边缘。这种情况下，"特显竞争力"可能是更合适的说法，表明了该企业在这一业务中的独特优势。

其次，核心竞争力不是静态的资源或者企业经营的某种结果或状态，而是一种能力，一种获取资源和应用资源的能力。比如，有些企业声称，它们的核心竞争力是其品牌。其实，品牌作为企业的一种资源、无形资产，是企业的某种强项或优点，甚至能够为企业带来竞争优势，但品牌本身并不是核心竞争力。核心竞争力倒可能是品牌背后所蕴藏的打造和管理品牌的知识与能力。同样，一个企业的销售渠道、政府关系、理想地点、执照配额等，也不可能是其核心竞争力，因为它们是企业的资源而不是某种能力。

再次，核心竞争力可以支持一些核心产品，但核心产品本身并不是核

战略的悖论
拆解与整合

心竞争力。比如，有的企业要通过类似在手机上镶钻石等手段实现产品创新，并将这种"新产品"定义为企业的核心业务，从而称之为该企业的核心竞争力。再比如，有人认为可口可乐的保密配方或者可口可乐的味道是其核心竞争力。但事实证明，很多人买可口可乐、喝可口可乐并不是真的多么喜欢它的味道，而是可口可乐无处不在，并且在很多场所（比如球场和游乐场）可能是唯一特供的饮料，别无他选。可口可乐的核心竞争力在于其管理品牌和渠道的能力。有了这种能力及其营造的优质品牌与渠道，该公司可以使一个几年前尚不存在的瓶装水品牌 Dasani 一跃成为美国瓶装水第一品牌。

另外，核心竞争力可以为企业带来竞争优势，但核心竞争力本身和竞争优势是两个不同的概念。核心竞争力是一种就事论事的描述性概念；而竞争优势通常是在某种特定竞争环境下的一种比较，是一种关系属性。比如，某个家电产品企业的产品微型化能力很强，比几乎所有的竞争者都强，并且被广泛地应用于很多终端产品市场上。产品微型化可以被看成该企业的核心竞争力。然而，在竞争中，该企业会发现索尼的微型化能力更强，几近极致。那么相对于索尼而言，该企业的所谓核心竞争力带来的或者代表的只是竞争劣势，而不是竞争优势。

最后，核心竞争力不可能历久弥新，现时拥有核心竞争力的企业也不可能一劳永逸。过分抬高、夸大和盲目崇拜与神化核心竞争力的做法往往会适得其反。有一些企业，由于竞争对手的创新、经营环境的改变，或者其他因素的出现，其原有的核心竞争力早已无法为企业在新形势下带来竞争优势，而这些企业可能仍然沉浸在昔日的辉煌中，故步自封，自欺欺人。还有一些企业，没有任何显著的竞争力，却要大谈自己的核心竞争力如何。核心竞争力来自不断的学习和积累，而不是流行于口号中的表面文章或者刻意拔高的倾情自诩。

第四章　承诺与灵活

核心刚性或曰核心包袱

核心竞争力的说法举世流行之际，大家积极响应、热情拥抱，仿佛找到了包治企业战略百病的灵丹妙药。而正当此时，由多萝西·伦纳德-巴顿（Dorothy Leonard-Barton）提出的一个关于核心刚性的警示顺势登场。核心能力不仅可以使企业在竞争中胜出，也可以由于对它的过度信奉和推崇而增进其僵硬性，不仅会阻碍创新，而且会变成阻碍企业应对环境变化的包袱与负担。通过采取明确的知识本位企业观，多萝西将企业的核心能力界定为能够为企业带来某种竞争优势的知识体系，其内容乃是镶嵌于技术系统内的员工知识和技能。而最为重要的是企业的价值观念与行为规范。如此，企业能力便不是简单的技术实力，而是与人的价值和行为难以分开的社会性存在。

她的研究发现，企业的核心能力不仅可以促进新产品开发，而且可能阻碍其开发。尤其是在价值观与行为规范方面，原来那些鼓励大家创新的激励机制可能会被某些部门当成理所当然的权力。公司的创新，既需要个人的动力，又需要他们有足够的自律。管理者的挑战是把那些受重视和激发的创意者之能量向公司发展目标的方向来引导，但又不至于损伤大家的创造力或者导致优秀人才的流失。另外一个因素是不同参与者的地位差别和职业荣誉感。地位高的人习惯于参与有影响力的项目，而且对于地位低的人显现傲慢。这种现象会作为"自我实现的预言"而持续存在下去，会阻碍那些地位低的以及非核心功能人员对创新的参与和贡献。

说到核心刚性，大家经常会想到本书导论中所提及的希腊神话"伊卡拉斯悖论"（Icarus Paradox）。导致前期起飞和成就的因素，可能恰恰是导致后期衰败或消亡的因素。上坡路和下坡路是同一条路。核心竞争力可能成为核心刚性，亦即僵硬的核心包袱。

战略的悖论
拆解与整合

怎么避免你的核心竞争力变成你的核心包袱？如何避免骄横傲慢地沉迷于昔日辉煌？如何避免盲目自信地循规蹈矩与故步自封？如何从容有序而又敏捷矫健地闪转腾挪从而与时俱进？欢迎来到动态能力的世界！动态能力（Dynamic Capabilities），不是企业进行某种特定游戏本身的能力（比如在某个业务上的竞争力或者一般性的经营能力），而是不断探寻并进入全新游戏从而改变自己所参与的游戏组合的能力。具体而言，动态能力帮助企业改变自己的资源配置与业务范围，从而使自己的核心竞争力与外部环境变化保持动态的契合。此乃戴维·梯斯（David Teece）教授动态能力学说的精髓。

动态能力：悖论的化解？

如果一个企业家或者管理者问"到底什么是动态能力"，最为直截了当而又言简意赅的回答大概是"动态能力就是更新企业核心竞争力的能力"。跟做企业的管理实践者打交道，需要使用他们听得懂的语言，至少是他们自认为已经懂得的语言。核心竞争力，就是一个大家都认为自己已经懂了的说辞。虽然大家的理解五花八门，甚至相距甚远，但毕竟在名义和想象上有足够的交集。如前所述，可以这么说下去：核心竞争力无法一蹴而就，也不可能一劳永逸，而是一个不断积累打磨、调配使用以及适时更新的动态管理过程之结晶与体现。

虽然梯斯没有明确张扬，但其潜台词其实不言而喻：我们要保持企业独特资源与不断变化的外部环境之间的动态契合！他对动态能力的解释是这样的：动态就是要不断调整与更新。动态能力就是调配、整合与重组企业内外资源从而适应其外部环境的能力。外部定位法可能忽略了内部资源的重要性。资源本位企业观则可能忽略了资源与环境的适配性。环境变化可能使得原来的核心竞争力成为核心包袱。因此，企业需要动态能力来保证其核心竞争力与外部环境之间的动态契合。说白了,动态能力学说实际是在精神上对 SWOT 框架的一种动态回归。

回到我们开篇的比喻,动态能力是超越任何游戏本身的能力,而不是在具体游戏中领先和取胜的能力。举例而言,美国著名的 3M 公司,其名称中的三个"M"其实是明尼苏达矿业和制造业公司(Minnesota Mining and Manufacturing)全称之缩写。从其名称可以看出这家公司从第一产业到第二产业的演进(从矿业到研磨剂和黏合剂产品的生产)。其名称没有体现的是后来进入高科技研发服务等第三产业的业务。可以看出,这家百年老店不断与时俱进,随着时代与环境的变迁而更新自己的业务组合与资源能力组合。如果它只是专注于最早的矿业游戏本身的"玩法",便不可能有今日的辉煌。动态能力的三大类别要素分别是:对机会与威胁的感知与塑造能力(Sensing and Shaping);捕捉和利用机会的能力(Seizing Opportunities);应对威胁的重组再造能力(Reconfiguring and Transforming)。显然,这些都是与企业一般管理职能紧密相关的能力。

另外一个经典案例是诺基亚。由于诺基亚手机业务的败走麦城,一时间大家的贬抑之声此起彼伏、不绝于耳。其实,就事论事,确实是由于产业变化以及诺基亚手机业务内部应对不利而导致了该业务的败落及其被微软廉价收购的厄运。这是游戏内的失败。但对于其母公司而言,及时果断(虽然已经相对较晚)地退出一个自己大势已去的业务,可能是必要的止损过程,以及整个母公司资源重组、业务重新定位与组合的过程。

从这一点来看,也许诺基亚母公司的动态能力还没有差劲到致使一个业务将整个母公司引入深渊的境地。诺基亚原来并不是做手机的。从纸浆业务起家,150 多年来,它曾参与过水电、橡胶、电缆、电器、军工、通信等多种业务。2016 年,诺基亚成功收购了法国公司阿尔卡特朗讯,增强了自身在电信网络和设备业务上的实力。这也是动态能力的展现和应

战略的悖论
拆解与整合

用。其结果如何，尚待时日检验。长期而言，一个企业的兴衰也许不在于某个具体业务的成败，而在于一个企业是否能够不为任何游戏本身所累，从而不断地通过业务与能力的更新重组来保持生存与永续发展。

在对动态能力的理解上，与上述比喻直接相关的问题，就是业务能力与管理能力的区别。动态能力到底是业务能力（或曰某个具体业务上的经营能力）还是企业在管理方面的能力？动态能力乃是企业更新其业务与资源组合的能力。根据定义，动态能力不是具体业务上的运营能力和执行能力。无论你怎么称谓，管理能力也好，战略能力也罢，或者战略管理能力，等等，动态能力一定是和企业的总体管理相关的能力，是一种超出业务能力和技术能力的超级能力。

大英百科全书出版社权威的纸质出版以及令人叹为观止的销售实力曾经令众多对手望尘莫及。而面对数码技术不断成熟所带来的 CD-ROM（只读光盘）和在线检索的挑战，大英百科全书出版社举棋不定、左右为难，徘徊于纸质出版和数字发行之间。最终，它不得不终止了其繁荣了230多年的庞大的纸质出版业务，聚焦于数字出版，缩小规模，主要为那些需要权威精准知识服务的职业用户服务，比如并不满足于维基百科等大众信息来源的大学和研究机构用户。

有些时候，关键不在于你究竟有多牛和曾经有多棒，而在于你是否能够持续地风光下去。在巨变的时代，快速的社会变革、技术变革、文化变革与观念变革会使得信息迅速传播，产业迅速演变，资源迅速漂移。这也意味着，如欲生存和基业长青，企业必须与时俱进，不断调整和更新自己的业务范围，重组和再造企业的资源组合。

核心竞争力可能一夜坍塌。企业必须用长期动态的眼光看问题。动态能力学说中的竞争优势，既不在于转瞬即逝的超级竞争中的短暂优势，也不在于那些由于垄断地位或者独特资源而带来的相对静态而持久的优势

（比如当年 DeBeers 在裸钻石矿开采和集中销售上的绝对优势），而在于不断地对业务与资源进行重组的动态能力，不断更新游戏组合的能力。在 SWOT 分析出现和流行的时代，企业内部实力与外部环境的匹配与契合大抵是静态的。"一招鲜，吃遍天。"一个独特的核心竞争力，也许可以使得某个幸运的企业数十年高枕无忧。如今是动态能力的时代，企业需要不断地调整与重组自己的核心竞争力。

动态能力本身的积累和使用与企业自身的业务特点有关，与自己特定的初始位置有关，而且其积累过程中不可避免地会有路径依赖。如此，动态能力注定有很强的企业特定性。比如，不仅 IBM 的系统集成能力是惠普和戴尔难以匹敌的，而且它从大型计算机、微型计算机、个人计算机再到系统集成服务不断转变的动态能力也是对手们难以相比的。

在核心竞争力学说盛行的时代，大家有一种幻觉，认为核心竞争力能够令一个企业无往而不胜。有了伊卡拉斯悖论的诅咒，有了核心包袱的警示，大家都相对比较清醒。如今，有了动态能力学说，可以帮助企业更新其核心竞争力。动态能力是不是能够无往而不胜呢？也别妄想。没有包治百病的灵丹妙药。企业管理也是一样。管理者不可能用一种理念和一种方法去解决所有的问题。所以，对动态能力也不能一概迷信。悖论的精彩在于来自矛盾与冲突的张力。

先动优势与后发优势

俗话说，"走在前面挨闷棍，走在后面全没份""跑在前面撑上穷，跑在后面被穷撑上""早起的鸟儿有虫吃，早起的虫儿被鸟吃"。诸如此类的各种互相矛盾的说法很多，各自单独拎出来，似乎都有道理，但又只能在特定的情境下有道理，对不同的企业有不同的道理。有些时候，先动

战略的悖论
拆解与整合

者（First Mover）多多少少都可建功立业、庇荫后世；有些时候，先动者也许会全军覆没、不见天日；还有一些时候，优胜劣汰，部分先动者倒下，部分先动者存活，并成为一代宗师与楷模，甚至百年老店。

大家经常说的一句话是：不要输在起跑线上。这似乎从反面给先动优势进行了背书：先到先得；贵在领先一步。其实，在产品、技术、市场和最终的行业标准具有高度不确定性的时候，起跑的早晚，可能并非当下和未来成就的决定性因素。如果一个行业的发展轨迹，尤其是技术轨迹（Technological Trajectory）有高度连续性，那么没有参加前期研发和竞争的企业很难有机会进入第二个阶段的发展或者赶超现有的强势企业。

比如，新成立的汽车企业很难取代宝马或者奔驰在现有汽油和柴油发动机带动的汽车行业中的强势地位。这就是所谓的路径依赖。而特斯拉后来居上，靠的是直接借用新的技术潮流，进入并引领电池驱动的汽车业务。在整个汽车行业，特斯拉是后发企业；在电动车领域，它则是不折不扣的先动企业。其实，在电动车业务上，传统的宝马和奔驰以及美国的三大汽车公司和特斯拉等电动车企业实际上是在同一个起跑线上的，只是特斯拉的承诺坚决迅猛而规模庞大。

在过去一个世纪内，通用汽车公司在不同时期曾经买断了各类替代性发动机（包括电池技术）和汽车设计的方案，并将它们束之高阁，一不进入公众视线，二不引起业界同行的兴趣。这种"买断挑战"的做法，恰恰是对其现有汽车业务模式的一种郑重承诺。现在还能继续撑下去吗？到底进不进入电动车业务？在多大程度上和多大范围内进入？以什么样的速度进入？再看远去的柯达公司。面对它在传统胶片业务上一个世纪的承诺和领先地位，到底是否或者何时大举进军数码成像业务？柯达左右摇摆、一直观望，直到被新兴的对手扫地出局。具有明显讽刺意味的是，柯达自己正是早期数码业务的先动者，到最后反倒成了一个仓皇败落的被动者。

所以,应对承诺与灵活性悖论的关键,也许不在于是否进行承诺,而在于依照什么时序进行承诺,什么样的企业在什么节点上进行多大的承诺。先动优势与后发优势都可能存在,要看哪些企业能够真正驾驭它们。在不同的行业中,历史记录表明,先动优势者获胜以及后发优势者获胜都各有先例,很难说到底是先动关键还是后发重要。现代版的 PC(个人电脑)先动者实际上是原先制造复印机的施乐公司,而后来成为产业标准的则是 IBM,如今最为风光的当是早期就已介入该业务的苹果公司。微波炉业务上的先动者是美国军工企业雷神,但成就世界霸主地位的却是三星。在纸尿裤业务上,倒是宝洁的帮宝适一直领先于金佰利的好奇。而在当年的拍立得照相机业务上,先动者宝丽来明显领先于后动者柯达。

先动者优势

关于"先动者优势"(First Mover Advantages)之实质与成因的最为经典的论述来自洛杉矶加州大学的马文·利伯曼(Marvin Lieberman)及其在斯坦福大学的同事戴维·蒙哥马利(David Montgomery)。它们认为,外部环境的变化、企业的特殊资质与实力以及相关的运气会造就某些先动优势的获取机会。而影响先动优势之获取和增强的主要因素(和具体的机制)大概有三种:

第一,技术领先(Technological Leadership):包括利用学习(经验)曲线效应和在专利与研发竞赛中取胜。第二,抢占资源(Pre-emption of Resources):包括先机抢占原材料投入,抢占潜在的产品线空间和地理空间,抢占厂房与生产设备投资。第三,在购买者必须面对不确定性的情况下增加他们的转换成本(Buyer Switching Cost):包括利用购买者对先动者的心理好感,并通过互相适应与学习以及提前签订各种合同等方式,去增

战略的悖论
拆解与整合

加购买者与先动者打交道的实际和心理费用,从而将他们锁定。

比如,美国第一款"液体肥皂"品牌 Soft Soap 创立了洗手液这一产品品类。但这一概念很容易被宝洁和金佰利等大型跨国公司模仿和替代。于是,为了抢占先机,该企业抵押了自己所有的资产,孤注一掷,提前支付定金,锁定了当时能够生产洗手液瓶子顶端的按压喷头的两家企业 6 个月的生产能力。这样,即使强大的对手希望进入该业务,光去搞定按压喷头,也至少需要 6 个月到 1 年的时间,给 Soft Soap 一个时间窗口去进行规模量产,打造产品原创者的品牌形象。

再比如,20 世纪 80 年代早期,索尼与飞利浦公司联手开发 CD 产品。该产品到底是音乐专业人士产品、奢侈品,还是大众消费品?针对 CD 的定位问题,飞利浦公司在内部争论不休、坐失良机。索尼则能够在短期内准确地形成产品市场定位和市场营销概念,瞄准西欧和北美富裕的中产阶级消费者群体,并投入大规模生产制造,迅速占领全球市场。在市场前景毫不明朗的情况下,索尼在德国汉诺威大举投资建设 CD 片压制厂,其年产量是当时全球需求量的两倍。这种与上述 Soft Soap 相似的先机遏制型决策(Pre-emptive Moves),不仅昭示了索尼对这一市场的确定承诺,也对其他选手构成了精神上和实质上的威慑:如果市场起不来,我认了;如果起得来,你们肯定是来晚了。

后来,利伯曼增加了第四个因素,即网络效应,或曰网络外部性效应。先动者可以有意识地致力于快速形成基础用户群(Installed Base),从而增加自己产品和服务的网络效应,吸引更多的用户。脸书的魅力以及腾讯的 QQ 和微信产品都是属于这类先动优势的典型。而全球第一款互联网浏览器 Netscape 最终落败于微软的 IE,就在于没有及时地形成网络效应。而微软则可以利用它在 PC 领域的网络效应,迅速地绑定 IE 和 Windows 操作系统,使之无所不在,迅速成为盛行一时的准产业标准。

第四章　承诺与灵活

后发优势：先动者劣势？

值得称道的是，利伯曼和蒙哥马利也对先动者劣势与先动者优势进行了对比分析。先动者劣势包括后来者的"搭便车"（Free Riding）、技术或者市场不确定性的消除、技术标准或者消费者需求与偏好的转移，以及先动者被自身的惯性所累，不能及时地应对新的产业趋势。在很大程度上，这些潜在的先动者劣势（First Mover Disadvantages），也许就是后来进入者的"后发优势"（Later Mover Advantages）。

进入市场的先后顺序，往往受制于企业自身的使命和远见、特定的成立阶段及在产业中的具体位置，以及自己独特的资源组合。比如，1975年，索尼曾是录像机市场的先锋。直至今日，其 Beta 制式的高端录像机仍然在专业市场上独占鳌头，被广泛采用。JVC 则在 1976 年推出了 VHS 制式的录像机。虽然索尼 Beta 录像机的图像品质被公认为高于 JVC 的 VHS 录像机，但在家用录像机市场盛行的 20 世纪的后 20 年，JVC 的 VHS 录像机一枝独秀，成为主流产品，而索尼 Beta 录像机则惨遭"滑铁卢"，落败于前者。

索尼失利有几个主要原因：第一，VHS 的磁带可以在低图像品质模式连续录制 4—6 个小时，而索尼的磁带只能录制 2 个小时，无法满足许多美国消费者对磁带时长的要求，比如，定时自动录制电视直播的橄榄球比赛。第二，索尼对自己独有技术的推崇以及对各类潜在合作者的傲慢，使其没有及时形成强大的网络效应。合作者包括其他录像机制造商、磁带制造商，以及好莱坞电影厂等影像内容供应商等。据商业畅销书作家雷纳透露，索尼的失利也许在一定程度上跟它拒绝直接与色情行业合作有关，而该行业的消费群体一直是影像器材最为重要的消费群体之一。JVC 只是后动了一年，就基本上避免了索尼作为先动者面临的劣势，比如，先动者无法及时地应对市场的不确定性。当然，如果没有索尼的傲慢态度，它可能也不会给JVC留下过多的机会。

另外，值得注意的是，这里的悖论可能有两个。其中一个悖论是：无论是先动还是后发，任何时候的决策自身都是优势和劣势同时存在的矛盾体。恰如狄更斯所言，这是最好的时代，同时也是最坏的时代。先动者很难只利用当时的优势而完全避免劣势。后动者不可能只有相对于先动者的优势而没有自身与当时环境导致的劣势。

另外一个悖论，乃是先动与后发的同时存在。作为后发者的JVC在进入市场的时间上只比索尼晚了一年，相对来说，它仍然属于广义的先动者群体中的一员，是"后发先动者"。至少在这个行业，如果是纯粹的后发者，可能已经没有进入行业第一梯队的机会了。从时序上看，JVC的例子乃是先动与后发几乎同时存在的悖论。

当然，后来者居上的例子同样存在。比如，华为对中国以及全球手机业务的进入，便是一种后发行为，而且具有较强的后发优势。虽然其前期的主业跟手机终端制造与销售几乎没有直接关系，但一旦看准手机业务的前景并决定对其进行承诺，华为立刻在短时期内集聚资源而实现规模效应，成为该行业的重要选手。由于魅族、小米、OPPO和VIVO等前端产品的铺垫，华为进入手机业务的当口，大家对国产手机品牌的辨识度、接受度以及忠诚度都达到了空前高的水准。消费者的主要使用习惯已经相对较为明晰确定。手机组件的技术以及总装集成技术也已经相对稳定。

本章小结

无论做什么事情，不去全身心地投入通常很难有所成就。如果一件事情在可预见的将来能够并值得一直做下去，那么企业对其投入就是有价值

第四章　承诺与灵活

的，可以创造举世闻名的商业成就。比如，那些全球著名的瑞士钟表企业。然而，即使是这么有独特而持久竞争优势的企业，偶尔也要考虑如何应对技术潮流变化对其核心业务带来的潜在冲击，有些甚至可能是灭顶之灾，比如，石英钟等新技术对机械表的冲击。名表集团 Omega 旗下如今也同时拥有相对低价的时装表品牌 Swatch。好在全球各国的暴发户如雨后春笋，一波又一波地渐次崛起，对奢侈品的需求依然兴盛不衰。这些知名企业只需低头拉车，很少需要抬头看路。而大部分企业则没有这种奢侈。

一个企业要想长期地生存和发展，必须在对产业组合以及资源组合的选择上做出某种承诺，沉下心来，精耕细作，形成自己的看家本领。同时，它也要关注外部环境的趋势与潮流变化，保持撤出衰败业务并拥抱新兴业务的灵活性与可行性。在献身投入的承诺与伺机转型的灵活性之间，到底应注重哪一个维度，究竟如何在二者间把握平衡，乃是战略管理者面临的重要挑战。需要应对的问题包括承诺的时序——是先动还是后发，以及承诺的过程——是一次性到位还是多阶段序列决策。

核心竞争力，根据定义，可以使得企业在多个业务领域具有竞争力并由此带来竞争优势。核心竞争力的构建和使用，既体现了一个企业对具有高度企业特定性的某些资源与能力的持续承诺，也体现了其对相关产品和市场选择的某种灵活性。在这个意义上，核心竞争力乃是对承诺与灵活性悖论的一个较好的应对。然而，核心竞争力本身也会变成核心包袱与核心刚性，导致企业故步自封，难以与时俱进。这是一个更高层次的悖论。企业需要构建和利用其动态能力，在关键的节点上更新和重组其现有核心竞争力以及企业的业务组合。

第五章　合作与竞争

大家通常喜欢把合作与竞争当作同一个谱系上的两个极端。也许这是一种理解和思考上的误区。让我们按照导论中提到的两种思路——二维拆解和升级整合——来考察一下二者之间貌似存在的矛盾。首先，是二维拆解。如果我们把竞争与合作分别看成独立存在的两个维度，而不是一个维度上对立的两端，则二者的关系就可能是多种组合，而不是纯粹的对立。如果竞争与合作被当成类别变量，即简单的有或无，那么我们会发现如下四种组合：只有竞争没有合作；没有竞争只有合作；既有竞争也有合作；没有竞争也不合作。

前两个组合大致符合上述大家通常的理解，竞争与合作似乎互不相容。然而，第三种组合对上述理解提出了挑战。在同一对选手之间，竞争与合作竟然可以同时发生。比如，索尼和飞利浦两家公司共同研发出了盒式录音带与 CD 这两项全球畅销的产品。在技术创新和产品开发层面，二者是密不可分的合作者；而在产品终端市场上的销售层面，二者又是针锋相对的竞争者。合作者之间可以竞争，竞争者之间可以合作。于是有人干脆发明了一个术语，叫作竞合（Co-opetition），意指竞争（Competition）与合作（Cooperation）的同时存在与作用。

第四种组合，可以帮助我们把思考提升一个层次，进行升级整合。前三种组合都是具有实质性的交锋互动（Mutual Engagement），而第四种组合中的两个选手可以说基本上没有交集，没有互动。从是否有交锋互动的

第五章 合作与竞争

视角来看，合作与竞争是具有高度相似性的，无论是独立存在还是同时作用，二者往往都具有相对强烈和持久的有目的的交锋互动。

与之相反，两个选手同时存在或者出现在某一个场合（比如一个行业或者一个市场），并不意味着二者有任何的交往与互动。比如，宝马7系和长安奥拓，虽然名义上都在中国家用汽车行业中存在，但二者基本上没有任何交集，既无竞争，又无合作，基本上不在一个实际的或者概念性的空间内。

因此，不能想当然地认为只要在一个行业或者市场上同时出现的，就自动是竞争对手抑或合作伙伴。无论是竞争还是合作，都是一种有意识和有目的的行动（或曰互动）。在规定的时间和场合出来一起竞争，本身也是一种合作，是对游戏规则的尊重。在合作项目中暗自较劲，也是敬业者在职业风范上的一种竞争，彰显的是职业荣誉感和自尊自重。如此，竞争也是一种基于游戏规则的合作，合作乃是另外一种形式的竞争。

需要指明的一点是，合作和竞争都不过是实现企业最终使命和目标的手段而已，它们本身并不是目的。竞争的根本目标，主要是实现自身的利益诉求，而并不一定在于挫败或者淘汰对手。合作的境界，同样在于实现企业的终极目标，而不在于（或者并不主要在于）与合作伙伴之间的关系和谐。在商业世界，也许如同国家间的竞争一样，只有永恒的利益，而没有永恒的伙伴和敌人。如此，竞争与合作各自有其自然存在的道理，同样也存在二者同时发生的合理依据。

如何把握自我，处理好与其他选手在竞争与合作方面的互动，乃战略管理实践中最为重要的决策之一。本章对于竞争与合作关系的探讨包括以下三个方面。首先，我们分别考察单打独斗与合作拉拢各自的特点以及二者的关系。其次，我们聚焦在殊死竞争与共生共存两种经营理念的对比上，并考察各自适用的情境。最后，我们考察合作战略中自身生态系统的构建以及对多种战略联盟的选择性参与。

单打独斗与合作拉拢

有些人喜好结交云游，有些人享受静谧独处。企业也是一样：有些离不开一路同行的友军伴侣；有些则需要强劲对手之出现所带来的鞭策和刺激；还有些则善于独来独往或者独居一隅，行单影只地兀自丈量苍茫大地，既不与人为伍，也不与人为敌。也许，这便是上述的第四种组合情形中的企业。我们不妨将此类企业称为"独行侠"（Mavericks）。在我们讨论竞争与合作的关系之前，我们先关注一下这种"独行侠"的神采意蕴与姿态形迹。

"独行侠"的自由任意

在人类社会，所有的孤独都是相对的。也就是说，一个人如果真正孤独，他根本不在一个社会里。如果不在一个社会里，也就无所谓孤独，至少社会中的人无法感受到你的孤独。只有社会观察家或者从更高的层次鸟瞰的视角下，才能辨识这些离群之雁、散落羔羊。也就是说，孤独，是相对于社会性的丰沛抑或丧失而言的。因此，即使最孤独的人通常也会有所社交，与他人在某种程度上发生连接和关系。

类似"独行侠"的企业亦是如此，它们不可能与其他企业毫无接触和关系，只是说，它们在骨子里是所谓的个体主义者，相对地注重自己的行动，不太在意也并不倚重自己与其他企业和机构的关系。它们并不是与世无争地孤旅独行，而是间或要抽刀对敌、应战一方的战士。只是它们通常喜欢单练，善于独挑，不依附于任何集团或群体。因此，我们可以把这种"独行侠"的行为做派称为"单打独斗"。

第五章　合作与竞争

改革开放初期的个体户，比如云游郎中、修鞋的、弹棉花的、炸爆米花的，等等，大多数都是"独行侠"。他们基本上都是单干户手艺人。虽然老乡之间偶尔互有关照，但从业时，通常都是独自走街串巷，或者画地为牢，或者云游四方，不与人争执和冲突，也少有拉帮结派地合作。至少在经济发展早期阶段，或者市场较为原始、服务不够全面系统、竞争不够充分的情况下，这些"独行侠"是有存在和发展的空间的。

然而，进一步推论下去，即使是在相对成熟的市场与社区，具体到某些独特的细分市场抑或新兴领域，这些"独行侠"仍然有存在的空间和余地。比如，全国各地的居民社区中贩卖"杭州小笼包"的家庭作坊。广义上说，它们与沙县小吃或者庆丰包子铺等早餐店之间的确可能产生一些竞争。但由于其定价稍低，地理位置选择更加接近本地社区，便于步行者前往消费，因此有其相对独特和固定的客户群体。每家都是自己选材、自己制作，味道和成色却又令人惊奇地一样或相似。某些连锁店的中央厨房配送出来的东西，大概都没有这些分散自发的家庭作坊这么精准的品质一致性。

说白了，它们就是满足某种既定需求，并不是要与谁去竞争，并且会随着政策的改变、人口的流动抑或消费者口味和生活条件的变化而自生自灭。再比如，随着城镇化进程的深入以及房地产行业的发展，建筑工地比比皆是。建筑工人大多数是从农村进城的低收入者。如何满足他们的生活需求，大多数商家基本没有考虑过。那些在工地旁边开设夜市给工人们卖二手服装和鞋帽的小商贩也是"独行侠"的一种。他们应运而生，通常是打一枪换一个地方的"游击队"。也许，有一天这些"游击队"会变成"正规军"，不再是自生自灭的边缘力量。北京当年传统的八大饭庄，其创业者在早期大多是走街串巷卖小吃起家的。

当然，有些"独行侠"拥有特定的手艺而又崇尚某种生活方式，要

战略的悖论
拆解与整合

在生意和生活之间保持平衡,在赚钱和享乐之间寻求最佳配比。比如,有些卖酱牛肉、驴肉火烧、羊肉汤、葱油饼的,等等,每天只在十分有限的时间内营业,或者只供应一定数量,卖完就关门。而一旦开门,立即客满排队。也甭谈开分店、连锁店什么的,独此一家,爱来不来。不让提前预约,来晚了也不伺候。艺高人胆大。这是手艺人的底气。如今,很多网红店也是这样,比如某些奶茶店,要造就"独一份"的品牌形象,不仅配方上标新立异,而且有时还要不惜雇人当托儿,假装在门前大排长队。虽然有些做作,但至少一时间仍可能是门庭若市、盛况空前。

其实,有时候,"独行侠"乃是一种特立独行的精神和意识。某些所谓的"独行侠",并不一定完全不考虑竞争与合作,或者只是满足于偏安一隅,而是他们骨子里充斥着特立独行的个体意识,洋溢着自信自强的独立精神,不时地还要流露出些许傲慢不羁,甚至要最终征服在其脚下臣服颤抖的整个世界。"独行侠"要赢者通吃、一家独大。

比如,索尼一直自信地坚持要做电子行业的先锋。其一贯的做法,是首先尝试用自己独有的技术(Proprietary Technology)来打天下。这类企业基本无视竞争,通常也不主动与人合作,而是希望别人对其顶礼膜拜、极力拥戴。由于强调独特性,索尼的产品之间可以互相匹配,但与外部产品通常难以兼容,就连插头、插孔这样的标准件,索尼也要故意设计得与众不同,拒绝与人匹配和兼容。

苹果的产品也是强调其独特性,充电器都与别家不同,不能互换通用。此乃苹果公司的一贯作风。当年,最早的 Macintosh 个人电脑,除了摩托罗拉的芯片,其余所有东西都是苹果自己设计和生产的。完全纵向一体化,自营全产业链,自己把控一切。连操作系统和应用软件都是自己开发。因为没有外部插件的参与,倒是没有病毒,但也没有像 PC 系统那样有众多的应用软件可用。苹果一度曾经历生死风险,只是乔布斯"二进宫"后才又起死回生。通过与英特尔和微软的合作，苹果电脑重整河山，囊括了主流 Wintel PC 的诸多功能，而又同时具有优良的设计感和稳定性。至今，在所谓开放共享的移动互联网时代，苹果坚持采用自己封闭独有的 iOS 操作系统以及自己构建和掌控的软件应用。

对于"独行侠"来说，辉煌的时候，可以拥有整个世界；惨败的当口，可能众叛亲离、暗自啜泣。纵观索尼和苹果两个意识和精神上的"独行侠"，它们独具一格、自成一体，还是需要足够的勇气的。如果要把"独行侠"的精神发扬光大，它们需要坚韧不拔的耐性以及跌倒重来的意志力。前提是自己要有不断原创的能力，这才是特立独行者的通行证和孤傲自信的根基。乔布斯就敢声称说，顾客根本不知道他们想要什么，直到你把"疯狂地伟大"的产品放到他们手里。他们无法拒绝。

毕竟，无论是个人还是企业，大家都喜欢扎堆儿从众。"独行侠"不是常态，而是特例。当满大街都是"独行侠"的时候，也许我们应该努力保持一份理智和清醒。

合作战略

企业间合作的目的通常是以寻求和获取所谓的"关系租金"为主的。具体而言，通过与合作者的关系构建与维护，合作战略可以带来的潜在益处和功用包括建立立足点、整合资源、利用互补性、向对手学习，以及共同对敌等。

首先，通过与某国本土市场上企业或其他实体的合作，一个跨国公司可以在该国目标市场上建立立足点（Foothold），在全面正式向该市场做出承诺之前，做内部准备和培育市场的努力，为获取未来的竞争优势打下良好的基础。这种立足点非常有助于尝试摸索本地市场，广交朋友，建立关系网络，增进客户的了解和社区的信任。在时机成熟而全面进入该国市场时，这些先于对手的努力和铺垫会为它带来作为先动者的竞争优势，并使其容易为该国本地市场接受。惠普公司作为最早进入中国的外企之一，就是这样以合资企业作为立足点从而逐步实施其"与中国共同成长"之战略的。

其次，合作者之间的资源共享使那些单个企业无力承担的项目成为可能，减少了风险和阻碍，增强了势力和成功的可能。有能力并善于与其他企业合作的企业，相对于那些孤军奋战的对手而言，将会享有速度、效率、顾客认知度和信任度等多方面的竞争优势。这种共享资源的合作一般都是集中同类合作者的力量并予以放大，从而在某些产品市场上占据主导地位。比如，在全球石油行业中的超大型跨国公司，也往往与其他公司合作，共同开发某些重大项目，实现全球内的规模经济和最适当的技术与服务支持。

再次，企业间合作战略的另外一大诱因是促进企业间有关资源与能力的共享与互补。这种共享与互补的战略可以采取多种模式，比如，不同企业间研究与开发能力的互补、研究开发与生产制造的互补、制造与营销的互补、OEM制造实力与强势品牌的互补、软件与硬件的互补、跨国公司与本地企业的互补、营利性企业与非经济实体的互补，等等。广而言之，任何同一产业链或不同产业链上的不同企业间的关系安排，不管是纵向供给还是横向联合，如果最终的结果能够提高对客户所提供的价值，都可以看作互补优势的存在和应用。

还有，从根本上说，所有的合作项目和安排都是一个学习竞赛（Learning Race），比赛的是合作对象（或更准确地说，对手）之间互相学习、快速提高的意识和能力。合作战略的核心在于向对手学习（以及与对手一起学习）那些有助于创造顾客价值的操作过程、运行机制以及知识与能力。在高科技领域，向对手学习尤其重要。在快速多变的计算机市场,没有一家企业能够完全用自己一家的技术和产品来独霸市场。硅谷的企业对于企业间互相指责"偷窃发明""盗用技术"的游戏已经习以为常。它们一边打官司,一边竞争,同时还照样合作,包括原、被告之间的合作。在这种类似丛林游戏的情况下,在合作中快速学习的企业,往往是在某一阶段的游戏中最先到达目的地的企业。

既然是学习竞赛,大家一方面希望从别人那里学到东西,另一方面又要防备别人从自己这里学走东西。可以推断,在合作中,大家通常偏好选择更加隐藏自己或者暴露对方的方式来进行合作。比如,争取把合作研发的项目或者合资企业建立在对方的场地,派学习能力强但对自己企业的技术强项不太熟悉的新人到对方那里去学习,注重学习自己最为急需的关键技术但把自己貌似拿手却比较常规的技术分享给对手,等等。我们也可以想象,各种产业园、科技园、研发基地等,趋之若鹜的都是想学别人东西的企业。真正有核心技术的企业通常不会把自己拿手的"绝活"放到众人扎堆儿的地方。它们纵使过来,也只是名义上的参与,是为了显示自己的强势地位,推销自己想要推销的技术,并希望能够偶尔在此拾漏,发现一些对自己有用的东西。

最后,企业也可以通过与另外一个企业结盟来打击共同的对手或其他第三方企业。由于企业间兴趣和利益的多变,这种联盟一般都是比较短暂的。比如,在外交战略上,中、美、苏的三角关系可以说是多重联盟战略的经典应用。任何两国之间的关系明显交恶之际,第三方都可以从中挑拨离间、伺机斡旋,随时准备联合其中一方去打压遏制另外一方,从而在三方关系中抢占主动地位。在技术变化突飞猛进的高科技产业,一个企业往往会同时参与多个相互争斗的企业联盟,甚至直接参与主要对手的阵营,来保证自己将来不会被锁在主流市场的门外。不管是哪家企业或企业联盟的技术成了产业标准,"脚踩多只船"的企业都将会在市场上获得一个立足点。

拉拢战略

除了直接正式的合作关系，一个企业也可以开展其他变相的合作，去拉拢那些自己的利益相关者，构建统一战线，并从中获益：打开机会之门，扫清沿途障碍，抵消不利威胁，赢得竞争优势。它通常是通过第三方来影响企业与其对手的较量。拉拢战略与合作战略的根本区别在于，拉拢行为往往更加非正式、含蓄、微妙，有时甚至违法，但大多数时候没有明确规定，也不具有强大的约束力。两强相争，难分伯仲，尤其是对于产业标准之争。此时，相对独立于两强之外的第三方企业或其他实体，对两强的成败往往起着意想不到的决定作用。第三方的支持可能是独家的资源供给、互补产品和服务的提供，也可能是道义上的支持。对第三方的拉拢符合企业利益并可以为企业带来竞争优势。比如，各种租车平台成立之初对于出租车司机的补贴便是一种拉拢行为，而不是直接的合作。

为了增进其合法性，企业也需要拉拢其他正规的和非正式的组织和机构：政治的、社会的、文化的、宗教的和其他类别的。这些机构对企业的生存和成功有不可忽视的影响。举例而言，一个善于与社会利益集团（比如绿色和平组织）打交道的跨国公司，在环保组织势力强大的国家和地区，就会比一个环境意识相对薄弱的企业更有竞争优势，更容易被当地社区接受。与官方的和民间的各类具有影响的利益集团保持良好的关系和沟通渠道，往往可以为企业的竞争优势与社会合法性做出重要贡献。

第五章　合作与竞争

你死我活与共存共生

超级竞争者的杀气腾腾

企业界充满了各式各样的人物与性格。有的温文尔雅，有的争强好胜，有的把争强好胜深藏于表面上的温文尔雅之中。从某种程度上讲，不同的企业也反映和体现了其创始人和经营者的独特性格。如此，有的企业杀气腾腾，有的企业温良谦恭；有的企业睚眦必报，有的企业大度包容；有的企业面对攻击我自岿然不动，有的企业稍遇风吹草动就浑身颤抖。

有的企业极端地信奉竞争，认为与其他选手所有的关系都意味着潜在的竞争。而且，它们认为，在众多的领域里，竞争的强度和速度都在日益升级。在业界，原英特尔 CEO 安迪·格鲁夫（Andy Grove）的名言最具代表性：只有惶惶不可终日的偏执狂才能生存。在学术界，理查德·达文尼（Richard D'Aveni）的所谓"超级竞争"（Hypercompetition）学说曾经风行一时。超级竞争学说描述了一种狂争恶斗的竞争场景：从价格和质量到时间和诀窍，从争夺势力范围到打造丰厚资源储备，企业竞争不断升级，时时较量、步步推进。超级竞争的一大特点就是竞争优势难以持久。就其实质而言，超级竞争可以说是熊彼特式竞争的极端表现形式。"创造性破坏"（Creative Destruction）不仅时间跨度缩短，而且发生频率增强。要么把别人当午餐吃了，要么被别人当午餐吃了。

达文尼进一步认为，合作战略并不能导致企业走出超级竞争的困境。在超级竞争中取胜的唯一手段就是毫不犹豫、无所畏惧、全面拥抱、拔剑而战。只有适应不断打硬仗的挑战，企业才有可能在超级竞争中获得竞争优势，虽然这种优势往往是非常短暂的。不断获取短期竞争优势，应该算

战略的悖论
拆解与整合

是超级竞争中企业战略管理的最高境界了。要想真正保持安全，最好的办法就是永远不要感到安全。当然，超级竞争可以是一种特定的场景，也可以是一种精神状态。这种勇猛鲜活的精神状态和时刻保持战斗力的警觉与承诺，对于某些情境乃是必需，对于很多企业而言是值得拥有，虽然并不是所有的市场都处于超级竞争状态，但也并非任何场景下都没有与对手合作的可能。

合作战略：共存共生与共赢

"住在玻璃房子里面的人不互相扔石头。"这是搞博弈论的人经常引用的一句话。一般说来，出于自己的利益和对长期生存的盘算，脑子正常的人都不得不和那些与之共享资源和空间的人合作，共同营造和维持某种利于互相交往的基础平台，达成谅解，尊重秩序。比如，20 世纪 80 年代，两口子吵架，气头上，可能有人会摔盘打碗，并且口中念念有词："这日子简直没法儿过了！"但是，即使这么说，还真没见有几个人摔电视机的，除非是真的不愿过下去了。谁都不傻，用会计学的说法，盘子和碗是低值易耗品，而电视机是固定资产。在那个基本没有私车和私房的时代，电视机、冰箱、洗衣机等乃是一家人共享的最大资产，心疼还来不及呢，谁会去摔？

其实，企业间的关系、竞争对手间的关系有时与此也非常类似。应该说，一个企业能够将所有对手全部扫地出门、独霸一方、自定规矩的情形可能是会有的。但是，更多情况下，每个企业都必须不断地和竞争对手轮番较量。所以，共享市场是一个习以为常的事实。这时候，企业就都会遇到一个营造和维持基本竞争平台和潜在游戏规则的问题。当然，为了自身利益，企业间必定互相骚扰，去竞争、去挑衅、去攻击。但是，为了能够长期共同生存，每个企业又必须考虑到无节制的互相骚扰可能对整个群体带来的毁灭性打击。因此，该忍的时候还得忍着，不能动不动就"死磕"，每天都摔电视机。

互相忍让的动机是使游戏能够长久地进行下去。自己活，也让别人活（Live and Let Live）。希望别人也同样如此希望。不一定总能实现共赢，但大家至少要能够接受现实、共存共生。然后，大家可以在共同生存的基础上对自己的状况予以改进和提升。

根据博弈论的基本精神，布兰登伯格（A. Brandenburger）和内由巴夫（B. Nalebuff）提出了一个名为竞合（Co-opetition）的分析框架，将竞争与合作并存的事实和应对战略渲染得淋漓尽致。竞合意指一个企业与对手同时展开竞争与合作，强调互补者和竞争性替代者在游戏中共同的重要角色。二者认为，常规分析中经常被遗忘的就是对互补者的考虑。这与传统分析对竞争的过分强调不无关系。竞合学说是对上述以超级竞争学说为代表的强调竞争不可避免性阵营的一种强烈反叛。

总结而言，竞合学说的核心要义至少有三点。首先，重视对竞争（包括直接竞争者和替代者）与合作（包括直接合作者与互补者）的同时考量。其次，强调一个基本准则，关键的问题不是别人的具体输赢，而是自己是否在赢，是否通过竞合达到了自己的目标。最后，基于竞合制胜的思路，企业可以通过改变游戏而获取竞争优势。具体而言，一个企业可以改变游戏的构成部分（PARTS），即参赛的企业选手（Players）、每个选手所能增加的价值（Added-value）、各种游戏规则（Rules）、游戏中的策略（Tactics）和游戏的范围（Scope）。

比如，国航和南航在民用航空业务上是直接的竞争者。但是，当针对飞机供应商波音和空客的时候，二者又有超强的互补功能。如果联合购买飞机，可以通过规模经济和范围经济来给买卖双方同时带来益处。一方面，联合购买增强了波音或空客对特定机型的市场总需求的信心，并较好

战略的悖论
拆解与整合

地分摊了巨额的研发与制造成本；另一方面，这种基于需求互补性的合作也增强了国航与南航作为买方的砍价能力，并因此降低了它们的采购成本。与此相似，大家常见的团购现象其实就是一种竞合。如果大家都单打独斗地跟供应商谈判，则各自都不占优势。如果大家暂时搁置或放弃互相竞争的心态，而抱团取暖、共同对敌，则可能有助于所有参与者的最终利益。这便是竞合的悖论与魅力。

另外，值得一提的是，"自己活，也让别人活"的所谓"互相忍让"（Mutual Forbearance），也许在"多点竞争"（Multipoint Competition）的情形下表现得最为充分。简而言之，多点竞争指的是两个或两个以上的一组企业同时在两个或两个以上的市场上进行竞争，无论是多个产品市场、地域市场还是跨国市场。比如，宝洁、金佰利和强生同时在中国和美国的多种日用品市场上的竞争，米其林和固特异在全球多个国家的多种汽车轮胎市场上的竞争，各大银行横跨多种地域市场的竞争，等等。

多点竞争的一大特点就是企业可以在多点之间互相拆借资源、统一行动、共同对敌。一个点上的交锋，可能引发多个点上的反应或是全盘的争斗。如此，多点竞争者在每一个点上的行动可能都需要放在全局多点的视角中去考量。其行动也就必然需要慎重。这可能是互相忍让的主要理由。多点竞争区别于单点竞争的另外一大特点，就是通常很难有一个企业在所有接触点上都能够做大，但每个企业至少可能在某个或某些点上拥有自己的势力范围（Spheres of Influence）。

一个企业如果在某个点上发迹，就可以以之为依托，辐射并威慑其他市场。因此，企业总是希望在某个点上有所突破，从而积累资源和影响，构建和拓展自己的势力范围，以期有力地带动全局。这可能就是多点竞争中的对手之间互相骚扰（Mutual Spoil）的主要动机。但如果对手之间各有自己的势力范围，则可能会增加互相忍让的可能。你在自己的势力范围

第五章　合作与竞争

内危害别人，别人也可以在他的地盘上惩罚你。双方都得有所收敛和忍让。如此，多点竞争的一个悖论，正是竞争与合作的同时存在，对手间既有互相骚扰的冲动，也有互相忍让的激励。

纯粹为了说明的便利，我们可以假想在东北市场起家的雪花啤酒意欲强攻北京市场，在大众普通啤酒市场上降价30%倾销。面对挑战，源自北京的主要品牌燕京啤酒，单在价格策略方面，可能的选择至少有如下几种：无动于衷、就地反击、迂回包抄、全面对敌。

无动于衷，背后可能有不同的含义。或者显示燕京啤酒信心十足，认为对手不值得反击；或者燕京啤酒无力还击，因为定价已经低得不能再低。但无论如何，这种没有反应的反应是不大可能被采取的。企业领导要做姿态，销售人员关注业绩，面对竞争没有任何行动似乎等于坐以待毙。反正得动一动。

就地反击，结果可能是害了自己。在自己最大的势力范围内，降价回应，无疑是得不偿失。如果不能把雪花（或者其他品牌的挑战者）从北京市场赶出去，则砸了自家的牌子不说，传递给消费者的信号更是对自己不利：原来啤酒的价钱还可以这么低！请大家注意，普通啤酒基本上比稍微好点的瓶装水都要便宜了，价格再低，这买卖可能就没法儿做了。

迂回包抄，既有实际作用，也有信号意义。例如，如果燕京啤酒在沈阳大规模降价促销，损失最大的应该是雪花啤酒，因为它必须降价迎合才能保住它在自己主要市场上已经获取了的领地。迂回包抄给出的信号也很明确，如果雪花啤酒继续在北京市场出击，燕京啤酒在沈阳的降价也会不遗余力。双方只是交换市场而已，而净结果则是大家的利润率同时降低。这种相对温柔的批评，其效果可能胜过直白简单的就地反击。

全面对敌，很可能百害一利。商战需要冷静，不应该意气用事。全面对敌，在通常的情况下注定显得过激。燕京啤酒如果由于某种原因（比

战略的悖论
拆解与整合

如历史过节或个人恩怨等）而把雪花啤酒当成第一大敌，那么它很可能会在所有多点市场上进行回应，将降价进行到底——全世界任何市场上，只要有雪花啤酒出现，燕京啤酒就比它价低。如果双方谁也无法把对手请出局，那么这种全盘争斗只能给企业带来些许骁勇好斗的名声而已。这也可能是百害之余唯一的利。其他对手以后想挑战的时候，必定会有所畏惧，需要再三思虑。

其实，如果换一种思路，注重竞合，结果也许更加精彩，但是执行起来也可能尤为不易。比如，雪花啤酒以优质高价、风味独特的外埠品牌形象通过某种特定渠道进入北京市场，力推精品形象；燕京啤酒也可以在沈阳如法炮制，重点推销燕京白啤等高端产品。你敬我一杯，我放你一马。这样，大家既有在自己家门口的"量"，亦有在对手家门口的"精"。竞争的焦点就可能会被转移至品质、口味和品牌形象，而不是一味的价格战。如果一味降价，结果只能是质量越来越差，对行业长期发展没有好处，也不符合消费者的根本利益。因为对消费者来说，提高生活品质才是关键，而不是只贪便宜。否则，即使是市场上引领风骚的知名品牌啤酒，也可能只是"啤酒味儿的水"。

若干回合的多点争斗之后，大家会发现，市场越来越成熟，对手越来越熟悉，信号越来越清楚，规矩越来越明晰。打来打去，在若干大的竞争对手之间，尤其是在每个竞争对手都有自己强劲势力范围的情况下，谁也无法消灭对方，而大家共享多点市场成为不争的事实。这时，相互忍让的可能性也会大大增强，恶性竞争和投机取巧的可能性会急剧减小。大家画地为牢，自然分工，既各自独占一方，又互相渗透交融。

当然，需要再次强调的是，在多点市场上的"交互占先"（Reciprocal Dominance）是相互忍让的必要条件。只是两个企业在多个市场出现并碰面这个事实本身，并不能导致它们惺惺相惜。问题的关键是每个对手都要

第五章　合作与竞争

有自己的势力范围或者说根据地，在某个地方有某种办法能够打压、惩罚、牵制对手。而且，大家势力范围的大小和重要性也基本旗鼓相当，在某些点上具有可信的威胁和真实的杀伤力，因此对于对手的行为有约束性。这是"你让我活，我也让你活"的基础。一个没有势力范围的企业，出现的点再多，也很难得到对手的尊重和忍让。

还有一种特殊形式的多点竞争，就是"多时点"的竞争。某些对手在既定的空间内重复不断地与对方相遇，一时间谁也无法把对方灭掉，通常是像陷入堑壕战那样的僵局。这便是所谓的"重复囚徒困境"。在这种游戏中，正像罗伯特·阿克塞尔罗德（Robert Axelrod）在其著名的论著《合作的进化》一书中揭示的，最好的应对战略是"一报还一报"（Tit-for-Tat）。这是竞争与合作的一种独特组合。起点是合作，下面的每一步都严格地完全根据对手的反应来反应。对手竞争就还以竞争，对手合作就报以合作。关键是，只看对手上一轮的作为，不记前边任何一轮的仇，也不因与对手在以前的多次合作就去宽容对手在上一轮的背叛（竞争）。极端自律和清晰一致的"一报还一报"，这也是人们通常难以理解和接受的一种悖论。

说穿了，合作行为并不一定要基于友谊、喜好甚或信任。将对手恨之入骨者，也可能出于生存和利益的考虑与死对头合作。阿克塞尔罗德所谓的"未来阴影"（Shadow of Future）以及关于对手间行为的"相互性"（Reciprocity）的强调，恰是一语中的，道出玄机：交恶双方在追逐自身利益时的自发，完全不需要第三者抑或更高的权威来强制他们。未来阴影，意味着对手间未来的接触和抗衡给现在的战略与行动蒙上阴影，使对手在选择当下的决策时更加慎重。相互性，意味着对手间能够以其人之道还治其人之身，双方的行为互相钳制，能够逼迫双方同时就范。

关于第一次世界大战，有所谓"战争病"（Disease of War）的说法。

战略的悖论
拆解与整合

在堑壕战中交战的英德双方，出于自我保存的考虑，都不急于激烈地攻击对手，你不打我，我也不打你。这种堑壕中的阵地战与攻坚战截然不同，主要是割据战和损耗战，很可能旷日持久，实际上打了将近四年。即使你积极猛烈地攻击对方，也很难或者根本不可能把对方干掉或撵走。而且，堑壕里的偶尔小胜对战争大局也可能无足轻重。双方也都不知道自己何时会撤走。玩儿命进攻和骚扰对手，造成的只能是对手不得不报复，于是两败俱伤。

而染上"战争病"的交战双方，出于"生存本能"（Basic Instinct of Survival）的需要，会为了保存自我、减少无谓的牺牲和伤亡，而主动和自愿地互相忍让。交战双方可能近在咫尺却不开枪，甚至还互相起外号、聊天、互送礼物，等等。这是无奈的合作或曰勾结，是交战双方在无情的竞争中力求保存自我的一种自然反应。如此，大家在战争的腥风血雨中造就了一个相对温和的小环境。

最为奇葩的是，1914年圣诞节期间，交战的英德双方不可思议地在不同地方自发举行了多场足球赛。在英德双方的堑壕对垒中，由于简陋的条件和恶劣的天气（雨雪交加，几乎淹没堑壕），士兵们的厌战情绪与日俱增。与自然斗争以及与自己的意志斗争，可能比与敌人斗争还要艰苦。两方的士兵可谓同病相怜，"自己活，也让别人活"逐渐被大家奉为信条，促成了双方的一些共识和默契。英德双方的官兵首先尝试相互喊话，共同唱歌、聊天、开玩笑。

后来，双方都有士兵大胆地进入两军之间的"无人地带"，互相交换香烟和礼品。也难怪，这种虽然生涩突兀而又合乎人性的情绪与尝试，最终导致了圣诞节期间的休战，有的不到一天，有的甚至挨过了新年。期间若干起足球比赛使大家暂时忘却了战争，使双方官兵满脸笑颜。先过节再说，过了节，再继续打、接茬儿练。1914年的圣诞节赛完足球，第一次世界大战又打了好几年。而堑壕战引发的"相互忍让"是人类战争史上的一个特殊案例。

2018年正好是足球世界杯年。在国家队之间激烈的争斗中，一方面，硝烟弥漫、战火纷飞、拼命厮杀、奋力拼搏；另一方面，我们也发现了对手间的职业关照、同行温情、友好竞赛、宠辱不惊。球迷们都知道，这些代表不同国家的队员们，穿上了国家队的队服，就代表了那个国家的形象和一切；而一旦脱下了国家队的队服，来自不同国家的球员们就可能是同一家国际知名俱乐部的队友。如此，这些队员参与的也是多点竞争，一会儿是俱乐部的队友，一会儿是国家队的对手。世界杯每四年才举办一次，俱乐部则是每天吃饭的营生。大家一般不会在世界杯上玩儿命地把自己和对手往死里"整"。

在商战中，参与多时点竞争的貌似你死我活、势不两立的对手之间，为了共同生存而自发地达成的默契和暗中进行的合作，也是屡见不鲜。可口可乐与百事可乐的争斗可谓百年经典。一个世纪以来，谁也没有把谁消灭，谁也没有把谁打翻。共同生存似乎乃是必然。虽然它们在超市和其他零售渠道经常打折促销，但它们还是保持某种默契和隐含的约定，从来不在同一周内打折，而是交替降价、分开时段。这一周你打折，下一周我如法炮制。否则，双方同时降价对垒，必会导致消费者过高的预期，使双方难以回到原价，也会形成长期打折的不利习惯。两家公司一百年来的关系，可谓竞争与合作并举的上佳典范。

生态系统与联盟集成

企业间的合作，可以是随机聚散的短期交往，也可以是长期共存的生态系统。有的松散随意、逢场作戏，有的固定正规、经时历久。短期合作与长期关系之间通常存在各种矛盾。互相承诺、专注深入的合作关系以及灵活多变、多方合作的联盟集成之间也注定存在冲突。如何应对与特定合作伙伴以及与一般合作伙伴的关系，如何看待长期合作与短期合作的不同，也是合作战略需要考量的重要挑战。

生态系统概念的独特性

生态系统学说，形象地说，将企业看作属于某一个特定"物种"（Specie）的实体。在企业赖以生存的生态系统中，每个企业都试图调整自己去适应变化，攫取资源，并接受更大的外部环境的选择（或淘汰）。生态系统学说的一个重要焦点就是不同生态系统之间的竞争，而不仅仅是同一个生态系统内不同物种之间的竞争。这样，环境选择不仅发生在个体物种层面，而且发生在多个生态系统之间。不难想象，一个物种可能在一个具体的业务生态系统中是主导物种（或基石），但其所主导的整个生态系统可能游走于分崩离析的边缘。比如，微软挑头的 Windows Phone 系统已经在安卓和 iOS 面前甘拜下风。

如此，任何一个渴望在生态系统中占有主导地位的物种，它的演进模式必须一方面使其在自己的生态系统中脱颖而出，另一方面使其所在的整个生态系统在与其他生态系统的争斗中保持强劲的战斗力与灵活性。比如，上述由谷歌掌控的开放性的安卓系统，以及苹果公司独特但封闭的 iOS 系统，在智能手机业务上都是欣欣向荣的生态系统，各自都有不同的配套物种与之共存共荣。

基于生态学说的观点，詹姆斯·摩尔（James Moore）早在 1996 年就声称我们所熟悉的传统意义上的竞争——企业之间一对一的竞争——基本上已经死亡。取而代之的是新的竞争图景和新的描述语言。从当年 JVC 与索尼的录像机之争、IBM 与苹果的个人电脑之争，到手机 1G 时代

第五章 合作与竞争

TDMA（时分多址）、CDMA（码分多址）和 GSM（全球移动通信系统）之争，再到蓝光 DVD 与 HD-DVD 之争，以及 Symbian、Windows Phone、iOS 与安卓之争，从制式与制式的碰撞到标准与标准的抗衡，竞争的单元越来越走向群组与群组的对垒、联盟与联盟的交锋，而不是单个企业之间一对一的竞争。

这些群组和联盟就是我们常说的生态系统。如今的竞争乃是生态系统之间的竞争。而同一个系统之内的各类参与者，既是互补互利与共存共生的合作伙伴，又存在着对于生态系统之主导权和分账权之掌控的激烈竞争。如此，战略管理者应该把企业间的关系看成不同的物种或有机体在一个生态系统内共同演化的过程。一方面，一个企业需要推动它的产品和技术成为其生态系统中的主导物种，控制行业标准的话语权；另一方面，它也需要保持警觉，防范和打击来自其他生态系统的挑战，从而在更大和更高层次的生态系统中成为占主导地位的子系统。

需要指出的是，无论是在学术文献中还是在商业畅销书里，大家对于生态系统的定义和理解都是相对独特甚至是些许偏颇的。也就是说，大家常说的生态系统，既是一种实际存在的现象，又是一种基于主观的想象，是基于"选择性感知"而构建的某种概念性存在。之所以这么说，是因为在自然的生态系统中，各种共存的物种之间存在着多种可能的关系，不仅有合作伙伴，也有在不同领域和不同程度上进行竞争的对手，抑或天敌。有的天天见面，有的偶尔相逢，有的在光天化日之下直接交往，有的背地里暗自算计或者错时空地虚拟触碰。

而大家常说的生态系统，事实上是不包括竞争对手和天敌的，而只考虑那些与自己直接合作以及互补的物种，包括供应商、购买商、外包制造商、与自己的生产制造过程以及最终产品具有互补关系的产品与服务的提供者。比如说，整个手机行业可以被看作一个自然的生态系统。这个系统中，各种选手之间既有竞争又有合作，有单干的个体，也有各类的小团体与合作联盟。如果我们把生态系统定义成安卓或者 iOS，基本上是在比手机业务这一自然生态系统更低的一个层次上对子生态系统的定义。显然，这种定义自然地把竞争对手排除在外。

在如此定义的语境下，表面上是一个（子）生态系统与另外一个（子）生态系统的竞争。但就其实质而言，其实仍然是一个主导企业（Dominant Firm）与另外一个主导企业的竞争。也就是说，也许生态系统的界定本身并不是一个客观中和的现象，而是从一个具体的核心企业（Focal Firm）自身的角度出发，勾勒描摹出的主要囊括"自己人"的概念性集合。用个形象点儿的说法就是，原来是两家一对一的单挑，现在是双方纠结自己的同伙打群架。

既然是打群架，肯定有的是亲兄弟、父子兵，有的是外围帮凶、乌合之众；有的两边游走，或煽风点火、别有用心，或顾全大局、伺机调停；有的可能是坐山观虎斗，后发制人，也可能是谁都不得罪，跟谁交易都行。显然，从这个意义上说，一个生态系统内存在核心的参与者、外围的参与者以及边缘的流动参与者，就像临时工一样时来时去。而且，有的固定排他地参与独家联盟，专注承诺；有的有选择地同时参与多家联盟，根据自己的需要来构建和保持自己的联盟集成（Alliance Portfolio）。

固定合作与多家联盟

相对固定地与熟悉的企业持续合作或者间歇性地重复合作，是较为常见的一种合作方式。如果前期合作的经历至少是满意的，那么合作伙伴就通常会倾向于延续合作或者重复合作。这是因为，在合作中产生的理解、熟悉和信任，共同的背景，互相学习的能力与方法，共同接受的解决问题的方式和途径，双方同时认同的对合作安排（比如战略联盟）的治理机制,甚至超强的专有资产积聚(Accumulation of Co-Specialized Assets)等,都会构建和强化双方的互相依赖(Interdependence),并增进双方合作的效率。

比如,一个信誉优良、品牌卓著的房地产开发商,为了保证其设计和建筑质量,通常会与固定的设计公司和建筑公司合作,而不是就近与项目所在地的公司合作。丰田、本田等日本汽车制造商各自都有与自己合作数十年的伙伴,大家互相提携,共同成长。再比如,苹果公司与富士康的长期合作为双方积累了丰富的经验和默契。苹果公司不会因为某个企业允诺比富士康要价便宜就轻易地转换合作伙伴。

再比如,可口可乐与生产代糖品(NutraSweet,阿斯巴甜)的Monsanto在健怡可乐上的合作亦如此。NutraSweet已经成了可口可乐品牌不可分割的一个有机组成部分,双方互相给予对方的产品以合法性。实际上,在巨型零售商沃尔玛的建议下,可口可乐曾在2005年推出了一款以Splenda品牌为代糖品的健怡可乐,但由于销量不佳,几年之后就被下架了。随意更换合作伙伴是有代价的。

说到合法性,很多企业加入某些战略联盟,正是为了提升自己的品牌形象与合法性,尤其是属于弱势群体的小企业和不太知名的机构。如果能把自己放进诸如奥运会、世界杯、央视标王、"中国制造2025"之类著名机构或事件的合作伙伴名单中,自然是提升合法性的良好契机。再比如,全球许多大学商学院的案例中心都争相与哈佛商学院合作,以自己的案例被收入哈佛商学院的案例库为荣。还有,某些级别的著名大企业,其审计报告与鉴定必须出自全球四大会计师事务所才显得具有公信力与合法性。

此外,固定的战略联盟也有助于促进联盟内的分工,从而更加有利于联盟内的伙伴企业增进效率、灵活性以及创新。在固定的战略联盟中,由于互相信任,大家可以专注于做自己拿手的事情,分工明确可以使自己在

战略的悖论
拆解与整合

细分领域内深入挖掘而促进效率与创新。也许，固定联盟中伙伴间的互相学习，主要在于协调及整合相关的程序性和互补性的方面，而不主要在于技术和内容本身。从这个角度来看，那种把联盟当成学习竞赛的企业，通常都是机会主义者，不太可能是我们这里探讨的对特定战略联盟的固定参与者。

道理很简单，就像婚姻中的男女，互相学习是为了互相磨合与互相欣赏，寻求解决问题和化解矛盾的方法，而不是学习对方的知识或能力，也不是男的学着当女的，女的学着当男的。如果真能学会对方会的，那便根本不再需要对方了，不可能再有固定持续的联盟或者不断重复的合作。相对固定的战略联盟，就像一夫一妻制，在任何时候从法律上和道德上都是排他的，是一种生活方式和行为规范。虽然可以多次进入婚姻，但在任何一段婚姻内，双方都应该是互相欣赏并且有基本的信任的。

显然，随着整个人类社会流动性的增强，大家相互结识以及分道扬镳的概率都同时大大提高，聚合离别的因素和情境复杂繁多。互相选择的机会越来越多，但长久持续在一起的可能性又相对变小。离婚率在上升。同样，随着竞争日趋激烈，行业界限日益模糊，全球化进程不断推进，企业间的合作至少在某些领域、某些方面、某些选手之间，可能也变得越来越期限简短、目的特定、范围局限、撤出灵活。而且，大家可能同时参与多种联盟，与多种伙伴合作。此时，一个企业的合作战略所面临的挑战，已经不仅仅是在一个特定生态系统或战略联盟中如何应对竞合，而是如何管理自己色彩斑斓的联盟集成，平衡、调配自己在不同联盟中的作用和角色。

首先，同时参与同种战略联盟可以给企业带来信息上的优势，增加一个企业所获取信息的数量、多样性以及丰富程度。其次，除了信息获取，企业还可以从多个联盟中实现跨界学习，在多个方面取长补短，并刺激自己的创新。最后，卸载了在固定联盟中维持现有承诺的责任与负担，企业可以通过参与和离开不同的战略联盟来增加自己行动的灵活性。

当然，正像对固定联盟的承诺会潜在地限制一个企业对外部世界的感知或者使其失去行动的敏锐度与灵活性一样，同时参与多种联盟也必然是有代价的：其一，是较高的搜寻成本；其二，是相对缺乏的信任；其三，是通常肤浅的交往；其四，是潜在的重复经历；其五，是可能过于随机任性，以至于时常顾此失彼、疲于奔命。就像一个人在微信中加入了数十个甚至数百个好友，每天刷一遍朋友圈时间基本上就打发得差不多了，而且根本也没记住啥，除了可能会复述或者转发别人讲过的段子，自己的独立思考和创新能力几乎没有丝毫的提升。

当然，固定还是灵活，单一还是多个，对于战略联盟以及其他合作方式的选择，最终还是要看自己的背景、能力、期许，以及所处的具体环境的特点。而且，对于战略联盟的参与就像谈恋爱，本身也是一种学习过程，要从简约参与的众多联盟中精选出一些相对可靠而又在具体领域里值得深入合作的伙伴。比如，美团在某个节点上曾经同时拥有阿里和腾讯的投资，但最终进入了腾讯的生态圈。

其实，每个企业在参与到一个具体的联盟中时，是会把自己所镶嵌于其中的社会网络也带进联盟中的。经过一段交往，每个企业的合作伙伴们对该企业的评价也会通过各种方式流传到所有联盟内的参与者那里。因此，对于具体战略联盟中不同合作伙伴的评价是有所依据的。在网络时代，任何的交往和交易通常都是可以通过留言和打赏等评价系统来打分的。企业间的合作选择也不例外。

总而言之，固定联盟与联盟集成各有优势和弊端。企业需要根据自身的实际需求和任务环境的特点来平衡其合作战略，慎重地选择自己所参与的战略联盟的数量与多样性，使之既不单调，又不重复，既有足够的效率，又相对地灵活。

本章小结

合作与竞争是企业经营活动的重要组成部分。从分析的角度来看，二者乃是独立存在的概念维度和实际现象，而不是两个对立的极端。如此，二者可以有多种组合，既可单独出现，亦可同时存在。从整合的角度来看，二者都是企业间有意识、有目的的持续发生的行为，与既不竞争又不合作的情形有着根本的区别。不仅如此，竞争与合作可以同时发生。竞争可以被视为基于共同接受的游戏准则而进行的按部就班的如约合作（互动），而合作也可以被认为是另外一种形式的竞争。

具体而言，一个企业可以选择特立独行，主要依靠自己的意志和能力行动，基本上不考虑其他企业的存在。因此，也就无所谓合作还是竞争。"独行侠"的风格就是自成一统。"独行侠"通常见诸两种类型：一种是偏安于荒郊野岭的边缘地带，尽量与世无争；另一种是艺高人胆大的孤胆英雄，不与自己不屑一顾的同行为伍，意在赢者通吃，独自立业建功。大部分企业则需要中规中矩地进行互动，或合作或竞争，抑或同时竞合，意即竞争者之间的合作、合作者之间的竞争、合作与竞争的同时存在和发生。

有些企业信奉你死我活的竞争，穷凶极恶，杀气腾腾；有些企业喜好与人合作，宽厚谦和，结伴同行。竞争可以构建竞争优势，提振自己的地位与名声。合作可以借助外力从而实现一己之所不能，包括直接的合作，旨在构建立足点、汇集资源、向对手学习等，也包括对第三方利益相关者的示好与拉拢，以期构建统一战线与政治同盟，利用互补者的才能以及旁观者的好感来增加自己的竞争优势以及社会合法性。

一个企业需要在竞争与合作上把握适用于自己的平衡，无论是偏好合作，还是青睐竞争，抑或在竞合方面独具才能。在常见的多点竞争中，"互相骚扰"与"互相忍让"都可能是情势使然。"自己活，也让别人活"的信条以及"一报还一报"的准则，也许正是大家长期共存共生之道。偶尔可以共赢，那是锦上添花之妙。能把对手斩尽杀绝的案例不是没有，而是极少。

一枝独秀，从生态学的观点来看，既不理想，亦不美观。一个生态系统内，既要有主导物种，也要有多种配套。不同的生态系统之间存在的竞争，乃是行业发展的动力，亦是对未来产业标准的营造和筛选。生态系统也罢，战略联盟也好，无论怎样称谓企业间的合作安排，都避不开长期合作与短期交往之间的矛盾，以及固定搭配与多方组合之间的冲突。如何应对不同合作模式的挑战以及竞争与合作关系的悖论，对企业战略管理者而言无疑是一个巨大的挑战。

第六章 专注与多元

简单背后有复杂,复杂之中有简单。简单的复杂,复杂的简单。这也是常见的悖论。具体到企业的战略管理,这一悖论首先体现在企业战略定位选择的逻辑上。战略定位的选择维度包括:业务范围是专注单一还是复杂多元;业务数量是多如牛毛还是适度有限,业务之间是毫无关系还是紧密相联。当然,从表面上看,这些战略定位上的选择貌似只是不同的权衡取舍与组合平衡(Trade-off and Balance),但其背后的主导管理逻辑(Dominant Logic)则通常是上述简单与复杂关系悖论之焦点所在。

要知道,一个简单的业务可能需要极为复杂的系统来支撑,一个貌似复杂的系统可能由一个非常简单的逻辑来贯穿。比如,专注于飞机制造的波音,其主业非常清楚明晰,产品范围非常聚焦有限,但其涉及和驾驭的则是一个多方参与的需要高度协调与整合的复杂大系统:从发动机到起降器,从机尾到机翼,从操控到航油,从客舱到座椅,从加压到空调,从通信到文娱。波音的飞机制造业务可谓简单而复杂。同样,一个简单的苹果iPad之呈现于世,有赖于从设计到制造再到营销等无数复杂环节的互动总和。吉列剃须刀,从 Mach3 到 Fusion5,不过是多个刀片在一个刀架上的同时并列组合,貌似简单,但其要求的制造技术和能力却是复杂巧妙而精准极致,以至于即使吉列把自己的技术完全公开,竞争对手也没有能力去不亏损地实现模仿和复制。

我们再看谷歌的总公司——现在的 Alphabet 公司。它囊括的各种业务实在是令人眼花缭乱：从浏览器到地图，从电子邮件到各种应用（APP），从安卓手机系统到 Nest Labs 的家居管控，从 Youtube 视频网站到云计算，从机器人到无人驾驶汽车，从基因排序到人工智能。然而，谷歌总收入的95%以上来自一个单一的渠道：广告收入。这是其整个公司不同业务的商业模式背后惊人一致的盈利模式。该盈利模式简单清楚，强劲有力。如此，谷歌的业务可谓既复杂又简单。再比如，大家可能惊叹于苹果公司的 Apple Store 和 Apple Pay 等服务业务的迅猛发展以及所谓生态圈的构建，但其盈利模式背后的经营逻辑同样清晰简单：那就是通过硬件的设计和制造赚钱。在过去的十年间，包括 iPhone、iPad 和 iMac 等产品在内的硬件业务一直占到苹果公司总收入的80%和90%之间。

也许，我们不能仅仅用传统的单一业务和多元化经营作为企业战略定位的分野。用悖论的视角来重新审视专注单一和复杂多元的关系，可能会给我们带来新的启发与思考。有鉴于此，本章着力探讨战略管理中专注与多元之间的矛盾和悖论。首先，我们比较专注与多元战略各自的优劣以及二者潜在的共性。其次，我们以平台战略和生态系统的视角来看专业插件和系统集成之间的关系。最后，我们从动态发展的角度来看企业如何同时保持战略中枢的稳固及其与业务边界拓展之间的张力。

专注聚焦与多元经营

利基市场与专注战略

俗话说："一招鲜，吃遍天。"无论是个人还是企业，如果有一技之长，别人难以与之匹敌，那么其具有的将可能是持久的竞争优势。这就是所谓的专注战略的魅力。前提是，这个一技之长所适用的领域持续存在，

战略的悖论
拆解与整合

其所支撑的产品与服务的市场会持续存在,甚至出现供不应求。比如,在可以预见的将来,有经验的胸外科和脑外科专家都仍将是稀缺的优质医疗资源。再比如,诺和诺德医药公司专注于糖尿病的治疗,其药品和医疗器械是该治疗领域家喻户晓的全球品牌。这种专注战略所聚焦的市场,通常是一个大市场中的细分市场(Segment),俗称利基(Niche)。最典型的专注战略正是所谓的利基战略。它是一种具体而又清晰的战略定位选择,也是一种独特而又一致的思维视角。

在早期的战略管理领域和市场营销学中,所谓的利基战略以及类似的说法曾经颇受瞩目。20世纪70年代到80年代,一些研究者发现很多低市场份额的企业并不像原先想象的那样盈利率偏低。相反,某些市场份额低的企业照样可以成就卓著、业绩优良。于是大家对市场边界的定义问题有了新的认识。比如,宝马在全球汽车市场上的份额并不是特别大,但利润率却不低。我们必须把注意力集中在豪华汽车这个细分品类内。这种相对狭窄细小的细分市场便是通常所说的利基市场。

关于利基市场的说法有很多变种。第一章中评价的迈尔斯与斯诺分类法中的守成者战略(喜好阵地战的防御者)便是利基战略的一种。采取这种战略的企业通常从整体市场中隔离出一个具有长期发展空间的小部分,然后致力于该利基市场的深入挖掘和精耕细作。波特的聚焦(专注或集中)战略(Focus Strategy)说的也是有关利基市场的基本道理。同样,在与战略管理相近的市场营销文献中,科特勒等对市场细分的推崇以及对营销手段与细分市场特点之间相匹配的强调,都对理解利基市场益处良多。

组织生态学的学者也同样关注利基战略的研究和考察。他们将组织的任务环境(比如一个利基市场)看作组织赖以生存的一个生态系统,并考察该系统的宽窄大小(Niche Width)、资源供给的充裕度(Resource

Munificence)、进入和退出（Entry/Exit）系统的物种的种类和流量，以及企业的死亡率（Death Rate）等。这种组织生态学的研究以动态分析见长，并积累了一些有益的实证研究结果和证据。其中一个重要的启示是，外部潮流之来去匆匆，可能是利基市场内多数企业难以阻挡的，有时意味着灭顶之灾，甚至可能导致整个生态系统的覆没。

比如，制造马鞭的作坊和制造打字机的企业都随着技术变革与产品创新带来的现有利基本身的消失而成为明日黄花和过眼烟云。一招鲜，在昨天。再比如，由于烟民数量减少等原因，专门制造打火机的企业也在逐渐消失。一枝独秀的美国知名打火机品牌Zippo声誉卓著、追捧者甚众。但在兼并了多家竞争对手之后，面对逐渐下降的全球总需求，Zippo也只能冷静地面对现实，并在21世纪相继推出手表、墨镜、饰品与附件等新业务来维持和拓展其生计。

事实上，在21世纪声名鹊起的蓝海战略理论，严格说来，也是对利基战略的一种新的诠释。其核心在于精准定位，寻求清晰的顾客和市场定位组合，准确无误地提供顾客价值。然而，我们（包括蓝海战略的作者本人）很可能过分夸大了蓝海战略的可能性及其普适性。新市场往往不可能像蓝海那么宽广。按照利基战略的说法，可能会更加实际一点，顶多是发现一些蓝湖、蓝河，甚至蓝水坑而已。若果真如此，也已经非常不错了。

利基战略在其风光之际可能确实风光。而一旦利基本身受挫或者消失，于此栖息的企业可能与之俱去、不留痕迹。这是专注于特定利基市场的潜在风险与挑战。如此，采取利基战略的企业必须慎重地考量如下问题：

企业的利基到底是永久的根据地、一种暂时的屈身之举，还是一块跃迁的跳板？比如，温州的纽扣和拉链等许多隐形冠军行业。

战略的悖论
拆解与整合

当一个企业的利基市场逐渐扩大成为主流市场时，它还是不是利基市场？这时的企业战略还能不能称为利基战略？比如，沃尔玛的"农村包围城市"的战略演进以及苹果公司产品从小众精品到大众名牌的成长经历。

企业如何完成从一个利基市场到另外一个利基市场的迁徙？这种迁徙到底有多大可能？企业如何同时经营于多种利基市场？比如，爱马仕从高端定制马具制造商向奢侈手包、手表和丝巾制造商的转型，以及向综合奢侈品制造商的蝉变。

地域性的利基（专注于特定区域市场）、产品和服务性的利基（专注于特定品类）、人群特性的利基（专注于特定客户群体）等以不同标准划分的利基市场（以及相应的利基战略）有什么相似和不同之处？

在当今浮躁喧嚣的年代，在许多中国企业急于要全球化、要进入世界五百强的时候，提倡利基战略将有益于引导企业建立适合自己的根据地，苦练内功和本领，寻求盈利的稳定增长。用我们中国人自己的话说，利基战略实际上就是要在小池塘里面做大鱼。从某种意义上讲，市场不是固定存在的，而是由企业创造出来的。现在的主流市场很可能就是过去的某个利基市场。

基于这种思路，我们需要这样一些利基市场，它们现在看来很小，但有长期发展甚至扩张的可能性。因此，中国企业的利基战略很可能要根植于那些正在高速扩张和成长的池塘，而这些企业便是与池塘共同成长的鱼。这时，利基战略的成功甚至根本不需要企业刻意追求成为全球的冠军。因为当这些池塘（国内的利基市场）成为举世瞩目的池塘（全球主流市场）时，中国第一也就是世界第一。

多元化的挑战与误区

俗话说，"狡兔三窟""不要在一棵树上吊死""不要把鸡蛋放在同一

第六章　专注与多元

个篮子里"。为了更好地应对专注战略可能面临的在单一经营领域（利基市场）中的生存风险，一个立刻能够被想到的可以分散风险的办法就是多元化经营，涉足多种产品和服务品类，横跨多种地域市场或者国家领地。显然，企业多元化经营的原因和动机远远不止风险控制本身。在企业层面，冗余资源（Excess Resources）的存在通常是导致多元化（尤其是相关多元化）经营的另外一个主要动机。为了使冗余资源得到充分利用，企业不仅需要增加同一产业内的规模经济效应，而且通常需要在新的产业和市场中寻求冗余资源的应用，从而享受范围经济或曰协同效应（Synergy）。

冗余资源的可流通性决定了新进入产业和原有产业间的距离。比如，学校在夏季冗余的是教室，可进入的产业应该是会议和培训业等能够利用该项资源的临近或相关产业。如果是像微软一样的大企业，冗余的是现金，那么，可进入的产业可以说是无限宽广。通常情况下，大多数企业的冗余资源都不具有完全可流通性，因此，一般说来，由冗余资源导致的多元化举动与主业之间的距离通常不会太远，而且往往与其主业有着千丝万缕的联系。这也是专注于某个核心点而进行多元化所体现的张力——既要多元化，又不能跑得太远。最为可怕的是，既没有相关的资源与能力，在资金与关系等重要竞争维度上又不过硬，却还盲目地多元扩张，到跟自己毫不相干的所谓新兴产业去折腾，还美其名曰要构建所谓的全面生态系统。

多元化的另外一个重要动机是寻求资源与能力的互补。比如，一个研发企业兼并一个制造厂商，一个制造厂商兼并一个营销企业。这样既有利于对整体经营过程的把握和控制，也有利于为顾客提供比较全面的配套服务。从企业的业绩来看，业绩的连续下滑很容易导致企业被迫"出走"。这时的多元化是被动的，动机不在于达到什么目标，而在于脱离现状。我们不知道应该去哪儿，反正我们知道我们不能继续待在这儿。这似乎是人

战略的悖论
拆解与整合

之常情。但是,大家似乎都知道"树挪死,人挪活",但并不知道也可能"树挪活,人挪死"。

从个人层面而言,多元化经营很可能是经营管理者树立自尊心的有力措施:或者好大喜功,为多元化而多元化,这样更容易使人感到权力巨大,有安全感和荣誉感;或者完全根据个人的偏好,盲目固执地进入企业没有能力生存和取胜的那些行业。当然,还有一种可能性介乎经营管理者个人和企业之间,那就是跟风模仿,"随大流"。我们之所以采取多元化战略,主要是因为对手采取了多元化战略,或者大家都采取了多元化战略。毕竟,榜样的力量是无穷的,无论榜样本身正确与否、特点如何。

你如果去问多元化企业的一把手,为什么要进行多元化经营,无论答案是外部驱动还是内部冲动,很可能都非常合理合情,至少貌似如此。但投资高手巴菲特曾经有一句名言:"多元化是对经营者的无知而购买的一种保险。如果你真正知道自己在干什么,你根本不需要多元化。"话糙理不糙。企业要专注于自己的强项,而不需要去逡巡四顾,到处寻"窟",分散什么风险。做自己最拿手的就是最好的。投资者的资产组合才需要分散风险。

也许有人会说,巴菲特是站着说话不腰疼。如果你专注的业务面临消失的风险,你怎么办?这又回到专注战略的原点:要定位于那些与国计民生息息相关的行业、不会轻易消失的业务。越是对一个行业专注和执着,越是容易理解其各种风险的性质与化解途径。一个行业中最为敬业的专家型企业,往往是该行业的潮流引领者和兴风作浪者,给别人带来风险,而不是忙于规避和应对别人带来的风险。即使是面对行业外的风险,它们往往也更胜一筹。疯牛病并没有击垮靠牛肉做买卖的麦当劳,禽流感也没有绊倒主要经营鸡肉食品的肯德基。这些"专项冠军"知道如何在全球范围内低成本地从安全的货源进行采购。

第六章 专注与多元

航空业更是如此。虽然航空公司偶尔在想不明白的情况下也会去尝试多元化的业务,比如美联航曾经染指酒店业和租车业务,但大多数情况下的大多数公司都是专注于航空业的单一业务企业。如今,随着企业的不断并购重组,航空业的产业集中度越来越高,利润率也有所改善,以至于巴菲特也开始购买航空业的股票。各大航空公司服务恶劣、对待乘客极端不周的事情时有发生。有些人甚至扬言要终身抵制某某航空公司。但如果你的航线只有两家公司运营,另外一家公司的服务同样恶劣,那么你毫无选择,除非你选择不坐飞机。

拿可口可乐的业务来说,任何一种饮料都可能会过气消失,但一个专注于经营饮料业务的企业不会立刻倒台。在同一个产业内进行多元化,在专注的业务中进行具体的细分,这也是专注与多元之悖论的另一种体现。多元是在专注的前提下,专注体现在多元的要素中。这种多元化是同业内的产品多元化,而不是跨行业的业务多元化。

从专注到多元,其结局无外乎如下四种。

第一,从成功走向成功。对于一个成功的企业,如何将它的独特竞争力应用到更广泛的产业和市场空间,是其不断进行多元化举动的主要动机。比如,耐克的品牌优势可以从运动鞋市场转向运动器材市场。宝洁与吉列的业务相近但又少有重叠,它们合并后的公司立刻拥有21个销量10亿美元以上的品牌。这使得宝洁在管理个人护理和家庭护理消费品优质品牌方面的核心竞争力得到充分的施展,当然同时也面临巨大的挑战。

第二,从成功走向失败。一个企业在一个行业取得成功并不意味着它可以在另外一个行业取得成功。当经营管理者好大喜功或以个人私欲为主要决策准则时,多元化的举措往往容易忽视企业在将要进入某个行业时面临的各种不利因素,尤其是管理者缺乏对该行业的了解,以及企业缺乏相应的管理人才和技能。"捞浮财"只会助长管理者的投机心理,而不利于培养企业的显著竞争能力。曾几何时，五粮液和红塔山也想造汽车，不知是何道理。过去二十年，茅台基本上只做酒，五粮液想法很多。现在高下立见，不可相提并论。也许五粮液也很成功，但肯定不是跟茅台在白酒业的竞争上。

第三，从失败走向成功。西谚有云："鼠弃沉船。"当一个产业面临巨大威胁时，能够跳出原有产业或业务来审视自己，重新选择发展方向，在新的行业中寻求再生，是需要勇气和智慧的。在商战中，与阵地共同灭亡的做法通常是不明智的。一个具有韧性的企业，可能会因为自己的资源与能力和现有业务的关键成功因素之间不再匹配而黯然失色，但由于其优秀的综合素质和扎实的基本功，可以寻求那些能充分利用自己独特资产并具有非常强的发展潜力的行业或业务空间。比如，英特尔在自己发明的DRAM业务几乎被日本竞争对手全盘抢占的时候，毅然决然地全面拥抱了芯片业务，奠定了其整个企业日后三十年迅猛发展的坚实之基。

第四，从失败走向失败。首先，某些原先非常成功的企业，因过于沉溺于某个单一产业或业务的经营，在成功的时候觉得没有必要多元化，在产业萧条衰退、业绩逐年递减时，再想多元化，或者因眼界和思维方式的束缚，或者因外界条件的约束，已经为时过晚。比如，很多生产英文打字机的企业早已销声匿迹。也许，这些企业恰恰是需要提早进行多元化经营准备的，但却往往失之迟缓。正像温水煮青蛙的故事所说的，将一只青蛙放进一盆冷水里，然后慢慢加热，青蛙因为开始时水温的舒适而悠然自得，当它发现自己无法忍受高温、想要跳出来时，已经心有余而力不足了。

在胜利中乘胜前进，再立新功；在失败时另辟战场，寻求再生；被胜利冲昏头脑，自感无所不能，盲目多元冒进，最终只有心想没有事成；被失败搞成惯性，既不专又少能，最终一事无成。不同的多元化举措，不同的命运和结果。说了这么多,当企业在考虑多元化战略的时候,一个避不开的问题永远是:你有没有能力去驾驭新进入的产业?而对这个问题的回答又离不开对企业现有主业的考察及其背后的资源与能力是否与新的多元化企图相匹配,包括知识上的、技能上的、人才上的、管理上的,等等。

多元化与专注的悖论:企业的自律

说到这里,需要强调一下企业在战略定位上的自律。企业必须知道自己是"吃哪一路的",贯穿自己所有业务的主导逻辑是什么。比尔·盖茨治下的微软,经常强调的一点是:我们并不是做软件的,我们是要构建绝对的优势。很多软件业务我们进去也许能获得60%左右的份额,但我们宁愿进入那些能够给我们绝对(垄断)优势的业务。吉列在20世纪90年代的CEO阿尔弗雷德·泽恩(Alfred Zeien)曾经说过,我们不只需要50%以上的市场份额,我们的目标是将我们的对手斩尽杀绝(Eliminated)。这是吉列对于其主业剃须刀市场的专注和承诺。

同样,当年菲利普·莫里斯(Philip Morris)公司的多元化战略也是一个严格自律的优良典范。当烟草业在20世纪七八十年代面临多重困境时,该公司先后收购了卡夫食品、米勒啤酒、七喜饮料的国际业务等。其主导逻辑很清晰:力图应用其良好的品牌管理能力和广泛有效的经销渠道。有人测算过,美国人每花一块钱在食品上,其中就有一毛钱就是给卡夫食品的。此乃优质资产。

之所以说菲利普·莫里斯公司的多元化战略是非常自律的,是因为该公司的现金足以支持它进行一些非相关性多元化的举动,但它却坚持相关性多元化战略,专注于可以共享其品牌与渠道管理能力的食品饮料行业。如今,更名为Altria(奥驰亚)的该公司在逐渐剥离了其他业务之后又回到其烟草主业,并致力于电子烟市场的拓展。它骨子里知道自己的立身之

战略的悖论
拆解与整合

本是什么。

当然，并非所有企业都有 Altria 那样的自律。20 世纪 80 年代出现在美国的以垃圾债券为主要手段的兼并风潮使得非相关性多元化大行其道，乃至恶性蔓延。随后，人们逐渐意识到过分多元化的诸多弊端，于是，企业重组、结构再造、回归核心等说法和做法逐渐时髦起来。然而，正当西方世界摒弃非相关性多元化进程之际，哈佛商学院的两位印度裔教授（Tarun Khanna 和 Krishna Palepu）却极力宣扬所谓企业集团（Business Group）——尤指亚洲和拉丁美洲等国家的家族性的多元化公司——的多种益处，比如可以比较容易地解决由于这些国家的企业外部资金市场不够成熟与完善等方面的制度弊端所带来的问题。也许他们引以为证的某些印度公司正在向世界级企业挺进，比如塔塔集团，但中国有些企业集团是强拉硬拽、随意组合，大而不强，一时恐怕难成气候。

其实，中国香港李嘉诚的长江实业与和记黄埔也许能够为两位印度学者的说法提供一个有力佐证。然而，我们仍然要强调亚洲以及拉丁美洲的企业集团与北美的非相关性多元化之间的根本不同。由于外部资金市场的发达，北美的非相关性多元化运作（比如兼并或剥离）可以是纯粹的机会使然。而亚洲的家族式企业集团在帮助解决融资问题之外，其经营远非任意与随机，而是往往遵循着某种思路。就拿长江实业与和记黄埔来说，其基本业务范围貌似广阔繁杂，但仔细观察可以发现，它们都或多或少与打理政府关系有解不开的渊源，从航运码头、房地产开发到能源通信，都需要政府牌照才行。因此，其核心竞争力还是有据可循的。它们当然知道自己在干什么。有什么风吹草动，立刻是"春江水暖鸭先知"，全球撒网收网，逻辑甚为清晰。

当然，中国内地企业也会有自己的苦衷。一个企业在某地区做大，就很可能要为政府分忧解难，比如被要求兼并接管该地区其他行业中一些与本企业业务毫无关系的、经营不善的企业，从而达到稳定就业或税收的目的等。如此多元化，并非企业的初衷。有些企业愿意在其主业内专注打拼，从地域性企业走向全国性企业。而各地间的地方保护和进入壁垒又使得这种"地域多元化"举步维艰。说到底，关键还是我们的企业和企业家自己要争气，知道自己究竟是干什么的，要成就什么。不争气，也没什么，至少要正气，最好不要把多元化蹂躏成虚设机构、关联交易、挪用资金和逃税洗钱的口实与工具。

专业插件与平台系统

企业的经营活动是在特定的市场中进行的。然而，对于企业而言，市场本身并不完全是一种外在的场地空间或者制度安排。在很大程度上，企业也是市场功能的一部分。企业不仅需要合适的市场环境来施展其才能，并同时受到亚当·斯密所说的"看不见的手"之制约，而且也要能够在某种程度上造就和调节市场，甚至操纵市场，成为钱德勒（Chandler）教授所说的"看得见的手"。企业所在的市场就像千岛湖：如果没有岛，只有湖，便不是千岛湖，市场是空的；如果只有岛，而没有水，那只是山头林立，山头间存在巨大的交易阻力，市场摩擦严重甚至停摆失灵。

具体而言，有些企业的主要职能是搭建技术和产品与服务的交易平台，扮演"准市场"的角色。比如，最早开展网上拍卖业务的 eBay 和早期的阿里巴巴。还有的企业不仅自己从事某项业务，同时也搭建大平台来吸引和帮助别的企业以及竞争对手到自己的平台上开展业务，比如亚马逊商城和京东商城。有些企业则是专注于特定的产品和服务，即所谓互联网上的垂直网站，比如，各类美颜美拍应用，以及快手那样的短视频影音娱乐应用。再比如，日本有综合商厦，业务可能五花八门，但同时也有只做

"插件"（Plug-in Components）的专业公司。比如，农业协会只管生产牛奶，根本不用考虑品牌和渠道。

有的人只搭台不唱戏，有的人只唱戏不搭台，有些人既搭台又唱戏。搭台和唱戏，用技术领域的术语来讲，就是平台和插件的关系。到底是做平台还是做插件？这是战略定位的另外一个维度的考量，是"专注与多元"悖论的一个具体表现。比如，如果说思科的路由器是一个系统集成的产物，那么思科的主要贡献在于设计、维持和更新这个系统，需要构建和使用其"架构性"的知识和能力（Architectural Knowledge and Capability）。这个架构中需要不同的所谓"插件"的互动来完成系统的功能。这些插件可以自己做，也可以外边买。如果市场足够发达和灵活，还可以外部租用或者与人共享。从这个意义上说，思科是平台的拥有和维护者，是这个系统集成的总承包商。

如果我们把分析单元再提高一个层次，虽然每个路由器自身就是一个智能化的系统，但在整个互联网的网络通道上，它们不过是某些具体节点上的插件。平台型插件，插件型平台。这种貌似"脚踩两只船"的现象其实还是很普遍的。这也是悖论之所在。比如，沃尔玛的店铺内可以容纳银行、配眼镜、配钥匙、市政费用支付等其他业务，或外包或自营。其目的是做提供生活服务的便利平台，让顾客到沃尔玛进行"一站式消费"。一个银行同样也想做金融服务的平台，除了传统的存储业务，还可以直营或代理其他金融服务业务，比如理财、投资、保险等。当年，一个修自行车的铺子也可能兼营电话卡和饮料业务。

平台的诱惑与插件的不安

随着所谓平台战略之说的升温，一时间每个企业似乎都想做平台。做插件显得太土太慢太累太傻。万一平台上的其他花朵开得更艳丽、果实更

第六章 专注与多元

饱满呢？大家都以平台战略家的心态企盼着。于是，中国企业界出现了一个相对来说较为独特的现象。我们的企业，大都想做"小发改委"，要办大平台。那就是，一家企业，一边拿着比自己更大更有钱有势的企业的投资，一边又去投资一些比自己小的新兴企业。而那些被它投的小企业，又去投资更小更新的企业。如此一层一层往下走，每个企业貌似都在做一个具体业务，同时又都做投资、做平台、做总包，要整合资源，要控制制高点。

每一家企业都得问一下自己：我到底是走哪条路的？我到底是做业务的还是做投资的？是搞实业的还是玩资本的？我的专长到底是什么？这些问题好像没人在乎。大家都想做大做强。大而全，小而全。很少有人想着专做插件，做深做细、做精做专。大企业缺乏逻辑和主题，经常被指摘为"没有理想"；小企业没有专长和敬业精神，经常被抱怨说"缺乏强项"。大家都在觊觎别人的地盘，考虑的都是所谓的生态系统和平台，每每觉得草总是别的地方绿。很少有人放下身段花功夫打磨自己的一片天地，暗自盘算着的都是别人给自己带来的流量与提成。总之，都不愿意沉下心来给别人当插件。

腾讯投资京东，京东再去投资其他企业。这个级别的企业间，接受他人投资而同时自己又进行对外投资，也许无可厚非。每个层级都足够强大，而且有自己的主业，不过是股权上的多级配置而已。而对于一个尚未在自己主业上立住脚的新创企业而言，在自己无论做插件还是做平台都没有起色的情况下，就去拿别人的钱大肆投资其他业务，显然是不合适的。从这个意义上讲，类似的企业其实不是在自己创业，而是在"二级风投市场"上进行风投的买卖，拿了风投的钱自己去做风投。或者说，如果拿了别人的钱，不专心做业务，又去投资别的项目，这跟从银行借钱炒股没啥区别！

比如，一家电影院生意不好，卖爆米花的业务自然受损。卖爆米花的经理说，这样下去可不行呀，得正经拍点儿好电影让人来看呀，否则爆米花咋卖呀？于是，卖爆米花的经理主张要投资内容，就自己去拍电影了。梦想还是要有的，万一成功了呢？！大家都这么热切地期待着。这等于说，风投投了一家爆米花公司，爆米花公司自己又当风投去投资别的做内容的公司。其实，没必要让卖爆米花的多倒一道手，风投直接投内容即可。

但为什么会有这种现象出现呢？潜在的原因有很多。钱多人傻、贪婪成性、环境裂变、梦想畸形。在一个充满不确定性和巨大诱惑的转型期，执着于某项业务做插件，第一是有太多的麻烦，第二是有太大的风险。从这个角度来看，大家自己（假装）做某种插件，同时又投资那些（希望别人是在真正地）做其他插件的新创企业，这种做法也许是有道理的。我们大概也不能过于理想化地要求企业家们去跨越时代与现状的局限和羁绊。

从另外一个角度来看，有过沉下心来做插件的经历和能力，包括失败的经验和教训，对于未来的创业和创新都会有所助益。比如，早年在金山一直专注于做产品的雷军以及加入腾讯之前以 Foxmail 著称的微信业务的创始人张小龙。如果大家都热衷于构建平台或者生态系统，却没有优质适用的插件，那么平台也只能衰败落空。当然，也会有人说，中国的市场和体量这么大，无论你建造什么样的平台，都会有人（至少会冒充）来做插件。也许。

插件与平台的关系

第一，一个插件，可以是针对唯一平台的某种特定功能的企业，比如只供应丰田汽车公司的零部件厂商，可以进行定制加工的 OEM（原始设备制造商）业务，也可以做一些设计和制造一体化的 ODM（原始设计制造商）业务。这种双方互相承诺的特定关系（Co-Specialized Assets），对于插件方而言，风险通常是最大的。一旦遭到平台的离弃，企业很难在短期内迅速找到其他适合参与的平台和系统，或因技术难以匹配的制约，或因文化传统方面的障碍。

因此，双方之间的互相信任尤为重要。这种信任的产生和延续，往往是基于健全的法制保护、社会文化制度安排对于违约者的严厉惩戒，以及长期固定的合作关系。平台与插件荣辱与共。这是通常意义上生态系统的概念，有核心物种，有配套物种，各司其职，共居共生。这种安排也有利于专业化的分工，使得各个插件公司的业务更加专精。当然，前提是，做平台和总包的核心主导企业自身的业务要与时俱进、欣欣向荣。

显然，在很多国家和地区的市场中，此类插件企业是难以存在的。如果被指定专门给政府部门或者政府支持的项目当供应商，有时可能是肥差，也许一时盈利颇丰。但如果项目不能持久，则这种插件企业恐怕也难以长期生存，除非有类似的项目重复出现，自己好运连连。

第二，一个插件也可以是跨平台、跨装置的特定业务，比如被微软收购的 Skype 网络通信业务以及腾讯公司的微信业务。这种插件的特点是可以广泛地共享于不同的平台，既具有自身功能的独特性，甚至不可或缺的重要性，又拥有在多种情境下的不同平台上匹配契合的适用性。比如可口可乐，无论是体育比赛和文艺演出，还是主题公园等娱乐场所，它都力争通过品牌优势与渠道优势把自己装扮得不可或缺，成为不同场景下大家首选的饮品插件。比如，在如今健康风潮席卷全球的情势下，健怡可口可乐在很多饭店都是食客的首选饮品。

在某些行业，平台或者总承包商通常是临时的或者一次性的。比如，我们可以想象，一个电影拍摄项目就是一个临时性的企业、一个短期的平

战略的悖论
拆解与整合

台集成和生态系统,包括剧本、导演、演员、摄影、音乐、服装、美工、后勤等。来自各方的专业人士以及各类群众演员,都可以被认为是某个具体的电影项目的插件。他们因为自己的职业而存在,为某个特定的电影而聚合。项目结束,各奔东西。

有些插件之间可能会形成固定的合作关系,成为大平台上的分平台、大生态系统中的子生态系统。某些插件可能极为独特抢手,大家趋之若鹜,比如一些著名作曲家及其团队。一般的插件,则需要在保证自身专业过硬的前提下,打造与各类相关平台的关系网,要学会营销自己,跟平台中的主导企业保持良好的关系,并保持在未来的新平台上重复合作的可能性。

第三,就是从插件到平台的转换与跃迁。在做插件的同时,一些龙头企业也可以以自己的核心插件为基础去构建自己的平台和系统。IBM从销售单体的PC到成为系统集成和总体解决方案的提供者,便是这种由插件向平台和系统转换的过程。沃尔沃重型卡车进军中国市场,可以只做提供重要插件(优质卡车)的供应商,也可以做企业运输问题解决方案的总承包商,帮助企业统筹规划其运输需求以及任务的完成。一个企业没必要所有的卡车都去买昂贵的进口品牌,可以在进口品牌的指导下构建自己的最优车型组合和运输服务。如此,沃尔沃中国重型卡车业务便是帮助客户企业实现其运营平台的功能。

再有,可口可乐公司从单品可口可乐起家,从单一的插件发展成一个以品牌管理和渠道管理为核心竞争力的平台型饮料帝国。你能想象到的任何饮品,可口可乐几乎都有染指,只是它的大平台上有些插件不那么著名或者全球化而已。还有,原先只卖消防器材给楼堂馆所的企业,现在可能需要向数字化和智能化发展,为客户提供消防安全总体解决方案。道理也许很简单:虽然并不是每个士兵都要或者都能当将军,但当将军的通常都是曾经的士兵,那些眼界宽广、雄才大略、素质精良和表现优异的士兵。

第四,是平台到插件的转换,抑或一个业务或产品兼具平台与插件的功能。在互联网世界,概而言之,第一波是门户,第二波是搜索,第三波是电商。在搜索和电商崛起之际,也有一些其他的垂直网站,触及人们生活和娱乐的各个角落,从社区到游戏,从音乐到视频,如此等等。比如,无论是分众传媒还是聚众传媒,它们的理想就是见缝插针,争取把实体广告安插于所有能够安插但尚未安插到的人类生活空间。它们将是广告运营的总平台和总包商。然而,无论这些广告平台能够做到多大,它们最终也主要是楼宇和室外设施环境中的一个插件,不可能是主角。人不是为了广告而活着的。

再比如,有一阵子,很多年轻人的入网门户就是优酷、土豆等视频网站。这些网站自身已经是UGC(用户生成内容)的平台,也曾经想做更大的平台,去整合别的业务,比如,做内容、微电影,甚至要自己做搜索引擎,把别人的业务拉到自己麾下。然而,在整个互联网世界里,也许视频的主要功能只是一个插件,最终要镶嵌在其他更为自然的大系统中,比如人们日常生活必须接触到的网络端口或者信息界面上。在这个意义上,平台再大,也具有插件属性,此乃业务自身特点使然。

当然,也可以反过来说,即使注定是一个插件业务,也要有平台思维,争取自己能够一方面向平台定位拓展,一方面能够被无缝对接到其他的关键平台。独立上市的优酷网在兼并了独立上市的土豆网之后,最终又被镶嵌到了阿里巴巴的版图之中,按照阿里巴巴大平台的总体定位来当插件,虽然其插件功能在一个重视搜索和社交的平台上也许更加出彩。总之,这也在某种程度上说明,在更高的一个分析层次上,所有平台都同时是一个插件。此乃悖论所在及其解读之一。

总之,插件讲究的是专业精准,平台推崇的是多样兼容。一个插件要力争在多种平台上适用而出彩,一个平台要能吸引和保留多种独具特色的插件,有利于满足不同的选择和需求驱动。做插件,既要专业专注,又要考虑对于不同平台的适用性。做平台,既要有广受欢迎的独特插件,又要考虑不同插件之间的匹配兼容,从而更好地提供系统集成性的服务以及总体解决方案。独特的插件最好能够广受不同平台系统的强烈追捧,纷纷主动要求其加盟。比如那些被各类 Shopping Malls(购物中心)争相入驻的人气旺盛的新潮餐厅,它们还可以进到写字楼、星级酒店和高尚社区等多种平台系统。平台系统之中最好有特色各异的优质插件,并且还要灵活多变地进行搭配组合,从而维护其系统集成的领先和正统。比如,北京西单的中粮广场,不仅要有好的餐饮娱乐项目,也要有苹果专卖店那样时尚新潮的热门店铺。

战略中枢与拓展运动

在单一专注和复杂多元的关系中,一个核心的矛盾是向心力与离心力之间的较劲。如果一个企业有主业,有原点,有灵魂,有主导逻辑,有所谓的"初心",那么它在进行多元扩张的时候,就存在一个在多大程度上离开原点、偏离主业、遵从或者修饰其主导逻辑的问题。离心力,意味着努力向外拓展边界,离家出走,去寻找新的机会和领地,用以安放和滋养自己的灵魂。向心力,意味着不忘初心(最初始的使命和立身之本),所有离家出走的多元化举措和作为都以原点为核心和基础,符合既定的主导逻辑。对离心力与向心力之间矛盾张力的把握,是企业总体战略定位与实际操作执行中面临的重大挑战。

战略中枢的含义

在此,笔者提倡用"战略中枢"(Strategic Pivot)的概念和视角来看

第六章 专注与多元

待专注与多元的问题。战略中枢可以被广义地界定为一个企业赖以生存的主要基石和支撑点。具体而言，战略中枢至少有如下几种可能的界定和解读。

第一，战略中枢可以是一种最高层面的决策准则与指导方针，它并不界定具体的业务，而只是划定不能触碰的底线。比如，有些家族企业的传世祖训如此警戒：任何时候，家族企业的利益都要服从家族的利益，绝对不能为了企业的生存与发展而损害或者妨碍家族的利益。有了这种基础准则，什么业务可以做，什么业务不可以做，决策标准就会相对明晰。

第二，战略中枢可以是具体的有关客户群体的战略定位和相应的经营理念。比如，泰康人寿有两句著名的口号，一个是"泰康呵护小康"，另外一个是"一张保单保全家"。后者清楚具体，凸显其现有主业保险业务，而且强调对家庭的关照；前者相对模糊，洋溢着温馨暖意。陈东升如何具体布局，我们不得而知。至少其中一种可能性是，无论泰康将来做什么，走到哪里，它都是着重于服务小康人士和家庭，其核心客户群体将聚焦于中产阶级以及具有成长潜力的准中产阶级。同样，布丁酒店虽然从酒店业起家，但它的核心优势可能是对其早期定位的酒店业务中核心客户的了解和欣赏。如此，该企业的战略中枢也许可以定义为"为小白领提供生活服务"，并去拓展那些与这一群体生活方式相关的业务。

第三，战略中枢可以是某种核心业务或者经营领域。比如，肯德基的口号"我们做鸡最拿手"（"We do chicken right"）阐释了该连锁店以鸡为主料开展餐饮业务的宗旨。如果哪天肯德基在中国市场（甚至全球市场）推出宫保鸡丁套餐，也许不算什么新鲜事儿。葡式蛋挞、油条和皮蛋瘦肉粥不就已经被大家接受了吗？但如果哪天肯德基突发奇想要卖烤鸭和烧鹅，可能会挑战大家的想象力。

第四，战略中枢可以是企业核心业务背后赖以支撑的核心资源与能力。第四章讨论核心竞争力的时候，我们曾经指出，佳能的产品多多少少都与图像处理有关，本田的所有业务都和小型发动机的研发设计、制造与应用有关，迪士尼的核心能力是开发和整合面向家庭（尤其是儿童）的娱乐项目的能力。这些企业长年坚持不懈地保持有限相关多元化的姿态，构建"同心多元化"（Related Constrained）的战略类型，凸显对自己核心竞争力的重视和重用。

第五，战略中枢可以是某种特定的战略目标和具体指标。一个不在乎经营实业但非常在意投资收益率的控股公司，可能采用一个非常简单的指标来衡量其业务的进出。比如，投资收益率连续三年达不到预期指标的业务，无论未来前景如何，坚决卖掉。这是其公司经营和战略管理的主导逻辑。其实，实业界中的企业也可以如此精准自律。比如，在20世纪的后三十年，美国第二大食品企业ConAgra的数任一把手都坚持一个基本的准则：平均每年ROE（股权收益率）要达到20%。拖后腿不达标的业务要果断卖掉。当然，这种目标也可以是其他方面的指标，如市场占有率、年增长率、市场地位以及产品特色，等等。比如韦尔奇时代的GE，要求每个业务都在自己的市场上数一数二，长期不达标就会被剥离。再比如时装企业Zara，其品牌定位就是"快时尚"（Fast Fashion）。

第六，战略中枢还可以是某种清晰的盈利模式。不符合这种盈利模式的业务就拒绝参与或者谨慎参与。前面提到的谷歌对广告收入的依赖、苹果对硬件销售的依赖，都是以清晰的盈利模式为战略中枢的。在网络时代，对于诸多产品和服务而言，"免费"已经成为大家认为理所当然的获取模式。如此，有些企业就坚持其所有业务都不用用户付费，而由第三方来付费。第三方可能是相关的广告商，或者那些意欲拓展生意的其他收费性的互补产品的提供者，比如售卖免费游戏中付费装备的。相反，也有越来越多的业务坚持要求用户直接付费。有些是网红业务，靠大家打赏。有些是付费学习和知识购买，靠大家订阅。

当然，也许还有其他的支点或者基石可以成为企业赖以生存和拓展扩张的战略中枢。但无论采用什么样的战略中枢，关键的问题是对中枢的重视以及向心力的影响作用。企业可以尝试拓展边界，但没有战略中枢的支撑抑或偏离战略中枢的指引，企业可能会误入歧路、迷途难返。

依据战略中枢的拓展运动

在围绕战略中枢向外拓展时，企业可以遵循不同的运动模式。价值链：可以在以战略中枢为中间点的同一条直线上移动或者来回摆动。价值圈：可以以战略中枢为圆心在一定平面上的半径内画圈，来回转动，寻找机会。价值球：可以以战略中枢为中心构建立体的球形拓展领域和价值空间。

第一，价值链所约束的是一个企业在同一个业务上的定位轨迹。一个企业的战略中枢可以是一个价值链上任何一个环节上的强势位置及其背后的竞争力。拿全球粮油食品行业来说，美国的ADM公司乃是全球最大的粮食企业，号称"全世界的超市"。而其所谓的超市之意，并不是消费者购买终端食品的超市，而是说超市中所售卖的食品，其原材料和加工材料基本上离不开ADM的产品：大豆、玉米、小麦、可可、蔗糖等原材料，以及面粉、糖浆、巧克力、赖氨酸等初加工和初级提炼产品。

显然，其战略中枢是粮油食品产业链的上游。纵使其偶尔向下游拓展，也只是在初加工领域，并不追求"从田野到餐桌"的所谓全产业链。ADM明确地知道自己在干什么，清楚自身战略中枢的落脚点究竟在哪里。ADM号称自己是农民的伙伴、政府的朋友，把美国的农民和农业产业提高到国家战略的高度。正因为如此，其盈利模式也极为清晰。有机构测算过，ADM每赚1美元，就有51美分来自政府补贴。如果往下游走，靠卖

战略的悖论
拆解与整合

食品赚钱，消费者可不会像政府朋友那么慷慨大方。如此，ADM 将其战略中枢界定在农产品阶段而不是整个的食品加工链上，无疑是有其深刻道理的。

反观雀巢公司，其战略中枢则是不折不扣地定义为终端（加工）食品市场上讲究品牌形象的"快销品经销商"。其品牌形象不仅要关注营养和健康，而且要提升幸福指数和体现新潮时尚。虽然雀巢也会离开其战略中枢而向上游拓展，比如介入咖啡种植和收储业务，但其目的还是提高自己下游品牌食品业务的品质和效率，因此具有较强的向心力。

前面提到的 ConAgra，从面粉厂开始，然后做面包，做品牌包装食品，直至打通整个食品行业的全产业链，并将其战略中枢本身也逐渐移动到产业链的最终端，放弃前端类似 ADM 的业务，成为像雀巢一样的食品企业。中粮集团的全产业链战略，说得直白一点，就是要做 ADM 加雀巢。值得欣赏的是，一个企业如果在同一个价值链条上拓展，至少还是有足够的自律的。

然而，全球范围来看，ADM、嘉吉（Cargill）、邦吉（Bunge）、路易达孚（Louis Dreyfus）等四大粮商基本上不介入终端的食品业务，主要定位是农产品制造者和贸易商。雀巢、达能、卡夫、联合利华等食品企业基本上不介入前端的农产品业务。ConAgra 在短暂地实现了全产业链之后就迅速地抛弃了上游业务，加入食品行业的阵营。可以说，粮油食品行业的全产业链战略至今没有企业真正持久地尝试过。原因之一，也许是粮油农产品业务和品牌食品业务是两种截然不同的业务，貌似在同一个价值链上，其实有着完全不同的主导逻辑。

如此，我们需要对"价值链""产业链"等单一线性的概念本身的精准度和有效性提出一定的质疑。比如说，也许我们不能草率牵强地认为航空公司的产业链上游是波音和空客等飞机制造企业。这种表面上的肤浅理

第六章 专注与多元

解过于机械简单。飞机制造本身就是一个庞大复杂的生态系统，跨越多种产业链。

第二，价值圈的概念也许比价值链稍微宽广一些。这里，我们可以把价值圈想象成在同一个平面上（比如同一个产业内）以某个战略中枢为原点画出的圈。圈内有不同的落脚点，乃是同一品类内的各种多元化的产品业务。这种拓展模式与篮球运动中的所谓"中枢脚"或曰"轴心脚"（Pivot）非常相似。在进攻时，一个篮球运动员以自己的一只脚为"中枢脚"（不能完全离开地面，否则算犯规），同时用另外一只脚不断前后左右地挪动，可以举球转身，可以边转动边运球，也可以伺机传球，还可以直接投篮。一动一静，动静结合。在根基稳定的基础上不断折腾、即兴发挥、应对威胁、发现机会，采取下一步行动。这就是"中枢脚"的战略含义。

Zara 的母公司 Inditex 虽然以 Zara 为旗舰品牌，但同时也经营其他服装品牌，比如 Pull & Bear、Massimo Dutti 和 Bershka 等。或者专注于年轻人，或者体现都市时尚，或者聚焦于青睐音乐、社交和新技术的消费者群体，这些品牌都在不同程度和侧面与 Zara 所代表的快时尚定位互相关联。再比如前面提到的 ConAgra 公司，在产业链上不同的阶段游走时，其战略中枢也在不断变化。但这种变化是渐进的和有章法的。任何时候，都有一个核心业务（战略中枢）占到其总收入或者总利润的 50% 以上，而其总的业务组合又同时不断根据市场需求以及自己对 20% ROE 指标的坚持而调整。

第三，笔者在 2011 年提出的"价值球"的概念，也许涉及的是最为全面和饱满的价值创造空间，不是点和线，也不是平面，而是立体的全方位空间，是以战略中枢为中心向外拓展和发散的球体空间。价值球中可以囊括和包容各种类型和走向的价值链或价值面。价值球的概念也可以同核心竞争力的说法直接对接相连。核心竞争力,正是企业的战略中枢。企业以此为中心向各种可能的业务辐射,尽量地施展和应用企业的核心竞争力,增强规模经济与范围经济,最大限度地捕捉和挖掘不同业务间的协同效应。

比如,作为佳能战略中枢的图像处理能力,可以被应用到照相机、摄像机、打印机、复印机、扫描仪、对准仪等多种获取、处理和展示图像的器具上,使得佳能的业务可以跨越办公、家用、医疗、科研等多种业务类型。再比如,路易威登公司从其核心的手包等业务日益拓展成包括珠宝、手表、高档酒品等多种品类的奢侈品总汇。多种价值链纵横交错,撑起一个相对丰满的价值球体。公司的名字"路易威登酩悦轩尼诗"(LVMH)本身也体现了这一类别宽广的战略定位。但其战略中枢非常清晰:专注于奢侈品业务及其背后相关的生活方式。

音乐的启示:主题与变奏

在解释向心力与离心力之间的较量时,与中枢和拓展之喻相似的还有音乐上的所谓主题与变奏(Theme and Variations)之说。主题就是中枢,变奏就是依据中枢而采取的拓展与变化。在不同的变奏中,大家可以听到主题的影子,有时明显直白,有时飘忽隐约。一方面,这等于是从不同的视角和方法来确认和欣赏主题。另一方面,我们也感受到主题的强劲明晰以及适用于多种场合与情境的韧性和穿透力。如果变奏对主题表现得极端地忠实和坚守,可能就会略显谨慎和沉稳,向心力淹没了离心力。虽然专注自律,却可能平淡无奇。如果变奏过于放浪形骸地任意发挥,可能就会失去对主题的关照和萦绕,离心力压倒向心力。也许耍得很尽兴,但总觉得缺乏参照与根基。

通常情况下,如果主题(战略中枢)所赖以生存的环境持续存在,

第六章 专注与多元

那么即使变奏保守一些也不至于出现大的问题，顶多是发展不够迅猛而已。变奏出现问题，往往表现在忘记了自己的立身之本，忽略了作为自己战略中枢的主题。有的时候是变奏速度太快，有的时候是严重偏离主题。原著名时装品牌 Liz Claiborne 创立之初的定位是服务于精巧干练的都市白领丽人。但后来的无限扩张使其失去了原先的味道和灵气。当你看到加大码的 Liz Claiborne 衣裤出现在沃尔玛等大卖场的时候，你会明确无误地感受到这个品牌已然过气。

同样，拥有德国和中国香港双总部的原知名时装品牌 Esprit 以鲜活生动和睿智感性为特色。随着其他时装品牌的崛起以及潮流的不断变化，Esprit 后来的业务扩张逐渐失去其原本特色。2011 年在遭受盈利重挫之后，Esprit 不得不退出北美市场。之后，虽业绩偶有改善，但颓势难掩。现在，人们已经很难看出 Esprit 和 American Eagles 或者 Abercrombie and Fitch 的区别。也许，正像另外一个同样命运的服装品牌 Gap 在其著名的广告语（也是双关语）中说的一样：每一代人都有自己的 Gap（代沟）。本来是要强调初创时自己与前辈们的代沟，然而斗转星移，现在自己又与新一代的时尚品牌有了代沟了。

当然，你可以抱怨说"不是我不明白，这世界变化快"。但你的定位恰恰是时尚，而不是当时的时尚或者某一代人的时尚。既然是时尚，就意味着要不断与时俱进，甚至引领潮流，而不是执着于某个时代的时尚风范本身。重要的是原则和理念，而不是实物和具象。

在苹果之前，索尼是电子产品硬件界的翘楚。但为了实现所谓"软硬互补"，索尼通过控制影视内容的版权（软件）来帮助推进其硬件创新（比如 Mini-Disc）成为产业标准。貌似是基于战略中枢向外拓展进入互补产品与服务的业务，但好莱坞影视业和全球唱片业并不是以硬件设计和制造为立身之本的索尼所能轻易驾驭的，更不用说美日之间在文化产品与管理风格上的巨大差异了。这种拓展不符合索尼经营的主导逻辑，在很大程度上伤了索尼的元气。

同样，奔驰车在全球的形象定位一直是豪华车。这是其主题和灵魂。曾几何时，奔驰公司突发奇想地要变成"总体运输解决方案提供商"，不仅涉足飞机引擎，而且在主业上兼并了美国的大路货汽车品牌克莱斯勒，并因此改变了公司的名称。不要说二者的整合难于上青天，光是克莱斯勒面向普通消费者的总体定位就将奔驰的品牌形象一棒子夯得满眼金星、晕头转向。这个变奏太狂想。正如你很难想象出"解放牌路易威登"是个啥阵势。

还有些时候，主题本身可能会出问题，或者阵地缩小，或者不合时宜。比如，大家曾经极力追捧的GE和宝洁，这两家曾经备受尊崇的百年老店在如今的竞争情境下已然略显尴尬与滑稽。GE已被从构成道琼斯指数的30家企业中剔除，而此前它在里面引领风潮百余年。也许它们的拓展和变奏本身并没有过分地偏离其主题，而很可能是其主题的战略中枢本身出现了一些问题。

比如，宝洁的定位一直是个人护理和家庭护理的"大众名牌"（Masstige）。也许，在这类重复购买的快销品业务上，大众（Mass）已经不那么在乎形象（Prestige）。随着许多国家贫富差距的拉大和中产阶级比例的缩减，原来愿意为大众名牌付费的中产阶级家庭日益捉襟见肘。性价比相对较高的各国本地品牌成为宝洁的强劲对手。这是宝洁的战略中枢面临的巨大危机。改变这种近两百年来珍藏的主题，几乎意味着脱胎换骨、洗心革面。不是注定不可能成功，而是任务极为艰巨。

本章小结

企业的战略定位要确立自己的核心业务与总体经营范围，要在单一专注和复杂多元之间保持某种张力饱满的均衡。一方面，要有清晰的主业和立身之本，有自己的战略中枢以及它所体现的主导逻辑与核心主题，无论是经营理念、客户群体、业务特色，还是核心能力、战略目标、盈利模式。从利基市场到多元经营，无论业务数量多少、复杂程度如何，关键在于业务自身（尤其是主业）是否有可持续发展的空间和潜力，以及不同业务之间是否有一致性的主导逻辑。

同样，无论是做插件还是做平台，都要有自己的特色并注重二者关系中的悖论问题。插件企业也要有平台思维，一方面，在自己的插件业务上做到全面系统和复杂极致，另一方面，争取使自己的插件能够跨平台、跨装置地应用到多种场合和情境。平台企业也要重视插件的特色、组合与均衡，尽量地兼容不同特色的插件，同时保证最具特色和人气的插件趋之若鹜、争相投奔。

总之，一个企业要有自己的根据地。虽然这个根据地本身也会随着时间和环境的变化而逐渐漂移，但在一定时期内，根据地要相对稳固。企业可以以根据地为战略中枢，以价值链、价值面和价值球为思维导向，顺藤摸瓜，不断折腾，尝试进入新的业务组合和价值创造空间。在坚守战略中枢的前提下向外拓展，乃是向心力和离心力之间的不断较量。离心力促使企业拓展其业务边界，向心力吸引企业回望战略中枢及其代表和体现的主题。无论变奏如何狂野潇洒，最终还是要紧扣其主题。说到底，战略的实质意味着对某种特定的一致性的承诺和坚守。

第七章 本土与国际

伴随着跨国公司的崛起和盛行，不同国家之间的经济往来日渐频繁，国际化与全球化的进程也在不断地提速扩容。尽管如此，贸易壁垒和贸易保护并未真正消失，不仅贸易战时有发生，而且反全球化的思潮也在同时滋生并行。可以说，全球化的趋势和本地化的诉求同时存在，二者背后代表着两种相互矛盾冲突的势力——从哲学底蕴到意识形态，从文化传统到时代风尚，从政治权力到经济利益，从理想境界到世俗生活。这种矛盾和冲突给包括跨国公司在内的所有企业带来了难以回避的严峻挑战。

一方面，企业要通过全球整合（Global Integration）来实现与国家差别、规模经济、范围经济、学习效益、灵活套利、税收优惠、风险规避等多种因素相关的竞争优势。另一方面，企业又要拥有足够的对于本地市场快速适应与反应的能力（Local Responsiveness），从而得以增进自己的社会合法性以及在本地市场上的独特优势。正像描述竞争与合作同时并存的"竞合"一词一样，全球整合与本地反应同时并举的悖论也可以用一个新近出现的词语来体现，那就是所谓的"全球本地化"（Glocalization），即基于本地反应的全球化，抑或全球整合主调下的本地化。

其实，全球化-本地化的矛盾自从殖民地扩张时代开始就一直存在，只不过如今更加突出和激烈。以往的理解和应对也许主要在于选择某个特定的平衡点而进行权衡取舍（Trade-off）或者妥协折中（Compromise），有时侧重全球整合，有时强调本地反应。而且，二者之间可以顺序交替地

第七章　本土与国际

予以强调和侧重,首先抓住一个,然后跟进另外一个。

比如,默多克在刚起家的时候,主要是不断伺机收购各个国家市场上二三流的媒体,注重在本地市场上先站住脚,而又不至于引起本地和全球媒体巨头们的注意和防范。有了散落在全球各地业务的足够规模,他便可以整合其全球系统内的资源(比如财务资源),再去集中打击或者收购某个地域市场上孤军奋战的"独行侠";提升了自己在某个国家市场的地位之后,再利用全球资源的整合去攻占下一个国家市场。几个全球化-本地化的轮次下来,其媒体帝国囊括了包括《华尔街日报》在内的全球一百多家主流报刊、二十一世纪福克斯影视多媒体集团,以及 HarperCollins 图书出版业务等,不仅实现了最大限度的全球整合,而且在多个国家的本地市场上占有一席之地。

再比如,迪士尼在全球拥有多家主题公园。在向日本、法国、中国等地输出其主题公园的时候,迪士尼首先基本上是按照自己在美国的模式进行复制。这倒不一定主要是所谓的大国或者大公司沙文主义。一个重要原因是:标准化既可以保持不同公园间的一致性,又可以在建园过程中以及日后的管理上有足够的便利。这是全球整合的思维模式。但毕竟标准化可能会遭遇与本地的水土不服,并因而影响业绩和品牌形象与公司声誉。于是,无论是东京还是巴黎、香港抑或上海,按照起初的标准化方案建造和开园之后,都要根据各国市场的特殊情境进行定制化的调整,以便更加有利于吸引当地市场的顾客。

可以想见,无论是迪士尼公司还是默多克新闻集团的经历,全球整合与本地反应之间的交替互动往往是多轮次的。然而,在全球化程度日益广泛、信息技术日渐成熟可靠与便利灵活的当下,某些公司一出生就是全球化(Born Global),几乎同时在多个国家快速切入和复制,可以自己直接运作,也可以允许别人连锁加盟。但这些业务又不是完全在网上的虚拟行动,必须在各个国家本地市场上实地进行。如此,法律监管、文化包容、经济发展程度、个体消费习惯等多种本地化的独特情境必须同时立刻得到关照和对应。否则,一旦遭遇失利,可能会被无限期地锁定出局。早先的谷歌退出中国市场,最近的优步被滴滴吞并,诸多事例彰显了本地反应能力的极端重要性。

本章从三个方面探讨"全球本地化悖论"的解读与应对。首先,我们详细考察全球化与本地化各自的优势与局限性以及二者关系的潜在模式。其次,我们聚焦于跨国公司总部与分部各自的职能角色和二者的关系,探讨全球化对公司战略选择和运营模式的影响。最后,我们考察一个国际化的企业在某个具体国家的本地市场上作为外来户的潜在优势与劣势,解读"外国性负债与外国性溢价同时存在"的悖论。

全球整合与本地反应

全球化的势不可挡

2005年,托马斯·弗里德曼(Thomas Friedman)写了一本书《世界是平的》,再次引起大家对日益加速的国际化进程的关注。柏林墙的倒塌、网络浏览器的全球普及、工作流程软件的流行、全球范围内外包的采用,等等,边界正在被打破,障碍正在被排除,差距正在消失,同质化正在增强,来自不同国家的企业终于可以在同一个平齐的世界中交流和竞争。这不禁使得很多原先居于劣势地位的地区和群体感到阵阵激动。好像每个人都能够大显身手的时刻已经到来。

其实,早在1983年,哈佛商学院市场营销学教授特德·莱维特(Ted Levitt)就曾经提醒我们全球化已经到来,而且当时就已经明确地宣称

第七章 本土与国际

"世界是平的"。他所强调的是企业生产制造技术的日益标准化以及全球消费者口味和偏好的日趋同质化。从福特的 T 型车开始，技术与产品制造的标准化已经蔚然成风。从日本的汽车制造与电子产品到韩国的电视机与重工，再到新加坡的光学仪器，更不用说在西欧和北美的办公用具、计算机和洗衣机等多种行业中，标准化已经得到广泛和充分的应用。莱维特教授还借用了一个极为夸张的词句，叫作"技术共和国"（Republic of Technology）来说明问题。在这个国度里最高定律即是"趋同"倾向，每一个东西都跟另外一个东西越来越相似。如此，全球的市场日渐趋同，产品也越来越标准化。

从消费者的口味来讲，中国餐馆、意大利比萨、好莱坞电影、NBA（美国职业篮球联赛）、欧洲杯足球赛等都日益在全球流行，成为人们生活的一部分。有些例子更是色彩极端鲜明并具有讽刺意味。即使美国的敌对国家和恐怖分子们采用的大多也是美国公司的计算机技术等由美国公司引领的当代社会不可或缺的各种产品。至少从全球都市化消费主义的视角来看，各个国家貌似已经紧密地融合在一起。

本地化的负隅顽抗

之所以说全球化与本地化的关系存在悖论，是因为在全球化不断席卷全球的同时，本地化的趋势乃至（有组织）的"自发"运动亦日益顽强和坚挺。从巴黎到柏林，从威尼斯到热那亚，从西雅图到华盛顿，在过去的二三十年间，全球范围内的反全球化运动风起云涌，隔三岔五地就会有人组织游行，抗议跨国公司的渗透与横行，希望保持自己本地的文化特色与经济稳定。有些群体，在全球多个角落里，无论贫富贵贱，都强烈地希望自己能从全球化所带来的同质化和市场压力下解脱出来。况且，民粹主义和民族自傲的交互影响以及政客的顺势操纵和利用，都会强调自己国家

战略的悖论
拆解与整合

和地区的独特性和差异性。

如此，过分地信奉"经济统领一切，政治无关紧要"的教条，不仅幼稚，而且危险。2018年年中，美国发起与以中国为代表的多个国家的贸易战。这也再次提醒大家世界毕竟不是平的，还有各种沟壑残垣、暗礁险滩，关卡林立，摩擦不断。风调雨顺之际，大家你来我往，互通有无；风吹草动之时，大家心怀鬼胎，各自盘算。诚意的协商，虚假的表态；表面上的趾高气扬、不服不忿，背地里的暗中结盟、焦虑不安。除了各国政府多变的贸易政策和关税风险，国家间的贸易还要受到汇率波动等各种不利因素的影响。全球化的总体趋势不免遭遇各种挑战。

实际上，一直也有一种相对客观的声音存在。这种声音并不是要反对全球化，而只是声称全球化不过是一种甚为夸张的理想化概念，与当下的现实相去甚远。在现实中，能够实现的或者已经实现的顶多是半全球化或者准全球化（Semi-Globalization），国家（地区）间的差距仍然不可忽视。2007年，盖玛瓦特教授提倡"重新定义全球化战略"，并进行了举例说明。总体而言，从人、财、物、信息等方面跨国流动的多项指标来看，比如，跨国直接投资（FDI）的总额占全球总投资额的比例、移民人口占到总人口的比例、出国读书的大学生占总数的比例，以及跨国旅游目的地到达总数占所有旅游目的地到达总数的比例等，跨国流动的比例都没有超过甚至远远没有达到10%。

总结而言，一方面，全球化表面上突飞猛进、势不可挡；另一方面，本地化的呼声并非甘拜下风、缴械投降。如何看待盖玛瓦特教授所谓10%的判断标准呢？这个应该跟对待概率是一样的。大家经常说，某些事情发生的概率也许只有1%，但发生到你的头上，对你来说就是100%，你必须应对。讨论一个完全本地化的企业是否应该参与到国际化和全球化的市场中去，显然是有一定意义的，尽管也许没有那么急迫或者势在必

第七章　本土与国际

行。然而，有众多的企业毕竟早已全面深入地参与到这一进程中去了。很多跨国公司的收入有一半以上来自其母国以外的其他国家和地区。对于这些企业而言，如何应对全球化和本地化的悖论不仅不是伪命题，或者潜在的问题，反而是当下真实确切的挑战。如此，深入地讨论全球化与本地化的关系是具有现实意义的。

全球化的本地化基础

如上所述，至少按照莱维特教授提出的一个最为重要的指标来看，全球化就是产品本身的标准化与全球畅销。仔细探究，其实全球化不仅包括大规模生产的工业时代和信息时代产品的标准化，比如丰田汽车和三星手机，而且包括诸多来自特定产地的独特产品的全球畅销，比如瑞士名表等奢侈品。卡内基梅隆大学的杰弗里·威廉姆斯（Jeffrey Williams）曾经按照所谓"经济时间"的快慢把产业分为三种不同的类别。

- 慢循环的"当地垄断"（Local Monopoly）：产品与服务背后的资源通常是独一无二的，受到强烈的保护，基本不受外界竞争的压力。例如手艺人行会（Guild）把持的业务。此类产品的价格不断上涨，比如高档酒店与精英大学。
- 标准循环：这类业务乃工业革命的产物。这里是产业化制造品盛行的世界。量产量销，拼的是规模和效率。产品的实际价格基本保持不变，比如家用汽车、电灯、生鸡等。
- 快循环：这类产品更新换代迅猛，先动优势都是短暂的。企业要变换花样地出新点子，快速更新迭代。可比产品的价格通常不断下降，比如微波炉、集成电路、PC等。

显然，莱维特所专注的主要是后两种产业类型。在对于标准产品的全球化制造和销售的竞赛中，大型和超大型跨国公司具有无与伦比的优势，

战略的悖论
拆解与整合

可以通过自身的技术优势和管理优势协调和整合它在全世界范围内的供应链管理、加工制造、品牌推广和销售渠道。这些产品，无论是设计精良适用、生产效率极高，还是质量过硬、可靠性强，其共同的核心特点就是规模化（Scalable），可以从 1 到 N 进行快速的复制和推广。这也是全球化最为全面和充分的领域，比如微软在全球近乎垄断的 PC 操作系统。

但是，在慢循环的世界里，具有本地垄断特性的产品也可以全球通行、广受追捧，比如古巴的雪茄、苏格兰的威士忌、巴黎的时装、意大利的皮货、瑞士的钟表、保加利亚的精油、德奥传统的古典音乐和交响乐团。这些东西是基于某个特定国家和地区产地的独特资源而进行生产和制造的极端差异化的产品。由于资源本身的本地性约束以及供应有限，抑或当地手艺人绝密的世代祖传，它们通常无法在别的地方进行复制从而实现在全球范围内标准化的量产，甚至有些即使是在本地，不同的区域也和厂家无法进行复制和生产。因此，产品出口往往是唯一的交易模式。即使是某些量产的相对独特的产品，通常也是利用贸易的方式，而不是通过对外直接投资的方式在别的地方进行生产。比如，原版的 AK-47 步枪乃是苏联的专利，奇货可居；而全球各地的模仿替代品则差些行市。

概而言之，无论是标准化量产还是本地垄断，都可以成为全球畅销产品的重要基础，也都离不开某个具体国家和市场特定的实力支撑和起始渊源。比如，很多来自美国的高科技跨国公司的产品之所以能够风靡世界，在很大程度上有赖于美国联邦政府重金支持的基础研究领域内的实质性突破，从激光到微波，从纳米技术到航天技术，从卫星定位到互联网本身。没有从 0 到 1 的质的飞跃，也就不可能有从 1 到 N 的规模量产。即使是那些所谓生来就国际化的企业，也是要首先基于在某个国家和地区的特有尝试去促成其最初的开端发迹。

第七章　本土与国际

全球化的优势到底有哪些？

哲学家以赛亚·伯林（Isaiah Berlin）曾引用古希腊神话中刺猬与狐狸的故事来评说托尔斯泰与陀思妥耶夫斯基的区别：前者更像传说中的狐狸，知道很多细微的东西（Knows many little tricks），知识宽泛；后者更像刺猬，知道一个大的妙法（Knows one big trick），智慧专一。莱维特在探讨全球化的时候，也借用了伯林的比喻。跨国公司（Multinational Corporations）更像是狐狸，要在全球不同的角落里入乡随俗，并因此要同时保持多种技能和本领来应对和取悦不同国家和地区的特殊受众群体。而全球化公司（Globalized Corporation）则像是刺猬，专注于做一件事，通过标准化将所有国家和地区市场一网打尽、一竿子插到底。

具体而言，全球化的益处精彩多样，至少包括如下种类：通过全球整合带来的规模经济、范围经济、时序经济、品牌提升、风险规避；通过利用国家间的区别和差异而获取跨国套利、跨国补贴、相互学习以及逆向创新等多种本地企业无法享有的竞争优势，以及企业价值链在全球范围内的系统性优化。

首先，全球化不过是多元化的一种，可以是单一产品纯粹在地域市场上的多元化，也可以是在产品类别与地域市场上的同时多元化。因此，与第六章讨论的多元化战略的优势相关，全球化的企业享有规模经济和范围经济的优势，以及风险分散与规避等方面的优势，自不待言。比如，耐克自1962年开始，从日本到韩国，从中国台湾到新加坡，从中国大陆到越南，渐次有序地在全球范围内寻求廉价加工厂商，从而不断保持和更新其成本优势。

再比如，可口可乐的经营几乎遍布全球的每一个国家和地区，如此大的规模可以帮助其摊销巨大的市场营销和渠道建设与管理的成本。具体分

战略的悖论
拆解与整合

摊到每一罐可乐上的广告成本大概只有两美分左右。全球化的广告投入和品牌推广，比如赞助奥运会和世界杯等举世瞩目的赛事，也会帮助企业普及和提升自己的品牌形象，构建良好的声誉，提升社会合法性。显然，麦当劳和肯德基的全球化运营也帮助它们分散了在单一市场经营可能遇到的各种风险，比如疯牛病和禽流感、某个国家和地区对外资企业政策的改变、消费者兴趣与口味的变化等带来的风险。

全球化整合的另外一个重要收益是笔者界定的所谓"时序整合经济"（Sequential Integration Economy）。也就是说，本来要在一个本地业务单元内多时段间隔（Multiple Intervals）中完成的任务，可以在全球的多个业务单元间无缝对接，全时段连续性地进行不间断的全周期运行（Continuous Full Cycle）。

比如，通常情况下，一个硅谷的软件开发公司如果只坐落在硅谷，那么其程序设计员在做出初始的程序后，要等专职做程序测试的同事进行测试和反馈后才能继续下一阶段的工作。这个间隔时间通常是一至几个工作日。

如果该公司同时在印度有分部，则美国硅谷的工程师干完一天的工作后，可以直接打包发给印度的同事，下班休息。由于两个国家间12个小时左右的时差，此时印度班加罗尔的同事正好开始上班，可以立即上手进行测试和反馈。如此，在硅谷和班加罗尔之间，该公司的两班人马可以24小时连轴转地进行工作。这种效率是完全本地化运营的公司无法比拟的。当然，除了经营跨国分部，企业也可以用外包服务的方式实现上述全天候的运营和业务覆盖。比如，美国很多需要全天候在线或者电话客服支持的企业往往会把自己的客服业务外包给印度或者菲律宾的公司。

在上述与全球整合直接相关的竞争优势之外，全球化企业（包括在不同程度上进行全球整合的跨国公司）还可以针对不同国家和地区之间的差异来获取竞争优势。首先，跨国公司可以根据不同国家原材料的不同、劳动成本和人才集聚的特点，以及基础设施的便利程度等差别，来统一布局和协调公司在全球范围内的生产地点选择和供应链设计，还可以在差价较大的国家之间进行资源的调配和买卖。总之，跨国公司要从某种资源供应最充足而廉价的国家和地区获取这种资源。这种优势是由于国家间已经存在的差距而产生的，而不是由于全球整合所带来的与规模经济和范围经济相关的竞争优势。

其次，一个跨国公司可以在不同的国家市场上进行跨国交叉补贴（Cross-Subsidization），从而利用自己的内部资金市场功能。比如，本章开篇提及的默多克新闻集团全球化扩张之路。默多克可以通过在两三个国家市场上的业务进行抵押融资，然后集中财力支援另外一个国家战场上对于某个对手的集中打击。站稳脚跟之后，再以之为财务基础去集中攻击下一个目标国家市场中的对手。

再次，跨国公司的成长以及全球化的进程也是一个跨越不同国家和地区、文化传统、业务模式和产品种类的学习过程。一个公司内不同的国家业务单元之间可以传播和借鉴某种最佳实践，输送在市场上难以买到的信息和知识。跨国公司也可以从东道国的企业和其他跨国公司对手以及合作伙伴那里学到多种知识和技能，并获取丰富的信息。

最后，是所谓逆向创新的可能性。维杰伊·戈文达拉扬（Vijay Govindarajan）在过去的十多年间将逆向创新（Reverse Innovation）的概念和现象积极而广泛地推介给与全球化和创新研究及实践相关的各方人士。传统的跨国公司中，技术和知识的转移和输出通常是从那些来自发达国家的公司总部，走向公司在发展中国家抑或新兴国家的分部。随着新兴国家经济的崛起和腾飞，这些国家业务单元中独特的创新已经开始向传统的发达国家业务单元回流。比如，来自印度的一种价格低廉的低脂干面条被雀

战略的悖论
拆解与整合

巢公司在大洋洲作为健康食品推向市场。

同样，日本战略大师大前研一先生也是最早向国外介绍来自中国企业的各种创新的全球商业观察家。比如，他曾将大连软件产业园的创新向国外推介。另外，来自中国的一些业务模式和创新举措正在向全球扩张。比如，ofo小黄车的共享单车业务，无论模式本身是否可行抑或将来成败如何，至少已经进入英国和美国等发达国家的市场。这是前所未有的突破。此前，来自中国的东西主要是为西方企业代工制造的产品。逆向创新，也许是全球化可能带来的潜在竞争优势中最为始料未及的。

总体而言，一个全球化的公司可以在全球范围内组合和优化其价值链，提升其价值创造过程的质量和效率。虽然摩擦很多、协调很难，但理想的境界可以在某些程度上逐渐实现：在创意人才积聚的地方进行设计，在制造成本低廉但质量可靠的地方进行生产，在价格最高和潜力最大的市场进行销售，在赋税最低的地方交税，在全球财务资产最为安全和灵活的地方留存现金，在最为接近主业而且政府相对友好的国家和地区设立公司总部，从而实现全球运营的优化。也许，此乃全球整合的最高境界。

全球化与本地化之间的张力

如前所述，无论是本地垄断，还是工业时代和信息时代产品的大规模量产，本地化都是全球化的初始基础。生而全球化的企业即使存在也绝对少见。因此，全球化与本地化通常是同时存在的。用一个非常直观但也许并非十分恰当的比喻来说，跨国公司就像游走于不同国家的移民，既能感受到新世界的精彩和刺激，又难以割舍故乡的印记与根基。没有完全脱离"母国本地属性"的全球化，也没有与所有东道国市场都熨帖契合的全球化。跨国公司的母国原产地（Country of Origin）与东道国市场（Host Country）之间一对一的关系、不同的东道国之间的关系、全球一体化的

第七章　本土与国际

逻辑，这些都是处理全球化与本地化悖论时需要全面考量的重要议题。

具体而言，对于全球化与本地化的关系悖论，至少有三个层次的解读。首先，从本地垄断性质产品的母国原产地向全球化拓展。比如，古巴的Cohiba雪茄受到全球雪茄爱好者的追捧和收藏，有些甚至将其视为无与伦比的艺术品来看待，舍不得消费。这也是为什么大家经常说，最本地的才是最国际化的。因为这类属于本地垄断的原产地限定产品确实独一无二。其特色、品质、稀缺使得它们受到全球各国消费者尤其是高端消费者的青睐。

这也充分地展现了全球化和本地化关系悖论的第一个层次的解读。一般而言，不需要改变任何产品特性，越是原始本真、纯正地道，效果越好。这里要重点关注的是如何对本地既有的独特产品进行适度的全球化推广。如果全球需求量或者售卖量过低，则不利于支持该业务的持续发展。而一旦需求放开，一是价格体系难以维持，二是有限的生产能力根本无法进行足够的量产来支撑狂涨的需求，而任何规模化的生产对于手工制造或者传统工艺的替代，都会对产品的品质以及品牌形象带来负面影响。

因此，在优质可靠的产品特性、高端独特的品牌形象、相对稳定的全球定价、手艺人生产能力的充分利用等多种维度上的考量，乃是此类以本地化特色为基础的全球化营销的重要任务。对本地化特色的保持就是全球化的催化良酶。不刻意追求全球化才能做到真正的全球化。

其次，对于产品本身源自工业时代或信息时代的业务而言，标准化是产品几乎生而俱来的固有特色，也是全球化量产量销的基础，比如汽车和个人电脑。这里要强调的，则是如何在承认和接受全球化既定事实的基础之上，在全球化的各种优势和各个东道国市场上的本地适应性之间进行平衡和选择。这也是大家说到全球化和本地化关系悖论时最为常见的一种解读。这种均衡点主要向全球化一端靠拢，本地化只是顺藤摸瓜、锦上

战略的悖论
拆解与整合

添花。

麦当劳在有些国家可能要出售素食汉堡或者羊肉产品，而在法国或者北欧可能会供应酒精饮料。可口可乐在不同的国家和地区可能要调整其口味的甜度，在提供可乐与雪碧等全球标准产品线的同时推出具有本地特色的饮品种类和品牌。在同一款车型上，雷克萨斯在中国市场上可能会提供与美国不同的发动机排量。宝马公司在中国推出了5系加长版，很是给了消费者一个惊喜，可以花5系的价钱买到7系的空间。一时间该款车供不应求。

最后，也许真正能够较好地平衡全球化和本地化关系的企业恰恰是跨国公司而不是全球化公司。可以说，上述的两种解读，分别是以本地化和全球化为侧重的。而要实现二者的最优均衡，可能正是克里斯托弗·巴特利特（Christopher Bartlett）和舒曼特拉·高沙尔（Sumantra Ghoshal）所推崇的跨国公司的极致版本：所谓的"泛国公司"（Transnational Corporation）。其基本精神是：通过公司总部与分部关系模式的灵活设计与适当应用，泛国公司可以增进自身与全球不同国家中的任务环境之间的匹配。公司主业的原产地母国与各个东道国之间关系融洽。公司在不同的东道国市场都被本地人认为是"老朋友"或者"自己人"。散落于不同东道国的各个分部之间互通有无，在信息、技术、人力和资金上互相支持。公司总部与各个分部交流充分，跨业务和跨区域的协调便捷顺畅，全球化的整合与各个国家市场的本地化有机结合、相得益彰。

如果真正能达到这个境界，貌似矛盾和冲突已经荡然无存，悖论也许完全被和谐替代。也就是说，一个企业既是"狐狸"，又是"刺猬"，既能高屋建瓴、一以贯之地统领大局，又能探幽入微、随机应景地"看人下菜"。这种动物到底是什么，好像还无人专门探究过。以赛亚·伯林当年没有，后人似乎也鲜有提及。从理论上说，可能性应该有，不过大概是

第七章　本土与国际

特例而不是常态。本章开篇讲述的所谓"全球本地化"也许符合这一理想境界的描述。

在实践中我们可以看一下汇丰银行的尝试。在2002年至2016年间，汇丰自称全球范围内的本地银行（The World's Local Bank），既强调自己全球无所不在的一体化整合所带来的品牌信誉和规模经济与范围经济优势，又注重各个分行对本地客户需求的洞见以及相应的本地化特色服务。比如，在伦敦或纽约中国城附近的分店，汇丰银行可以提供中英双语服务。然而，后来的实践表明，对于规模较小的国家和地域市场所承诺的本地化服务其实成本极为高昂，效果也并非尽如人意。最终，汇丰不得不撤出多个经营不利的市场，放弃原先令人耳熟能详的漂亮口号和难以维持的优雅定位。

上述讨论对于企业的全球化举措到底有什么启示呢？也许，从易到难，全球化的路径和方法在某种程度上遵从如下逻辑：首先，就像本地垄断那样，做最好的自己，全球化自然随之而来。最有本地特色的，将是最为容易全球化的。前提是这种特色对于不同的受众来说有着共同的吸引力，比如比利时的修道院酿制啤酒。其次，就是将本来属于本地垄断的企业改造转换成标准化的业务，比如网上股票交易与网上拍卖对于原先神秘高端的传统交易模式的替代，使得精英阶层的产品和服务成为中产阶级或者所有消费者都能够参与的游戏。再次，尽量寻找那些标准化本能较强和全球化潜力较大的业务进入，不需要过多的本地化调整和反应，比如佳能的照相机产品。接下来，就是学会并利用大规模定制（Mass Customization），在标准化的同时尽量简单便捷地去根据客户的不同需求进行定制，比如戴尔当年推行的PC定制业务。最后，是遵循从全球整合再到本地适应的发展路径。比如，中国的高铁整合了全球范围内最先进或者最实用的技术；做出了整个系统之后，可以向其他国家全套输出，并根据当地市场的特殊要求进行本地化定制和调整。先请进来，再走出去。

分部自主与总部统领

无论一个跨国公司的战略定位要在什么程度上实现全球化，公司的组织结构和控制体系以及人才战略都将是影响战略实施质量和有效性的关键因素。这些关键因素的设计和应用重点体现在公司的总部与在全球不同国家市场上的分部之间的关系。组织结构是高度集中还是相对分散？是公司总部掌握所有的决策权和控制权，还是各国分部有自己较大的自主权？重要的管理人才是由公司总部派遣还是在各国本地市场上遴选？这些决策在很大程度上影响一个跨国公司的全球整合以及本地反应。

这里有必要澄清一下国际化与全球化的关系。一般而言，任何一个企业通常都是创始于某个具体的国家。国际化意味着它的业务活动跨越国家边界，而且通常采用的方式无外乎两种，一种是进出口贸易，一种是对外直接投资。广义的全球化，可以理解为在贸易和对外投资任何一个方面的国际化接近或者达到覆盖全球市场的规模。较为狭义和全面精准的全球化定义，则可以特指贸易和对外投资程度同时双高并接近或者达到全球覆盖的程度。

比如，依云矿泉水的卖点，就是法国阿尔卑斯山脚下依云小镇地下的无污染而且矿物质丰富的优质饮用水，传说可以防治肾结石。显然，只有当地出产的水才是依云水。依云水不可能在其他地方罐装。如此，这款全球畅销的高端品牌饮用水的主要国际化手段是出口贸易。这是通过贸易本身实现全球化的典型。另外一些业务，虽然全球化贸易的程度很高，但也并不只限于在一个地方生产，会有若干对外投资项目。比如，欧洲的空客集团已经在中国天津建立了总装厂,生产空客宽体客机,然后向全球出口。

相反,某些业务注定是本地化的,必须在本地消费或者体验,无法通过进出口来买卖。一个跨国公司如果要在全球各地经营这种业务,只能通过直接投资于(或者租赁)不同国家的该种业务。比如,以从四季到丽兹卡尔顿、从凯宾斯基到华尔道夫、从洲际到威斯汀为代表的全球化的高档酒店品牌。它们在每个地方的酒店都既有浓烈的本地特色与文化传统,又有全球统一的现代化和高标准的服务流程与品质。

再比如,当代的汽车制造行业就是上述全面全球化的极致典范。几乎所有大的汽车制造企业都在全球多个国家投资建厂,又都在很多国家进行销售,无论是对外贸易还是对外投资都达到了超高的全球化程度。比如,一款美国通用汽车公司的汽车可以在欧洲的某个国家进行总装,然后销售到另外一个国家,但发动机、传输系统、电子系统、座椅、空调等不同的部件则由该公司在法国、韩国、新加坡等不同国家的分部分别生产制造。

当然,仍然有一些行业属于天然的本地化业务,而且暂时尚未有过于明显的全球化痕迹。比如,即使在同一个国家内,婚丧礼仪业务也主要由各个地区本地化经营的企业操办。类似的还有原先的牙医、美发、干洗、裁缝、汽车修理等多种本地性较强的业务。但这些行业现在也正在遭遇全球化的洗礼和侵袭。如今,连生活垃圾都可以跨国倒卖。像火葬场那样纯粹本地化的业务将会越来越少。

组织结构的设计与战略定位的匹配

结构跟随战略。结构又反过来制约战略,影响企业的战略调整或转型。组织结构的设计和作用直接影响企业的权力命令体系、业务的运作流程、知识和技术的传播与输送、跨市场的协调与整合,以及公司总体经营

战略的悖论
拆解与整合

战略的顺畅执行。在过去的一个多世纪以来，先是欧洲多国公司，然后是美国的跨国公司，继而是日本的全球化公司，分别代表了各个时期不同的战略定位与相应的组织结构。在企业界这种国际化发展的自然演进过程中，我们可以清晰地观察到组织结构与国际化战略大致上相互匹配的互动演化。

首先，像依云那样的出口导向业务，其主要任务是进行矿泉水的装瓶（属于制造业），以及全球范围内的品牌宣传和推广。而全球的销售只需要代理经销商大力操办即可，无须自建平台或者渠道。概而言之，本地垄断的产品基本上都有共同的特点。其组织结构本身的主要设计理念在于保证本地产品的制造品质以及生产运营的效率，全球化的压力其实并不很大，不需要在全球各地成立分部。

其次，像四季酒店那样的本地化经营业务，通常被称为"多国公司"（Multi-Domestic Corporation）抑或"多国本地化"的公司而不是"跨国公司"。坐落于一个国家的某个特定酒店不可能被搬到其他国家去"跨国"经营。每个国家的酒店，甚至每个国家内的不同城市的酒店，都有自己独特的传统和个性，因此需要在保持全球一致性的规格和品质的同时进行定制化的经营管理，比如凸显餐饮和文娱设施方面的独特性。也就是说，既要在全球的多个国家强调本地化特色，又要同时拥有全球化的品牌和星级定位。

最早进行多国经营的另外一个典范是荷兰的飞利浦电器公司。比如，在20世纪早期，由于通信和运输等基础设施方面的诸多限制，跨国经营面临很大的挑战和困境。于是多国本地化成为首选。飞利浦同时在德国、法国、英国等多个国家市场上进行本地制造和本地销售，而在不同国家的分部之间则没有贸易往来。大家是一个相对松散的联盟。如此，每个国家市场内生产什么产品，如何定价和销售，该国分部的主管有近乎完全的自主权。公司总部除了提供一定的技术方面的支持，基本不干预各国分部的运营。

对于丰田汽车公司或者索尼电子公司那样的全球化企业，其组织结构主要强调公司总部的集中管控。而这些公司的总部毫无悬念也无一例外地都设立在日本国内。20世纪70年代和80年代，这些公司所有的研发和制造都集中在日本本土。它们在所有国家市场上的出现与作为，主要是进行销售。比如，松下在美国分公司的全称是"松下美国销售公司"（Panasonic Sales Corporation of America）。由于全球化只体现在对于日本本地生产的标准化产品在全球的销售上，这些公司当初的组织结构有些类似于依云公司。后来，这些公司逐渐将其中低端产品的生产制造外包到其他亚洲国家，开始直接在国外投资建厂。而对于新的产品和高端产品，它们仍然坚持在日本生产。即使有了更多的对外投资以及一定程度的本地化举措，其组织结构仍然是高度集权，由公司总部决定公司业务的全球战略布局以及某个具体业务的运营与管理。各个国家市场分部的自主权则极为有限。

无论是欧洲老牌企业的多国战略定位与本地自主管理的组织结构，还是以日本企业为代表的新一代跨国公司的全球化战略定位及其高度集权的组织结构与控制体系，都有一个共同的特点，那就是大家各自专注于自己在各个国家市场的经营，而不同的国家市场的运营之间几乎没有任何交集。也就是说，公司总部直接一对一地管理和各国分部的关系。多国公司甚至在这个维度上的关系也极端薄弱。

与二者略有不同的是以美国为代表的跨国公司。它们不仅强调公司总部与各国分部之间的纵向关系，而且重视不同国家分部之间的横向交流与合作，比如研发与产品方面的共享与互鉴，强调协调与整合以及基于各种相关性的协同作用。大家经常听到的宝洁和IBM等公司内有关亚太区或者大中国区的说法，正是这种部门间关系在组织结构上的正式体现。在背景相似的国家之间有一个区域主管，在给予每个国家分部一定自主权的同时对它们进行统一管理与调配。

如前所述，所谓的"泛国公司"战略与结构，不仅能够妥善地处理公司总部与各国分部的关系，而且可以充分地协调和利用不同分部之间的关系，互通有无，取长补短。只是在现实中，这种模式的协调成本过高，难以顺畅有效地实施，更何况管理者通常天然地抵触协调，并喜好自立山头、随心所欲。这些都是现实的问题。

尽管如此，国际化公司也在渐进不断地尝试新的和相对灵活的组织结构解决方案。比如，有些公司依据业务部门的重要性和战略前景来决定其自主权与控制权的大小。几年前，GE 曾经将其国际业务总部从美国移至中国香港。美国的粮食原料公司 ADM 让其在欧洲业务量最大的大豆业务主管代为管理 ADM 在整个欧洲的各项业务。2012 年，宝洁将其婴儿护理和美容产品业务的全球总部从美国辛辛那提移至新加坡，并将汰渍洗衣粉业务的全球总部移至瑞士日内瓦。

上述举措表明，并不是所有业务的总部都必须驻扎在全球总部或者母国之内。全球化的增长靠的是主要市场上本地化的反应和适应，而不是为了全球化的覆盖程度本身而刻意进行全球化。因此，公司总部不能认为自己无所不能，想当然地认为自己应该统领一切，而是应该尽量地调动各种业务线和区域分部管理者的积极性和创造性，促进公司在各方面的创新。

组织结构对于部门间知识输送的影响

组织结构的主要功能在于界定命令链、不同部门间打交道的方式以及信息和知识在企业内传输和流动的模式。企业与市场的区别，不仅仅在于交易费用的考量，还在于企业通常比市场能够更加有效地在不同的国家和地区之间输送知识和技能。这也是跨国公司存在的主要原因之一。聚焦于公司内不同部门间的知识流动，按照知识输出和知识获取两个维度，阿尼尔·古普塔（Anil Gupta）和维杰伊·戈文达拉扬两位学者将跨国公司内不同业务部门的任务和角色定位分成如下四类。

首先，整合型选手（Integrated Player）的知识进出都很频繁和广泛，既向其他分部输送自己的知识和技能，也同时从其他分部获取技术和支持。通常情况下，整合型选手不可能单独依靠一己之力来进行创新，必须接受来自其他分部的信息与知识的刺激和支持。因此，从组织结构和协调整合的角度来看，该分部往往与公司内的其他分部保持紧密的关系以及频繁的接触，大进大出，大开大合。

其次，全球创新者（Global Innovator）的主要任务是向其他分部单向输出自己的知识，但很少从其他分部获取知识。这种角色早先通常由跨国公司起家的核心业务部门担任。随着技术的传播与扩散，其他国家分部的创新能力也会增强，因此，这个角色由坐落于公司总部之外或者母国之外的其他国家分部担任的可能性也会日益增加。而且，很多国家的高科技公司可能就是一直盯着硅谷等全球创新圣地的新技术苗头。因此，它们的全球创新者很可能就是其硅谷分部。

再次，战略执行者（Implementor）只是大量吸收总部或者其他分部的知识，但本身并不直接创造和输出知识。这种角色与全球创新者正好相反，纯粹是一个执行任务的工具。在很长一段时期内，在中国经营的外国公司，比如惠普，就是这样一种角色。不定战略，不做研发，只做制造或者只做销售，因而只是对公司现有业务的直接复制和简单拓展，被动地接受来自总部或者其他分部的知识和支持。由于全球创新者和战略执行者与其他分部的知识交流基本都是单向的，因此它们与其他分部的关系也许没有像整合型选手那样紧密。

战略的悖论
拆解与整合

最后，本地创新者（Local Innovator）则专注于本地特殊知识的产生与使用，不依赖于该分部以外的组织知识，而且其本身产生的本地化的知识对公司内其他业务单元或者总部也无大用。采用多国战略的企业通常会有较多的此类角色存在于不同国家的市场。分部之间很少有或者几乎没有跨国的学习和借鉴，大家各自为战，忙于开发和改进自己在本地市场的地位。比如，肯德基在中国的创新（油条和皮蛋瘦肉粥）对于其他国家（比如美国）的肯德基业务可能基本没有什么影响。对于总公司的控制职能和指导建议以及与其他国家分部的横向沟通和协调而言，这种角色类型的诉求非常小。

人才的任用与管控体系

在一个国际化的公司（无论是多国、跨国还是全球化公司）中，不同国家分部之高管团队的构成以及一把手的任用，往往直接体现了该公司在国际化和本土化关系上的立场，也彰显了公司对于总部集权化和分部自主化关系侧重的态度。在两个极端上，纯粹全球化的公司和极端本地化的公司，在人员选聘和任命上通常都具有极其鲜明的特色。前者强调对全球化的坚持和对总部的忠诚，后者注重本地化的调整适应和来自一线的创新改进。

首先，全球化的公司通常较为信任来自公司总部的高管人员。这些人员俗称外派高管（Expatriates）。而且，在早期向新闻界的记者圈看齐，一把手往往被习惯地称为"首席代表"（Chief Representative）。称其为"代表"是有道理的，就像我们所熟悉的"借调"（On loan from）一词，每个一把手都是代表公司总部的利益的，只是暂时"借调"给某个国家分部使用。比如，日本全球化企业中的国家分部高管，经常会在不同的国家分部间进行对调。这种做法的一个重要意义就在于时刻提醒外派高管在意识上和行为上要忠于全球总部。

在跨国公司进入中国内地市场的早期，美国公司的"首席代表"们，除了最早先的美国人，通常是来自中国台湾、中国香港和新加坡的华人。这些外派高管一般都在美国总部或者其他重要的国家或地区市场做过管理人员，又与中国内地市场的利益相关者具有相同或者相似的文化背景。可以说，此乃这类公司在强调全球一体化和总部控制时，对于本地化做出的一种相对灵活性的反应。然而，事实上，这类华裔高管又有向总部证明自己坚决执行总部路线的额外负担，至少在某些情形下，反倒不如美国外派高管更容易接受或者容忍某些本地化的举措和尝试。

其次，完全本地化的多国公司或者跨国公司则倾向于任命本地的人才担任高管和一把手。比如，全球著名的制药企业进入中国之后通常会任命本土的职业人士担任高管。制药行业在销售层面是极为本地化的业务，强烈地依靠与政府的关系（决定药品是否能进国家医疗保险的单子）、与医院和医生的关系（决定其是否愿意进药和开处方）、与各大商业医疗保险公司的关系（决定其是否愿意支付国家医保以外的自费药品）等。在这种情形下，出于熟悉内情和关系便利的考虑，一把手与高管团队的本地化乃是势在必行。

还有一点值得提醒。国际化公司与东道国本地的职员、公众和政府对于本土化的侧重点和重要程度的理解往往是有差距的。当这种差距过大的时候，就会产生重大的矛盾和冲突，一时间沸沸扬扬、难以调和。比如，在20世纪末的几年里，原任IBM中国公司高管的吴世宏女士经历了从被IBM解职到转投微软一年之后又转投TCL的传奇故事。这位护士出身、自学英文后从跨国公司服务生干起的外企高管，从未有过留洋的经历，能够在著名的美国公司担任高管，实属难得。故事背后的影响因素很多，但离开两家公司的主要原因之一，就是她与公司总部在对跨国公司本地化的解读上存有差异。到底是 IBM 中国还是中国 IBM？是中国微软还是微软中国？她希望完全本地化的言行以及对人事等领域自主权的渴望并未得到总部的认可或赏识。而且，这种自主化的诉求与当时 IBM 中国区的地位极不相称。中国区的业务量当时在两家公司的总收入中的占比非常小，位微言轻。

再比如，西门子的助听器虽然是一个全球化的产品业务，但其早期按照全球化的思路在中国经营完全水土不服。在意识到中国区即将爆发的巨大发展潜力以及本地化经营势在必行的事实之后，西门子果断地启用了来自中国本土的职业人士作为主管中国区产品制造和营销的一把手。随后，其业务在中国实现了突飞猛进的发展。全球一体化的优质产品与本地化的销售服务得到了较好的融合。中国区还出现了全球最大的西门子助听器销售单体店铺。

还有一种做法是通过对不同类别的管理人员的倚重来处理全球化和本地化的关系。巴特利特和高沙尔曾经把全球化公司各种掌管不同国家分部的管理者分为三大类：

业务主管（Business Managers）主要指的是负责某项具体业务或者事业群的管理者，比如 GE 在中国的飞机引擎业务上的一把手。这类管理者的三大职能主要集中在对于一个独立的业务在竞争和运营方面的各种决策上，要扮演经营战略家、架构设计师和运营协调者的角色。

国家主管（Country Managers）主要是协调该国的总体业务之间对于行政管理、后勤支持以及（尤其是）政府关系和法律事务等方面的服务需求，比如 GE 中国区的区域一把手。这类管理者的三大职能包括环境感应者、关系构建者和业务贡献者。

职能主管（Functional Managers）则是主管某个国家市场分部中的具体职能领域活动的管理者，比如，GE 在中国飞机引擎业务上的财务主管。这类管理者的三大职能包括环境监控者、跨域融合者、项目倡导者。

另外，公司总部层面的管理者们也有自己独特的使命。他们的三种主要职能是领导者、人才星探以及人才培育发展者，要合理恰当地调配和使用上述三类专业人才。

对于业务线高管的倚重通常意味着对全球一体化以及产品创新的促进。而对国家区域经理的青睐则通常意味着对该国本地化的重视和承诺。有些时候，为了增进国家地域市场管理（比如政府关系）与业务发展之间的沟通、协调与整合，有些公司会让一个国家的区域主管与该国市场上最大业务线的主管进行轮岗对调。另外，如果业务主管和职能总管主要是向全球总部直接汇报，而且其业绩评定与薪酬奖励主要是由全球总部来评定，就意味着公司对全球化的侧重以及权力的相对集中化。如果二者的主要业绩评定和汇报关系是由该国市场的国家主管来主导，那就可能表明公司在该国市场上的业务有足够的分量而且需要并鼓励基于较大自主权的本地化经营。

负债效应与溢价效应

在整个国际管理文献中，也许最大的一个悖论就是跨国公司的"外国性"（Foreignness）问题。对外国性的关注点是从负面开始的。斯利拉塔·扎赫尔（Srilata Zaheer）于1995年提出了所谓"外国性负债"（Liability of Foreignness, LoF）的概念，亦称"外国性成本""异域不利性""外国劣势"等。其核心的意思是指在某个东道国经营的跨国公司作为"外来户"（外国企业）所面临的诸多不便甚至歧视，并因此要比东道国的当地企业多承担的那些额外的费用。

在深入探讨之前，也许有必要澄清"在海外经营的额外费用"（Costs

of Doing Business Overseas，CDBO）与"LoF"所产生的费用之间的关系和差异。

其一，比较的基准不一样。CDBO 是一个在海外经营的企业相对于只在自己母国经营的情形而言需要承担的额外费用，比如运输成本、关税壁垒、在海外进行谈判以及合同履约过程中发生的额外成本，以及本国政府对出境经营的限制等而产生的费用。而 LoF 则是一个在海外经营的企业相对于海外东道国本土的企业而言需要承担的额外费用。

其二，虽然有些人认为 LoF 可以被看作总的 CDBO 的构成部分，但二者在特质上有着根本的不同。CDBO 主要是由于经济因素和地理距离因素产生的费用。而与 LoF 相关的费用则主要发生在认知层面、制度层面和社会领域。比如，到海外开展业务的企业，作为"外来户"，对东道国当地社会和市场不熟悉，可能会遭受到歧视，以及在建立关系和信任方面面临挑战和风险。概而言之，到海外市场经营的跨国公司的"外国性"主要是一种负担、障碍和劣势，故而才有"外国性负债"之说。

以此观之，外国性负债可以被看成一个国际化公司（多国公司、跨国公司、全球化公司）在东道国市场上实现本地化的进程中所必须耗费的支出。也就是说，本地化并不是一种貌似轻松乖巧的说辞和表态，而是一种对学习、适应、调整和谈判过程的持续承诺，故而的确是有成本的。然而，遗憾的是，也许出于先入为主的原因，"外国性负债"成了国际管理文献中被广为滥用的一个概念。凡是谈到进入海外市场，大家几乎注定要提及抑或套用外国性负债之说。好像外国性负债完全是一种负担，没有丝毫的益处和优势。这在很多场合下显然是一种随波逐流、言不由衷的荒唐与夸张之言。

可以想见，企业本身的竞争力与独特性、国与国之间的关系和经济发展水平上的差距、不同国家的文化对外来者的态度与接受上的开放程度，

第七章 本土与国际

不仅会影响跨国公司的外国性负债的程度,而且也会给它带来诸多的在东道国获取关系和资源的便利、民众和消费者的追捧与赏识,以及政府政策优惠等东道国本土企业无法得到的特殊优势。试想,在一个极端崇洋媚外的国度里,来自外国的企业通常享有的是其外国性带来的各种优势,而不是劣势。

值得欣喜的是,最近已经逐渐有声音不断关注此类"外国性益处"(Benefits of Foreignness)、"外国性资产"(Assets of Foreignness)等"外国性优势"。笔者则偏好使用"外国性溢价"(Premium of Foreignness)来指代所有由于一个跨国公司的外国性而带来的额外收益。这与外国性负债所带来的额外成本相互对应。应该说,只是一边倒地强调外国性负债而忽视外国性溢价的存在,乃是一种不假思索和无视现实的盲目行为,不仅对于外国性的理解失之片面,而且立意轻浅,极端缺乏悖论的冲突与张力。下面我们首先详细比较二者的特质异同,然后考察二者的多种组合情形。

外国性负债与外国性溢价的对比分析

为了更好地说明问题,我们不妨再次清楚明确地给出外国性负债以及外国性溢价的定义。简单地说,外国性负债指的是一个跨国公司在某个东道国市场上因为其外国性本身所必须承担的那些东道国本地企业无须承担的额外费用。与之相反,外国性溢价指的是一个跨国公司在某个东道国市场上因为其外国性本身而享有的那些东道国本地企业无法获得的额外收益。

首先,需要指出的是,负债和溢价从概念上讲并不是单一维度的两个极端,而是两个不同的维度。因此,通常情况下负债和溢价无法直接互相抵消。比如,在一个本地企业公信力丧失而且极端崇尚国外企业的国度,跨国公司的诚信度和公信力可能就只是溢价,再差也不可能变成负的,或

战略的悖论
拆解与整合

者滑到本地企业的平均值以下，因此不可能变为负债。相反，在一个对于自己的军工企业极端保护的国度，任何外国军火企业都可能会遭遇某种程度的外国性负债。它们即使做得再好，也顶多是和当地企业持平，获得可以平等竞争的资格，而不可能比本地企业获得更好的政策溢价。这是负债和溢价通常在维度上的不同。

当然，也有某些情形，溢价和负债确实是在同一个维度上或者谱系上流动。比如税收，一个跨国企业刚开始可能会由于政府的急于招商引资而获得比当地企业更加优惠的税收减免。随着当地企业的不断成长，它们可以为本国经济独自贡献早年只有跨国公司才能贡献的力量。此时，跨国公司享有的税收优惠就可能会被取消。而随着该国贸易保护政策的施行，作为外国企业的跨国公司，即使在该东道国本地经营，也仍可能会被要求缴纳比当地企业更高的税负（包括关税在内）。如此，仅在税收这一个方面，跨国公司的外国性溢价就可能在不同的时间段上变成外国性负债。当然，由不熟悉到熟悉，由被限制到被鼓励，由遭遇歧视到广受青睐，原先的外国性负债也可以转变成外国性溢价。

其次，需要澄清的是，上述负债和溢价所占据的每个维度也不是单一的成分，而是分别由多种指标构成。因此，在同一个东道国市场上的同一个跨国公司，可能在某些方面遭遇外国性负债，也可能同时在其他方面享有外国性溢价。不仅如此，有些时候，即使在同一个维度上或者同一个领域内，一家跨国公司也可能一方面享有溢价而又同时在另外一方面承受负债。跨国公司需要对溢价和负债同时进行管理。这正是二者关系的张力所在。

比如，在企业对社会责任的承诺这个维度上，一个跨国公司的良好形象可以体现在慈善募捐、社区贡献以及对员工及其家庭的关照等多种指标上。也许由于公司全球政策的规定，一个跨国公司可能在某东道国内的社

第七章 本土与国际

区贡献和员工与家庭关照上有口皆碑、广受褒扬,因此溢价细水长流。但在该国重大灾难的节点上,该公司可能拒绝捐款并因此有损公众形象,故而负债骤然提升。

另外,需要强调的是,虽然在成本收益上方向完全相反,但外国性溢价和外国性负债有着天然的共性。也就是说,无论是负债还是溢价,二者在总括的层面都是由于"外国性"本身而产生的。比如,外国性溢价就区别于本章第一部分中谈到的跨国公司从全球化整合中得到的规模经济、范围经济、学习效应、跨国补贴等竞争优势。同时,它也不同于该公司的独特竞争优势本身,比如一个公司在绝缘材料上的独门绝技。还有,它也不同于东道国市场本身固有的经济要素上的优势,比如拥有橡胶等价格低于全球市场均价的自然资源或者廉价的人力资源。最后,它也不是来自跨国公司母国由于鼓励自己的企业走出去拓展全球市场而给予的政府补贴。

这种外国性溢价纯粹是来自东道国政府机构以及各类制度安排、民众社区、消费者群体和各种利益相关者对于所有外国公司的好感、信任与优待。同样,外国性负债也是由于"外国性"这一特质本身,来自东道国上述机构和人群对于所有外国公司的怀疑、戒备和歧视。

还有,需要进一步说明的是,给定上述对"外国性"本身的强调,在不同的国家和不同的阶段,对于"外国性"的解读(程度与类型)并不一定是同质单一的。在某些国家,尤其是向跨国公司开放自己的市场之初,所有只要是来自外国的企业都会自动得到本地企业无法获得的优待,或者无一幸免地遭遇本地企业无须经受的怀疑。这是"外国性"本身效应最为典型的情形。

此后,随着东道国自身的发展以及大家鉴别能力的提升,只有来自比自己发达的国家的跨国公司才可能会得到外国性溢价,而那些来自比自己经济发展程度低的国家的跨国公司则可能会遭遇外国性负债。而且,即使

战略的悖论
拆解与整合

对于那些来自发达国家的跨国公司来说，如果在其主要经营的行业中其母国并无先进性可言，它也很难得到外国性溢价。

最后，母国与东道国的制度差异和文化差异也会影响外国性的具体效应。比如，在欣赏和崇尚美国文化的日本，迪士尼乐园可能会享有外国性溢价。而在巴黎，迪士尼乐园则可能遭遇外国性负债，水土不服。一方面，美国与法国乃至欧洲主流国家的文化背景相近，而且很多与迪士尼影视作品主题相关的故事本身就是来自欧洲。因此，法国和欧洲受众可能并没有感受到迪士尼文化的优越之处。另一方面，美国公司也不善于去体验和挖掘欧洲不同国家文化的区别。这种对当地文化和消费习惯的不理解，也可以被看作外国性负债的一种。

美国人可能会全家到迪士尼游乐一周，吃住都在那里。而欧洲人可能去公园就是一天的活动，午餐自带三明治。坐落在巴黎郊区的欧洲迪士尼曾经在全球化和本地化之间不断摇摆。比如，它曾经尝试着提供数十种不同口味的咖啡，去满足多个国家和地区不同种族和阶层游客复杂多变的口味需求。这无疑也与主题公园标准化经营的理念和流程大为相悖。在传统形象上，巴黎是所谓的浪漫之都，通常是父母把孩子撇在家里而自己去的地方，而迪士尼恰恰是要全家一起去的地方。

负债与溢价之间的组合与张力

外国性悖论的张力体现在负债与溢价的同时存在。如果我们在外国性负债和外国性溢价这两个维度上同时分别以程度高低来划分，那么我们可以从 2×2 矩阵中获得四种组合状态。我们不妨考察一下每种组合的具体特点并用现实中的案例予以解读。

首先，张力最为饱满的是二者双高的组合。一个跨国公司在充分享有外国性溢价的同时，又饱受外国性负债的困扰。比如，由于优步的出现，大家可以通过手机随时叫车出行。这一来自美国的新型商业模式很快在全球风行。像脸书、亚马逊和谷歌一样,优步的技术优势和品牌优势迅速地获得全球多个国家消费者的青睐。此乃其外国性溢价的一面。然而,在德国、西班牙、泰国等国,政府严格限制甚至明令禁止优步开展业务。这可能是政府出于交通管理的稳定可控考虑,可能是要保护现有的出租车和交通运营商的利益,也可能完全是优步没有时间、耐心和机会去理解各个国家交通法规与管制的复杂和神秘。

再比如,苹果公司一方面通过其 iPad 和 iPhone 在中国市场上风光无限地享有外国性溢价,另一方面又由于为其代工的富士康员工的工作紧张和待遇低廉而遭遇抨击和异议。此乃其外国性负债的一面。又比如,在北京多家顶级日本料理店,人均消费额已然超过 1 000 元人民币。显然,日餐有着特定的外国性溢价以及原产国食品行业的形象溢价。有些店甚至专门聘请日本著名厨师主理。但如果哪天遇到大规模的反日游行,这些店家注定会提心吊胆。这也是一个特定版本的外国性负债,或曰"某国性负债"。如何提升溢价,减少负债,最终使得溢价高于负债,是此类组合面临的挑战。

其次,是负债压倒溢价的情形。尤其是来自传统上经济欠发达国家的跨国公司到老牌经济发达国家的市场上去经营,它们将主要面临外国性负债,而很少会有外国性溢价。比如,无论是联想还是华为,在美国市场上都会受到外国性负债的困扰,尤其是对中国企业在知识产权上的质疑以及对美国军方和政府机构等重要客户进行销售的限制。可以说,有些领域的外国性负债或者原产国负债是基于长期的成见和偏见以及永久的利益之争,基本上是难以化解或者消除的。在这种情形下,跨国公司能够做到的主要是增强和拓展自己在其他新创领域的外国性溢价,比如,产品的不断创新迭代以及对于可靠性和性价比的强调等,都可以帮助其提升消费者好感,增进其形象溢价。韩国的现代和三星等企业就是通过这种方式在美国发展和成长起来的。

再次,是溢价胜于负债的情形。跨国公司尽情享受外国性溢价带来的优势和收益,但又很少受到外国性负债的羁绊和困扰。这种情形无论是在文献中还是在现实里都相对少见。也许,这种组合主要发生在一个国家极端需要外资和先进技术来刺激并启动其经济发展的早期阶段。如今,大批中国企业涌向非洲,也从一个侧面说明,中国企业在非洲当地获得的外国性溢价应该是多于相关的外国性负债的。

另外一种情形,则是东道国本地的某些行业的发展水平与国际主流的跨国公司有相当大的差距或者缺乏足够的诚信与合法性。比如,在婴儿奶粉和药品行业,跨国公司,包括中国企业或者个人在国外注册的品牌,都会或多或少地享有外国性溢价,而基本上没有外国性负债。面对这一组合,跨国公司要不失时机地抢占地盘,并且要刻意地重点强调其诚信和社会责任感以及产品的优质可靠。

最后,也存在这样一种组合,外国性溢价和外国性负债都很小。或者简单直白地说,外国性可能根本不是问题。比如,在纽约曼哈顿,一代又一代的来自各国的精英人士和渴望成功的各类年轻人于当地聚集。大家都说英语,每个人都有口音。这就是一种有意思的场景,大家来自五湖四海,都是外国人,或者曾经是外国人。这种情境下,在很大程度上,大家主要看的是产品本身的特色和性价比,很少去仔细关注产品和服务的外国性、本地性或者全球性。

或者,与此相关,当一个市场足够成熟时,跨国公司可能比比皆是,倒是本地企业几乎没有。此时,外国性是一种常态。比如,某些外国银行在某地经营如此之久,以至于大家都把它当成一个本地企业来看待。如此,外国性就是本地性;本地性的常态就是外国性充斥,外国企业主导。

比如，在国际大都市和旅游胜地迪拜抑或新加坡，你能想象的世界知名品牌可能都能找到，无所谓本地或者国外。在这种组合里，跨国公司最好不要去在意所谓的外国性，而是要专注于自己的形象特色和全球整合的优势。

本章小结

随着跨国公司的不断崛起和持续盛行，各国企业的国际化浪潮甚嚣尘上、风起云涌。全球一体化的生产制造和营销与消费到底实现了吗？在某些行业，答案是完全肯定的，比如汽车和电子产品。在某些行业，远远没有全球化的踪影，比如本地小吃抑或发廊影楼。还有一些行业可能正在经历国际化和全球化的洗礼，比如博彩业和俱乐部足球。也许可以说，越来越多的企业将会越来越多地受到国际化和全球化的影响。怎奈何，从规模经济到范围经济，从时序经济到学习效应，从跨国补贴到跨国套利，从供应链的跨国整合到整个价值创造过程的系统性优化，全球化的优势充满了魅力和诱惑。

尽管如此，整个世界还不是平的，虽然局部世界可能已然非常齐平。大规模的全球一体化运动每天都在紧锣密鼓地进行，但反对全球化的声音与行动也是随处可见，全球各地接二连三地出现各类有组织的抗议和游行。国家差别的存在、民粹主义的升温、贸易保护主义的抬头、意识形态的冲突、经济利益的纷争，这些因素都意味着我们仍将在各自相互割裂的主权国家内存在和营生。靠全球化吃饭的跨国公司、多国公司和全球化公司，在利用上述与全球化相关的优势的同时，也必然需要面对不同的国家和地域市场上不同的消费者群体的特殊偏好以及各方利益相关者的迥异诉求。

战略的悖论
拆解与整合

如何应对全球整合与本地适应之间的关系及冲突，乃跨国公司的战略管理者必须应对的挑战。如此，跨国公司需要慎重地衡量和选择其总体战略定位，妥善地设计和维护其组织结构、控制体系和各种流程，关注不同部门和单元间知识传输的模式，掌控公司总部与各国分部间的分权和集权，以及灵活而高效地进行管理人才的遴选和任用，从而力争实现顺畅的协调与整合，同时关注并平衡全球整合与本地适应。

就全球化和本地化的关系而言，还有一种考量，是如何解读和应对跨国公司在各个东道国市场上的"外国性"问题。是入乡随俗，成为本地情境中的普通一员，还是特立独行，保持自己作为外商的形象和个性？可以说，这更是一个权变性的问题，其答案取决于跨国公司母国与东道国的关系和地位差距，东道国的经济发展阶段、对"外来户"的容忍和接纳程度，以及跨国公司所从事的主要行业等多种因素的作用和影响。显然，外国性负债、成本和劣势以及外国性溢价、收益和优势可能同时存在。对于二者关系悖论的理解和把握，乃是从容应对全球化和本地化关系的一个良好的认知基础和行动支点。

第八章 风险与收益

企业战略管理的常态，意味着在高度复杂和不确定情境下进行的通常是不可逆转或不可取消的大规模的资源投入。风险是注定会存在的，而且往往不以人们的意志为转移。如此，企业的风险管理乃是战略管理的一个重要组成部分，不仅包括对最终经营绩效风险的把握与掌控，而且包括对于涉及企业运营各个方面的风险的直接防范和应对，比如企业面临的政治风险、法律法规风险、金融与财务风险、自然环境风险和社会责任风险等。有些风险涉及一个经济体或者行业中的所有企业，有些则是针对某些特定企业个体而存在的独特的风险。如何应对风险——是积极冒险还是尽力规避抑或是尽量做到中性稳健——则是企业在一定程度上可以自主选择的一种姿态和方式。

大凡世人，都喜欢收益，厌恶风险。此乃常理。企业大抵亦是如此，避害趋利。事实上，任何现存的决策理论都会多多少少地假设，在其他条件相等的前提下，人们往往会倾向于偏好较高的收益和较低的风险，喜欢增大自己的收益，降低自己的风险。到底什么是风险（Risk）呢？简而言之，风险可以被认为是人们的行动可能导致的结果的变异度（Variations），体现为各种可能结果的分布情况（Distribution），比如结果的数量和种类以及它们之间的关系模式、不同结果发生的概率（Probability），以及人们对不同的结果基于主观判断而赋予的价值（Value）。

战略的悖论
拆解与整合

既然风险在某种程度上涉及主观的价值判断，这也就意味着不同的人和组织对于风险的偏好程度是不一样的。有些人喜欢平稳行进，不愿意大起大落；有些人喜欢铤而走险，不惜身败名裂。以此推论，各种有关风险的理论和传说，也可能是相对割裂的或者互相矛盾的。道理很简单，这些理论通常是采用不同的方法针对不同情境下的不同的人进行研究而总结出来的，可能只是分别适用于不同的人群和特定的时空组合。比如，行为决策研究的结果表明，人们在选择获得不同大小的收益时，可能倾向于保守或曰厌恶风险（Risk Averse），而在选择避免损失时，则可能更加激进夸张。也有的理论认为，人的风险承受能力和风险趋向是相对固定的，基本上不受情境的影响。再有就是决策者是否受过相关的职业训练。比如，一般人听到枪声，本能的反应是弯腰或者卧倒，伺机躲避，而受过专业训练的职业保镖则要冲着枪响的地方去防堵子弹，旨在挡住其保护对象。

而且，不同数量级的收益和损失，也可能会影响人们的风险偏好或者对自己承受能力的判断。比如，同样是50%的潜在损失，投资10元损失5元不是什么值得在意的大风险，而投资10亿元损失5亿元的决策就可能是完全难以接受的结果。也许，10元的事儿无须过脑子，没有决策含义，而10亿元之类的大规模的不可逆转的投资决策才具有战略意义。如此，人们的风险偏好的确是会随着数量级的变化而变化的。当然，这也取决于一个决策者日常决策过程中所面对的数量级本身。如果一个决策者日常的决策就是千亿元级的，那么他眼里的10亿元跟一般人眼里的10元在数量级的意义上也许差距不大。问题的关键是，多大的数量级可以被决策者实际上认为是重大的？

常言道：重赏之下，必有勇夫。相对于贫困和死亡，有些时候，可能活下来本身就是重赏，值得不惜一切代价去追寻。中国学者吴思曾经采用"血酬定律"来说明这一点。黑道上的土匪是以自己的鲜血和生命本身为

第八章　风险与收益

代价进行寻租的。土匪所有的报偿都可以被认为是自己以鲜血和生命做质押带来的酬劳。即使是在这种情况下,如果给人们一个选择的机会,估计大多数人也仍然不愿意落草为寇。只要能作为老百姓平稳地生存,就没必要以生命为筹码去赌博获利。心理学的研究也表明,给定同样的预期收益值,大家更愿意用风险小的方式获得,而不愿意诉诸赌博等风险较大的方式。

一旦进入企业界,风景也许会有所不同。企业要比个人从本质上更加敢于冒险,创业者也往往比一般人更加敢于冒险。一方面,人的生命只有一次,故而大家格外珍惜,不会轻易鱼死网破,动不动就以身家性命为筹码进行豪赌。而若是企业倒了,还有机会再来。企业中的人要么换一个地方重整职业生涯,要么自己创业当老板,总之还可以继续干下去。另一方面,也更为重要的是,企业通常是由资本驱动的。在资本经济体系中,资本的本能是逐利。创新经济学的鼻祖熊彼特曾言,创新是资本经济的引擎,使其得以突破稳定的静态循环而不断发展。而创新的原动力就是资本逐利的天然倾向。

熊彼特早年曾经信奉的马克思在其名著《资本论》中引用过同时代英国作家、工会组织者托马斯·邓宁(Thomas Dunning)的一段名言:

> 一旦有适当的利润,资本就胆大起来。如果有10%的利润,它就保证到处被使用;有20%的利润,它就活跃起来;有50%的利润,它就铤而走险;为了100%的利润,它就敢践踏一切人间法律;有300%的利润,它就敢犯任何罪行,甚至冒绞首的危险。(《马克思恩格斯选集》第二卷,人民出版社2012年版,第297页。)

以此观之,若要使人不惜生命代价去冒险,一定要有足够的收益作为终极诱惑。高风险,高收益;高收益,高风险。收益与风险是紧密地联系在一起的，二者之间具有正相关的关系。不仅我们的常识预期如此，而且现代金融学中的资产组合（Portfolio Theory）理论亦是如此推断。通常情况下，文献中经常采用的一个测量风险的指标是收益（Return）的波动变化，即方差（Variance）。收益亦可称为"回报"。为了行文一致，本章全部采用"收益"一词。在一个特定的时段（比如5年）内，先对该时段内每年（或者每个季度）的收益求取平均值（Mean），然后再看每年（或者每个季度）的收益值相对于该平均值所展现的方差。按照上述常识和理论推断，二者之间的关系应该是正相关的。

然而，世事纷繁复杂，总有离散点和悖论存在。1980年，麻省理工学院的教授爱德华·鲍曼（Edward Bowman）提出了所谓的"鲍曼悖论"。根据对多个行业样本的观察，鲍曼发现股权收益率（ROE）的均值与其方差的关系之间乃是负相关的，而不是上述常识和理论推断的正相关。也就是说，高收益企业的风险通常较小，低收益企业的风险反而更大。如此，鲍曼悖论引发了金融学和战略管理等多个学科的众多解读、检验和拓展，相关的研究潮流至今仍然延续不断。同时，这也是整个战略管理研究领域内甚为少见的直接以"悖论"命名的一个研究领域和学术专题。

如何看待鲍曼悖论？企业如何预期并管理自己所追求的收益以及可以接受的风险？本章集中探讨企业风险与收益之间的关系。首先，我们详细讨论鲍曼悖论的各种解读及其管理含义。其次，我们讨论与企业的业务进入选择相关的风险与挑战。最后，我们考察与企业的业务退出战略相关的风险及其应对。

低度风险与高额收益

如上所述，鲍曼悖论的提出不仅挑战了大家在世俗层面所信奉的常识,也使得一些大家习以为常的金融理论逐渐饱受质疑。风险与收益的关系本应遵循同一方向的运行轨迹,怎么反倒成了相反方向的背离运动?低收益怎么可能与高风险扯在一起呢?这不是没有重赏也会有勇夫吗?而高收益怎么可能风险较低?天下还有这样一举两得的好事?我们不妨来看鲍曼教授自己的解释以及后续研究得出的相关结论。

鲍曼悖论的解读

第一,是测度指标的问题。ROE乃是会计指标,它测度的是企业经营活动本身的绩效。如果采用资本市场的指标(比如企业的股价和分红),则悖论可能不再存在。鲍曼教授自己首先清醒地意识到,在企业经营活动面临的竞争市场上与证券资本市场上通行和适用的也许是不同的逻辑。前者可能会有不符合预期的异象(Anomalies)的长期存在(比如某些企业的高收益和低风险),而后者则可能会迅速纠偏从而实现均衡。也就是说,假设资本市场是有效率的,资本市场会很快地调整不同企业的股票定价,使其准确地反映正常的市值。至少在资本市场的表现上,有足够的证据表明,股票的收益与其风险(波动)是成正比的。而且,那些在会计指标上具有低风险和高收益的企业,其股价在证券市场上将会被定得较高。这样也会降低它在证券市场上对于投资者的收益率。如此,鲍曼悖论在资本市场上应该是不存在的。

这里,有必要先澄清一下系统性风险和企业特定风险的概念。现代金融学认为,通过适当的企业股票投资组合(Portfolio of Securities),一个投资者可以对所投资的每个特定企业面临的与自身运营相关的企业特定风险(Business-Specific Risk)或者非系统性风险(Unsystematic Risk)进行分散和防范。而该组合所不能分散掉的风险则被称为系统性风险(Systematic Risk)。对于投资者而言,既然非系统性风险可以通过适当的投资组合来

战略的悖论
拆解与整合

解决,那么这种风险就不再是问题。需要关注的主要是系统性风险问题。与此不同,对于企业管理者而言,需要应对的则是包括系统性风险和企业特定风险在内的总风险。

第二,"优秀的企业管理"(Good Management)这一要素也可以解释鲍曼悖论的存在。优秀的管理可以使企业的经营收益较高而同时风险较低。具体而言,管理者可以通过"平滑业绩"(Income Smoothing)来降低以会计指标衡量的企业收益的波动。既然收益平均值较高,就说明在收益最高的时候有足够的潜力来保存或截留较高的业绩,以备低谷或者下降时的应急之需。也就是说,优秀的管理在于合理地规划投资者和观察家对于企业绩效的预期,从而有意识地避免和防范大起大落。要主动地把握费用分摊以及盈利归属的时间节点,不能在某个丰收年一股脑地把业绩全部释放出来,这样做一是避免吊起大家的胃口和调高其预期,二是暗地里在后台准备补偿未来灾年的业绩。

GE 的上一任 CEO 伊梅尔特在刚上任的时候,曾经遭受其伯乐和前任韦尔奇的批评:我不在乎你今年业绩下滑这件事本身,我担心的是你还没有掌握如何管理当年的"业绩分布与实现"以及大家对业绩的预期。言下之意,伊梅尔特"平滑业绩"和"挖潜"的意识和能力还有所欠缺,无法在给定的时间段内释放潜能,给当期的业绩涂脂抹粉。在体育界,苏联曾经有一位著名的撑竿跳高运动员布博卡,总共打破了 35 次世界纪录(包括室内和室外比赛),每次只比原纪录高 1 厘米。如果一次把自己最高的纪录跳出来,就再也不会有那么多次的冠军奖杯和打破世界纪录的奖金了。显然,前提是你确实已经大幅度领先,或者有较为确定的收益增长潜质。

另外,除了平滑业绩这样的业绩规划与"美容"活动,优秀的管理也可以通过企业内外的互动来对业绩管理做出实质性的贡献。产品声誉、

第八章 风险与收益

消费者认可、员工敬业、良好的供应商和渠道关系、融资便利、政府关系，等等，都可以帮助处于强势地位的企业提升业绩。比如，关系网强大而又忠诚敬业的董事会，可以通过谈判、磋商和拉拢等多种手段与多方机构保持良好的关系，及时获取信息与各种支持，从而降低企业可能面临的各种风险。

第三，成功的企业战略可以通过造就企业在市场上的强势地位来提高自己的收益并同时降低自己的风险，尤其是非系统性风险。通常的情形是，强势的企业给别的企业带来风险，而不是自己面临弱势企业和其他对手带来的风险。鲍曼教授的这一推断，也许是战略管理者最为欣赏的对鲍曼悖论的解读方式，因为这种解读给企业战略决策的功效留下了广阔的想象空间和足够的归因赞誉。值得庆幸的是，这一推断在后来的实证研究中得到了充分的验证和强烈的支持。

如前所述，在金融学的资产组合理论中，常见的共识是投资者可以通过分散自己的投资而降低非系统性风险。俗话说，不要把所有的鸡蛋都放在同一个篮子里。当然，这是针对证券市场而言的。然而，在企业经营领域里，情况则大不相同。迈克尔·鲁巴特金（Michael Lubatkin）和萨扬·查特吉（Sayan Chatterjee）的研究结果表明，企业的风险和收益是一个互为镜像的关系。绩效最高的企业恰恰也是风险最低的企业。这类企业主要是采取有限（适度）相关多元化战略的企业。它们通常拥有某种核心竞争力并在相关的市场上占有强势地位。过分地进行多元化，不仅不能降低风险，反而可能会因为摊薄实力而削弱自己的收益并同时增大自己的风险。这里的经验是，不要把所有的鸡蛋都放在同一个篮子里，但也不要把鸡蛋放在太多的篮子里（以至于自己都记不清了），而是要把它们放在若干结实的篮子里，仔细看管和保护。

第四，企业收益与风险的负相关性也可能是由于低收益企业的过分冒险倾向而造成的。无论是心理学的前景理论（Prospect Theory）还是行为决策理论（Behavioral Decision Theory），二者基本上都假设人们在面对收益的时候可能会更加保守，而在面对损失的时候则可能会更加激进。具体而言，决策者通常都会有一个对决策结果的预期目标（Target）或者意愿（Aspiration）。当决策的结果在预期目标或意愿数值之上时（比如收益已然较高的那些企业），决策者就可能会趋于保守。这时，我们观察到的收益与风险的关系应该是常识中体现的正相关的关系。可以说，所谓的鲍曼悖论并不存在于这个场景。至少对于高收益（收益达到预期目标或意愿数值）的企业群体而言，鲍曼悖论不适用。

而当决策的结果滑落至预期目标和意愿数值之下的时候，决策者反倒显得格外激进，更加容易去采取较为冒险而不是保守的行为。也就是说，那些收益较低、业绩较差的企业可能并不安于困境，通常会更加敢于冒险。在这些企业身上，我们应该看到低收益与高风险的组合，二者乃是负相关的关系。这正是符合鲍曼悖论的情境。可以想见，在一群企业中，如果大多数企业的收益低于某种预期的参照指标，即使某些业绩较高的企业之收益与风险关系是正相关的，对全体企业而言，收益与风险的总体关系仍然可能是负相关的。这时，鲍曼悖论就会占据主导地位。

在后续的多项研究中，上述结论得到了广泛的验证。尤其是在对衰退企业的风险行为的考察上，菲利普·布罗米利（Philip Bromiley）与同事进一步发现，业绩较差的企业或者正在衰退的企业并不会自甘沉沦，也不会谨小慎微，而是会更加激进冒险地去企图扭转困境，比如尝试进入新的业务领域。然而，遗憾的是，这种激进冒险，尤其是在企业资源裕度（Organizational Slack）较为缺乏的情形下，通常会带来进一步的衰退与业绩低下。这似乎是一个死循环。

第五，风险的定义和测度以及研究样本的特点与时间跨度也会影响对鲍曼悖论的检验和解读。如上所述，我们对于用波动来测度风险的方法在理解和把握上可能也需要某种更加清晰精准的界定。给定某个参照指标，自己的均值也好，预期的目标也好，对标企业的指标也好，行业平均值也罢，无论是哪个参照系内，如果结果是在参照指标之上波动，那就只能算是在高收益区间内的波动，应该不能算是风险。在人们的心目中，真正属于风险的是收益跌破参照指标，在预期值之下的波动和变化。也就是说，波动本身不一定意味着风险，关键要看在什么区间内波动。收益大小或多少往往不算是风险，损失大小或多少才是真切感受到和意识到的风险。

另外，对于波动作为风险测度指标的一个更加严苛的解读，可能是只专注于收益向下移动（Downward Shift）的可能性。因为向上移动（Upward Shift）往往是被当成机会看待的。上行不是风险，下滑才是风险。如此，不加区分地采用整个区间的所有方向的收益波动来测度风险也许是不恰当的。然而，至少就研究处理上的挑战而言，只关注下滑风险的研究是难度甚大的。

总的说来，悖论的存在可能取决于多种因素。有些是管理和战略之功，有些可能源自研究过程中方法和样本的特殊性。基于不同时期（比如经济平稳发展时期和剧烈波动时期）的样本的研究，往往会得出收益与风险关系之间的不同结论。可想而知，理论文献中界定的风险、管理决策者实际感知到的风险，以及客观存在的风险之间总是有差距的。如此，对风险的不同测量方式也会影响检验结果。

鲍曼悖论的管理含义与启示

一般而言，优秀的管理者不会畏惧风险，他们往往勇于承担经过审慎分析的风险（Calculated Risk），而不会盲目地随意赌博（Gamble）。其实，鲍曼教授在上述与管理和战略相关的解释中已经给出了鲍曼悖论的管

战略的悖论
拆解与整合

理含义。首先，一个企业要争取构建和保持自身在市场上的强势地位。这种地位可以使得鲍曼悖论中收益与风险的负相关关系持续存在，一举两得。证券市场上的投资者希望尽可能地分散企业个体层面的非系统性风险。而在企业经营活动赖以展开的产品和服务市场上，企业的战略管理正是要利用自身的主导地位和竞争优势来操纵非系统性风险，给别的对手带来风险，使自己规避和减少风险。

但是，需要指出的是，企业面临的风险是多种多样的，而且有长期风险和短期风险的区分和考量。此外，在经济收益和利润率的衡量上也会有多种指标存在，它们之间也可能是互相矛盾的。因此，一个企业不可能在所有的利润率指标上都达到低风险和高收益的组合。关键是要看企业的战略管理者最为在意什么，外部的投资者和利益相关者主要在乎什么。比如，韦尔奇时代的 GE，韦尔奇要求 GE 所有的业务在各自的行业中都要数一数二。这就说明 GE 追求的正是最可能带来鲍曼悖论效应的强势地位。然而，从另一方面看，GE 的金融业务占到公司总业务量的 40% 以上，利润贡献则一度占到公司总利润的 60% 以上。这种组合使得 GE 享有高额的收益，以及在短期内和平稳发展期间并不很高的风险，基本上符合鲍曼悖论的描述。但是，它的金融服务在 B2B 层面主要是给购买 GE 产品的企业提供专用定向贷款或者融资租赁服务。在这个层面上，GE 是冒着很大的风险的。一旦经济危机来临，GE 的实业和金融业务可能同时受到沉重的打击，这恰恰是因为它的产融结合。

再看我们在第六章提及的另外一家非常独特的美国公司——美国第二大食品企业 ConAgra。自查尔斯·哈珀（Charles Harper）于 1974 年执掌 ConAgra 开始，其后的近四十年间，该公司的四任一把手都坚持哈珀当初定下的一个基本准则：平均每年 ROE 要达到 20%；EPS（每股盈利额）年增长率要达到 14%。哈珀对于经营利润如此看重，不厌其烦地推广其

20—14准则,以至于某位董事会成员干脆建议ConAgre的经理们把20% ROE的字样印在内裤上。一位副总送给哈珀一条印有20% ROE字样的内裤,哈珀把它挂在公司的旗杆上。哈珀任期的前十年里,虽然20% ROE的指标并非每年都能达到,但十年的平均ROE则达到了21%。这无疑是较高的收益。而且,如果你的目标是每年都争取达标,这也就意味着跨年度波动不会太大,风险不会太高。

其后任者亦进一步将经营重心指向附加值较高、盈利稳定而且具有长期发展前景的业务,严格恪守哈珀对20% ROE的要求。令人惊叹的是,在2002年和2003年之间,布鲁斯·罗德(Bruce Rhode)治下的ConAgra剥离了39亿美元的资产,直接损失了大概125亿美元的销售收入。其总销售收入从2002年的270亿美元直降至2004年的145亿美元,而同期经营利润则从6亿美元攀升至9亿美元。为了实现对高收益与低风险的承诺,这种不惜牺牲销售总额排名、自愿瘦身缩水近50%的举措,在整个美国企业史上实属罕见。可以说,哈珀的ConAgra给鲍曼悖论提供了一个经典的注脚。

鲍曼悖论的另外一个重要的管理启示,就是战略管理者要注重对企业收益的跨时段分布的管理以及大家对业绩预期的管理。在实践中,大家可以非常直接地感受到业绩下滑带来的压力。连着两年业绩下滑,CEO就可能遭遇解职。在某些极端的情况下,CEO解职只需连续几个季度的糟糕业绩。此时,对于业绩风险的"平滑"管理便显得尤为重要。要么在业绩好的时候留一手以备业绩差的时候进行"挖潜",要么在大家还可以容忍的限度内在某个季度或者年度来一次"洗大澡",将所有过去隐瞒和暂时未计入的费用以及将来能够带来明显收益的投资和费用集中分摊在某一个时段,一次性撇清,然后迅速扭亏为盈,以胜利者的姿态现身。

其实,这种平滑业绩的做法仅仅是对业绩预期进行管理的基础性做法。更为艰巨的挑战,在于大家越来越大的胃口和越来越高的预期,尤其是资本市场和证券分析师们贪得无厌的拔苗助长和永无休止的推波助澜。此时,企业的风险可能已经不再是盈利和亏损的问题,也不是现期盈利多少的问题,而是如何使得盈利的"加速度"进一步提升的问题。大家看中的不是你现在的盈利,因为不管你多"牛",它都已经体现在了你的股价里。如果要连续不断地保持或者提高你的价值,你就必须做出比你现在已经非常出色的业绩更加超常的业绩。

进入决策与潜在危机

战略管理的终极使命是为企业带来长期稳定可持续的卓越绩效。在适度的风险范围内保持高额的收益乃是战略管理者面临的重大挑战。这种挑战在企业的业务组合管理方面体现得尤为突出。而企业之业务组合的决定和改变离不开针对具体业务的进入与退出决策。我们应该进入哪些行业?这些行业的收益前景以及风险要素主要有哪些?我们应该退出哪些行业?如果不退出或者延迟退出,企业将面临哪些方面的风险?我们在做进入决策的时候是否应该同时考虑退出的时机与机制?我们是否可以考虑再次进入我们曾经退出的行业?如何管理和应对与业务进入和退出相关的风险?下面我们详细探讨这些问题。

与业务进入决策相关的风险

本书一再强调,战略管理所面临的最为明显而独特的挑战,便是如何在极端复杂和不确定的决策情境下做出不可逆转的大规模的资源投入。最为常见的此类投入莫过于对某项新产品的开发或者对某种新业务的进入。具体到产品和业务进入的决策,战略管理者面临的可能主要不是悖论,而

第八章　风险与收益

是两难困境（Dilemma）：进也不是，不进也不是。不进有风险，进入同样有风险。不进入的风险，主要在于错失良机而被锁定在重要业务之外，缺乏支撑公司其他业务的互补性业务或者基础设施平台，以及相对于竞争对手而言处于被动落后的地位和状态。而进入的风险主要在于先动劣势、承诺升级、自身能力低下而无法建立强势地位、对公司资源以及管理精力的过度牵扯与耗费，以及由于进入供应商或者渠道商的业务而对双方关系造成的潜在伤害。

先看不进入的风险。比如，在互联网时代，无论你的业务是什么性质的或者靠什么盈利模式最终挣钱，流量对谁来说基本上都是最为重要的成功要素之一。如此，意欲成就大业的公司，都面临着若干艰难的选择：是否要做搜索、电商和支付。搜索应该说是可以为互联网公司的各项业务带来流量的最为简单可靠的方式，更不用说与之相关的巨额广告收入了。而且，至少美国的研究表明，大约三分之一到一半的信息搜索背后有购买意图。所以接下来的问题就是做搜索的是否要做电商，在大家搜索到的信息的旁边或者页面上的其他明显位置提供链接，将流量引向自己运营的电商网站。再接下来的问题，就是是否自己进入支付业务。便捷高效和安全可靠的支付方式也是维持流量和形成网上购物习惯的重要因素之一。放弃上述任何一种业务，都可能形成天然的缺陷，在与对手的竞争中遭遇落后和被动的风险，而且也难以为公司的其他业务提供基础设施和互补业务上的关键支撑。

再看进入的风险。如果决定进入这些业务，则同样可能会遭遇一系列风险，比如，竞争定位尴尬、运营能力较弱、不成比例地过分耗费管理能量、拖公司的后腿以至于最终屈居人下。比如，腾讯自营的搜索业务和电商业务在做了若干年后仍然没有大的起色，于是腾讯不得不于2013年左右忍痛将其剥离。而业务剥离可能给公司带来的风险则是员工的士气受到

战略的悖论
拆解与整合

打击，包括尚未被剥离的其他业务线上的员工。如果相关的决策者优柔寡断，不能痛下决心，或者最高层一直沉溺于那些业务最终能够成功领先的梦想，那么公司很可能就会陷入"承诺升级"的困境，向没有机会做大做强（甚至在未来的激烈竞争中难以保持生存）的业务继续追加投资，无端浪费资源。好在微信业务的推出和盛行最终在支付业务上帮了腾讯的大忙。

在搜索业务上全球一枝独秀的谷歌，也在某种程度上经营电商业务并推广其支付业务。但相对于其搜索业务所带来的95%以上的公司总收入而言，这些零敲碎打和小打小闹不过是九牛一毛。从PC端开始的Google Checkout到Google Wallet再到Google Pay，谷歌支付业务的名字换来换去，很是影响其业务形象。而且，不断变化的技术改进以及消费者习惯的不确定性也可能意味着谷歌的尝试付出了较高的代价但回报则不甚了了。

如今，在移动智能终端，比如智能手机上，Google Pay、Apple Pay和Samsung Pay并驾齐驱。苹果用户只能用Apple Pay，安卓用户只能用Google Pay，只有三星用户可以选择或者同时使用Samsung Pay或者Google Pay。三星乃是全球最大的安卓系统用户，谷歌在支付业务上与三星竞争乃是对三星这一使用安卓系统的下游厂商的替代性威胁。二者的关系是否会受到影响尚需拭目以待。谷歌在兼并摩托罗拉手机业务两年之后就把它甩卖给联想了。至少在那个举动中，谷歌向三星发出的信号是它不会在三星的手机主业上与之竞争。

早年，在百事可乐兼并了下游厂商肯德基和必胜客之后，许多快餐连锁店痛恨百事可乐在它们的主业上与之竞争，于是纷纷抵制百事可乐，只在自己的店中提供可口可乐的饮料。1996年，迪士尼兼并了ABC电视台后，美国的NBC（全国广播公司）和CBS（哥伦比亚广播公司）等电视台便不再转播迪士尼的节目。

第八章 风险与收益

与进入模式相关的风险

从交易费用的角度来看企业的边界问题，无非是自己做或者外边买的选择。在同一个产品或者服务的价值链上，无论是原材料投入、产品设计和生产加工，还是渠道销售与售后服务，企业都可以选择自己亲自经营（比如完全的纵向一体化）或者通过外包而实现某一阶段的价值创造职能。企业对于一个新业务的进入亦是如此，可以选择完全通过自己的努力去进入某项业务，即所谓从头做起（De Novo）的"绿地进入"（Greenfield Entry）模式，也可以选择通过兼并与收购（Merger and Acquisitions，M&A）现存的其他企业的业务来实现。

自己从头做起，在节奏把握和核心技术掌控上可以拥有得天独厚的优势，但也可能面临较大的风险和难以应对的挑战。比如，由于资金、人才、能力不足等因素的掣肘，企业面临的主要风险也许是难以在预期的时间内有效地以经济核算的方式进入。如果失去机会，可能就会永久地被锁在该业务之外。而如果采用并购，则除了昂贵的交易费用或者过高的收购价格可能抵消任何潜在收益，企业还面临其他方面的重大风险，比如，通过并购而得到的业务与本公司在文化上难以匹配，双方核心人员之间可能存在严重的价值观和职业规范上的冲突，被并购业务的关键人才可能流失，以及双方之间必要的协调与整合难以奏效。

首先，通过内部发展进入新业务可能面临一些重大挑战，有时甚至根本不可行。从速度上说，内部发展可能通常相对缓慢，不足以及时满足企业战略布局的要求。有些时候，由于缺乏必要的技术或者组织能力，企业不可能自己培植或自创新的业务，或者内部自创业务的成本过于高昂因而不再具有经济价值。比如，就连微软这样的全球超级IT公司，其主要的产品开发和业务进入模式也基本上是通过外部兼并而不是费力去亲力亲

战略的悖论
拆解与整合

为。如今，谷歌更是平均每周都在并购一个企业。

另外一个较大的风险是业务发展失败后的沉没成本，比如摩托罗拉当年的 Iridium 移动通信系统在耗费数十亿美元投资之后不幸夭折。如果一个企业兼并另外一个企业而业绩低下，至少还可能将其卖掉。而一个失败的内部项目通常只能使企业自食苦果，难以转嫁包袱。并且，由于心理因素而导致的承诺升级的可能性还会延迟企业的退出，进一步增大沉没成本。

通过内部发展进入新业务还有一个令人担心的问题，就是进入的规模太小，达不到"有效率进入所要求的最低规模"（Minimum Efficient Level），也没有足够的声势去造就一个能使企业立脚的市场空间与活动平台，不足以支撑自己的生存，更不用说形成垄断优势了。另外一种可能是，后进入的企业可以免费享有先进入企业所做的公共投入的溢出，并依靠自己在相关业务上的实力，在更大的规模上介入，从而将那些自创业务的先期进入者挤垮，或者撵至市场边缘。

其次，并购战略在风险与回报上亦是优劣参半。并购最明显的一个优势就是其速度，企业可以很快地进入它所希望进入的行业。有些时候，不仅进入速度快，而且并购的成本可能比内部发展的成本还低，尤其是对于机构庞大的企业在某项非常专业的业务上而言，比如微软兼并 Hotmail 系统，可能比自己内部开发要合算。有些时候，单靠企业自身的内部发展，不可能创造新的业务，或者因为缺乏关键资源与技术诀窍，或者因为缺乏必要的组织能力。并购可以帮助企业获取这些关键资源与能力，使业务进入成为可能。

事实表明，并购通常面临着巨大的风险与严峻的挑战。20 世纪 80 年代，迈克尔·波特测算，70% 的并购以失败而告终。进入 21 世纪，以研究"颠覆性创新"著称的克里斯滕森（Christensen）（波特教授在哈佛商学院的同事）则声称90%以上的并购都是失败的。我们大可质疑二位的研究方法和结论可能存在重大缺陷，比如忽略了大家在并购时暗自盘算的不可告人的私密意图，但全球范围内并购案失败众多乃是不争之事实。

实证研究表明，大多数并购不成功的一个主要原因，就是双方在组织制度上的差异与摩擦以及企业文化上的冲突与抗衡。这种摩擦与冲突往往导致并购后组织整合的失败，企业无法统一运转、协同发展，而是内耗不断、争斗频仍。提到并购，大家首先想到的比喻可能是婚姻，尤其是双方各自带着多个子女的再婚，问题和冲突在所难免。这种比喻其实非常不恰当，却广为流行，存在并体现于管理实践者的意识与言行，因而延迟和加剧了实际的冲突。

除了文化冲突，还有人才风险。比如，被并购企业核心人员的出走和丧失。可能由于对并购他们的企业的风格与制度不够认同，某些骨干员工在知道自己所在的企业将被并购的消息之后，可能单独或集体出走。尤其是在研发和销售方面，这一问题会显得尤为严峻和突出。如果一个并购对象的主要价值在于其研发实力，当它被某个不受欢迎的企业并购之后，其核心技术人员和管理骨干可能离开，有些小组被拆散，留下来的人员可能缺乏积极性，没有稳定感和团队感，因而怠工、效率低下，等等。这种情况下，并购者买到的只是一个原来企业的空壳，并没有得到核心能力与资产。

成本过高，亏损的可能性过大，是并购的另外一个主要的潜在风险。首先，并购时所支付的价格通常远远高于被并购业务的未来盈利，尤其是在有多方竞标收购的情况下。其次，企业在并购了其目标对象以后，还可能要承受被并购企业的其他资产与债务负担，通常是不良资产与债务包袱。有些并购对象的价值在被并购的瞬间可能已经全部兑现，其后并无增值的潜力。无怪乎，很多企业实施并购之后，大呼上当，旋即又将并购对象赔本剥离出去。很多情况下，由于被并购的对象可能对其整体业务进行打包出售，并购者必须同时接管一些自己并不希望接管的资产。而这些资产一旦接管，就很难轻易地摆脱或剥离，因而增加企业的总体经营成本与相关的风险。

而造成这种结果的原因，通常是买卖双方在交易前的信息不对称。并购方很难，甚至无法完全准确地预知并购对象的实际资产价值、所接管债务的含义和其他隐含债务或责任的存在，以及其业务长期盈利的潜力。这是信息获取以及对并购对象不确定性判断方面的风险。另外，并购者看到的和重视的通常是双方之间的相似性和想象中的协同作用，而不是可操作性与最终的可营利性。并购后的协调与管理费用往往大大抵消了潜在的范围经济和协同作用，使企业的良好企图落空。这不仅包括上述文化和组织上的冲突，也包括不同业务的技术范式、操作流程和管理逻辑上的根本差异。

前面提到过，一度隶属于百事可乐旗下的必胜客和肯德基，曾被百事总部要求共同采购某些原材料，以期降低成本。由于必胜客希望为其卫生间购置双层卫生纸，而肯德基则希望购置单层卫生纸，双方僵持不下，各行其是。可以想见，多元化业务之间在更为复杂的技术与组织领域的合作，需要何其高昂的协调与管理费用！

管理决策者对待风险的态度

既然有如此之高的并购风险和失败率的真切存在，为什么还有那么多企业前仆后继、乐此不疲？至少有两种相关的理论可以解释企业管理决策者貌似不理性的决策行为。

其一，詹姆斯·马奇（James March）等学者曾引用行为决策学的研究指出，管理实践者对决策结果的分布概率本身其实不甚敏感，而主要关注的是回报的大小。试想，当六合彩的奖金额达到某个超高规模时，即使是原先根本不买彩票的人，可能也会动心思去试一试。毕竟奖金额数字本身诱惑太大，虽然获奖的概率并没有任何改变。看看那些志向高远的创业者，虽然明明知道创业成功的概率可能远远低于5%，但他们仍然义无反顾地献身投入。

再比如，当某些并购目标出现时，某些梦寐以求的管理者可能认为这是天赐良机、终生难得一见的运气、抵不住的诱惑，于是志在必得，将并购该目标视为其终极目标，其他的考虑可能一时全被抛在脑后。比如，以经营Seagram威士忌著称的加拿大酒商Bronfman家族中，出了一个喜欢好莱坞和音乐产业的Edgar Bronfman Jr.。在他执掌家族业务时期，他卖掉了贡献家族企业70%利润的杜邦公司25%左右的股权，用得来的90亿美元收购了MCA和Universal影视公司以及PolyGram唱片公司。后因经营与资金问题不得不找人收购其Universal影视公司的大部分股权。法国公司Vivendi以换股方式接管Seagram，成立Vivendi Universal。该公司后来又被GE兼并。物是人非，往事如烟。

其二，吴迅和安妮·诺特（Anne Knott）最近的研究通过区分两种不确定性来更加精准细致地解释管理决策者对于风险的态度。他们研究的情境是创业者对新业务的进入。他们将企业决策者需要面对的不确定性分为"市场需求的不确定性"（Demand Uncertainty）和自身"能力的不确定性"（Ability Uncertainty）。通常情况下，面对需求的不确定性，创业者的决策行为是符合理论预测的"厌恶风险"，是相对理性的。而针对自身能力（是否能够满足市场需求）的不确定性则可能导致创业者过度自信和盲目乐观（Overconfidence），并因此采取较为激进冒险的市场进入行为。

以此推之，面临并购决策，管理者对于并购对象本身的解读和判断，虽然仍然有可能带有想象和夸张的成分，但总体而言应该还是比较靠谱的。毕竟，大部分的并购案至少从纸上看是有非常诱人的潜在收益的，尤其是在成本削减和业务协同方面。然而，对于自己是否有能力通过协调与整合来释放被并购者可能带来的潜在收益，管理者则往往可能过分自信，直到并购之后，才发现事情远非事前想象的那么简单，于是将错就错，硬撑一番，即使是另打主意，也要等待一个适当的节点。无奈，大家通常都是凭着自信而行事的。即使存在大量失败的案例作为警示和提醒，决策者仍然执意前行、冒险进入。

退出战略与风险收益

一旦进入某个业务，企业不仅要在运营方面应对与业务执行和实施相关的各种风险，比如环境保护、员工安全、供应商关系危机、制造过程事故和销售渠道不畅等多种潜在的运营风险，而且还要应对企业社会责任、社区关系和政府关系等与企业的公众形象和社会合法性相关的其他潜在危机。如果初步尝试的结果表明当初的进入决策是错误的，或者，在当初有限信息的前提下的决策虽然无可厚非，但后来的事态发展表明其现有的业务及其发展方向是错误的，则此时管理决策者是对现状熟视无睹、放任自流，还是当机立断、迅速撤离退出，抑或持续观察、伺机而动？这些都是管理决策者必须面对的挑战。每一种情形都有不同的风险和收益组合。

而且，每一项决策都必须在整个企业经营活动的大背景下进行考察，不可能见到任何风险都要规避，或者对于任何风险都可以无端漠视、置之不理。企业的风险管理是一个复杂的控制和应变系统，通常遵从某种标准操作流程（Standard Operating Procedures，SOP）。有些企业喜好未雨绸缪，首先建立制度化的预警机制来提前防范某些可以在一定程度上预见和防范的风险。比如，有些企业平时积极参加各类社会责任活动，出现危机时便可能由于大家的同情和理解而顺利过关。

有些企业边走边看,随着自身的需求而即兴地应对风险,相对地被动消极,只在风险出现之后才采取亡羊补牢的措施,就事论事,而不会系统地审视其他可能会有重大风险的领域并提前予以防范和干预。比如,同样是对待社会责任,只有在遇到合法性危机的情况下,这些企业才会真刀真枪地诉诸行动,主要用于挽回和补偿自己受损的声誉。

显然,不同的风险应对方式反映了决策者的价值偏好、企业的成长经历和应对风险的经历,以及企业自身资源的充裕度等诸多因素。虽然我们经常警醒自己或者告诫别人说,防微杜渐,防患于未然,否则会吃大亏的,但是,任何的风险防范本身都是有代价的,相当于对某些风险购买一种保险。有些保险不可或缺;有些保险也许可有可无,完全是为了消除自己不必要的心理负担。更何况,战略管理者所遇到的所有问题几乎都存在重大风险,从经营风险到财务风险,从专项风险到总体风险和最终的绩效风险,不可能每一种风险都去防范,而注定要有所取舍和侧重。

与退出决策相关的风险

回到退出决策的必要性,有一种可能性是存在的,那就是,业务进入的选择本身是对的,符合环境发展的大趋势,但企业自身能力的欠缺可能会导致业务进展受阻和项目执行不利,以至于面临被扫地出局的生存风险。此时,企业可能见势不妙而抽身逃遁。然而,由于大规模的资源承诺,企业通常不可能轻易地退出。同时,由于企业组织体系对现有业务以及相关流程的惯性,尤其是做出进入决策的当事人仍然在任的时候,企业的退出决策就可能举步维艰,顶多是逐渐地松动。

此时的风险可能是失去最佳的退出时机,为时已晚,残局已经到了无可挽回的地步,败落的业务只能砸在自己手里或者以极不低廉的价格贱

战略的悖论
拆解与整合

卖。比如，在 20 世纪末的鼎盛时期，诺基亚曾自豪地见证了其市值达到 2 000 亿美元的巅峰；但在智能手机阶段，其 Symbian 端操作系统逐渐丧失了增长动力，严重落后于三星、苹果。当诺基亚在 2013 年最终将自己的手机业务转让给微软时，成交价格仅为 72 亿美元。

当然，同样也存在相反的风险。由于缺乏足够的坚持，可能过早地退出了一个后来被证明是非常有价值并且高速发展的业务。腾讯早年就曾遭遇过现金流吃紧而且未来业务发展和盈利模式不够明朗等近乎灭顶之灾。当时马化腾希望以 100 万元的价格将腾讯卖掉，因为无人愿意接手才又硬着头皮继续干下去，结果峰回路转、柳暗花明。

显然，需要极端清醒地意识到的是，这只是幸运的个案。活下来并且做大做强的创业公司没几个。大多数创业公司都倒下了。此乃常态。一个掌管大型成熟企业的 CEO 可能没有创业者拥有的率性和奢侈，他们的风险决策看的不是某些精彩独特的个案。虽然他们通常对概率不甚敏感，但毕竟要考虑一下小概率成功和大概率失败之间的关系和二者分别对于自身位置的影响和意义。

值得一提的是，退出决策也有主动和被动之分。大多数企业难以在事前准确地把握退出战略启动的恰当时机，通常会拖延决策，甚至会进一步承诺升级，故而导致贻误战机。一个重要的原因可能是心理障碍。通常情况下，大家会自然地认为退出意味着失败、玩不转，乃是无奈之举。因此，决策者可能心生畏惧，裹足不前，不愿意承认现实，不愿意立刻承认自己的失败，尤其是做出导致业务失败决策的人还在台上的时候。

相反，退出也可以是一种主动的姿态与作为。摒弃心理障碍，客观审视现状。如果业务达不到预期的目标，就主动舍弃。韦尔奇在出任 GE 的 CEO 之初，就坚决果断地卖掉了其前任耗费 22 亿元收购的犹他国际公司——一家专注于建筑和矿业的公司。韦尔奇的继任者伊梅尔特上任之

第八章　风险与收益

后也很快卖掉了他和韦尔奇赖以在 GE 起家发迹的工程塑料业务。不管实际的结果如何，至少是六亲不认、客观果敢，一切以预期收益为准绳。

企业在以积极主动的心态看待业务退出时，从风险管控的角度来看，究竟应该关注哪些问题，遵循哪些准则？首先，要看我们的业务是否符合未来发展趋势，是否有整个行业全军覆没抑或断崖式跌落的可能。与潮流和风尚相关的某些行业，可以骤然兴起然后迅速衰败。比如，某些来去匆匆的保健品业务，或者在 20 世纪末流行的保龄球场馆。尤其是后者，基本上属于进入壁垒较低但退出壁垒较高的高风险业务。潮流来了，大家一哄而上。潮流过去，一片狼藉。很多投资被晾在那里，废弃沉寂。

其次，要看一个具体的业务是否符合公司的战略主题。如果不符合战略主题和企业的形象定位，就可能成为公司的累赘和麻烦，耗费管理者较多的时间和心智能量，尤其是当这些业务细碎割裂因而对于公司的整个收益贡献甚微之际。企业应该及时地采取退出决策来剥离这些低收益、高风险或者可能给其他业务带来风险的业务。欧洲著名食品公司达能早在 1996 年就确立了"健康食品"的使命定位，专注于饮用水（比如依云水）、乳制品（比如达能酸奶）、婴儿营养食品（比如达能婴儿奶粉）以及医疗营养食品等四大版块的业务。公司原先在欧洲排名前三位的肉食、啤酒和饼干等多种业绩优良的业务也被果断剥离。达能全面拥抱健康食品潮流。

再次，就是一个业务的资源与技术要求是否符合公司的核心竞争力或者标准操作流程，是否与其他业务无法实现互补，甚至还有直接互相冲突的潜在风险。比如，GE 退出工业空调业务的主要原因之一，是工业空调的使用质量在很大程度上取决于安装施工的质量，而不仅仅是空调系统本身的设计水准和制造质量。但 GE 主要是一个以制造业和金融业为主的企业，无暇顾及安装服务之类的业务。为了避免对 GE 的品牌声誉带来负面影响的风险，GE 果断地剥离了工业空调的业务。

最后，就是现有业务所占用的资源是否阻碍了公司向其他更有收益前景的业务的跃迁。如果一个业务背后的技术、人力、资金和管理资源可以被应用到具有更高收益和更低风险的业务上去，那么离开该业务当是明智之举。比如，英特尔在 20 世纪 80 年代离开 DRAM 业务而进入 CPU 业务。再比如，富士在原先的胶片业务上积累了独特的对照片色彩的抗氧化保鲜技术。离开了胶片业务之后，富士将这些技术应用到了前景更加广阔的美容护肤业务上。

进入与退出互相牵扯时的风险

需要强调的是，企业的进入和退出决策往往是互相关联的，而不是割裂开来考虑的。一种情形是，企业在做出某项进入决策之际，就已经同时考虑好了退出的时间和机制。另外一种情形是，进入和退出乃是顺序进行的，企业不先退出，就难以有机会或者实力去进入。无论如何，当二者互相牵扯的时候，进入和退出的风险要同时予以考虑和权衡。

2012 年，谷歌以 125 亿美元的价格收购了摩托罗拉移动通信业务。仅仅两年之后，谷歌便以 29 亿美元的价格把该业务转手卖给联想。谷歌此举貌似得不偿失，其实不然。谷歌吸纳了摩托罗拉账上近 30 亿美元的现金，又获得了 10 亿美元左右的税收减免，2012 年年底出售摩托罗拉的机顶盒业务又进账 23.5 亿美元。关键是，谷歌保留了摩托罗拉最有价值的资产——估值为 55 亿美元的专利。单从数字来看，此次倒手的损益至少在账面上持平。可以说，谷歌在决定收购摩托罗拉移动通信业务的一刹那就已经大致想好了自己的退出战略。而它的核心目的非常清晰，就是要"洗劫"摩托罗拉在移动通信业务上的专利。

在很多情况下，如果不首先完成从某个业务上的退出，就不可能进入新的业务或者抓住新的机会。比如，在反垄断法严厉苛刻的美国，一个企业如果不放弃在某些业务上的资产，就不可能被允许去兼并其他更具吸引力的同业或者临近业务的企业。如此，它必须先完成剥离退出，然后才可能获准别处的进入。还有一种情形，就是资金或人力上的占用以及心理上的约束。比如，柯达公司当年由于对胶片业务的情感寄托，迟迟不愿退出该业务。这种迷恋毫无疑问地影响了柯达对数码成像业务的及时进入。其终极风险最终成为无情的事实，柯达不得不凄惨无奈地破产倒闭，充满悲情地告别自己一个多世纪的辉煌业绩。

本章小结

战略管理面临的最为关键的挑战，就是要通过重要的资源承诺决策来构建和保持企业的竞争优势，从而获得长期稳定的高额回报与经营收益。用当下时髦的话说，面临竞争环境日益动荡（Volatile）、不确定（Uncertain）、复杂（Complex）和模糊（Ambiguous）的所谓"VUCA挑战"，风险是注定存在而必须应对的。或者说，为了获得高额的利润，抑或至少是足够高的收益，企业的管理决策者应该敢于冒险和善于冒险。毕竟，常识告诉我们，风险和收益往往呈现正相关的关系。高风险，高收益。高收益，高风险。

然而，一个令人着迷的悖论一直吸引着大家的注意力，成为研究者长期关注至今盛行不衰的话题。由鲍曼教授提出的所谓"鲍曼悖论"，特指高收益与低风险同时出现的超常规组合。至少在采用会计指标来测度企业的经营业绩时，这种悖论是可能持续存在的。在对这个悖论的解读中，其中一个视角是足以令战略管理实践者和研究者感到振奋的。那就是，优秀

战略的悖论
拆解与整合

的管理者可以通过适当的管理手段去建立强势的市场地位，从而能够同时获取高额收益并降低企业经营的非系统性风险。不仅如此，企业管理者还可以通过"业绩平滑"等手段对经营业绩进行跨时段的规划，并通过预期管理来掌控甚至操纵不同利益相关者对于企业业绩的态度和预期，包括经济和社会等多种指标维度上绩效的预期。

在所有的战略决策中，与业务选择和企业承诺相关的进入和退出决策通常具有最为直接和重大的风险含义。进还是不进，出还是不出，都是两难困境。对于某些业务，如果不进入或者不尽早进入，便可能由于技术演进和市场发展的连续性要求而被永久地锁在外面。这不仅意味着失去一项重要的收益来源，也可能意味着在某种基础设施平台业务上或者与自己其他关键业务互补的业务上缺乏存在和影响，并导致在与竞争对手交锋对垒时的被动和落后。如果选择进入，尤其是早期进入，则可能要独自面对技术和市场趋势的不确定性所带来的先动劣势，或者被锁定在缺乏长期发展潜力的细分市场上，也可能由于承诺升级等原因逐渐向已经证明是失败的决策方向上进一步滑落，直至惨败出局。

同样，缺乏足够的坚持而过早地退出某些业务，最大的风险可能是错过后来产业腾飞走高以及自己做大做强的机会，因而追悔莫及。但通常的情况可能是受惯性推动和情感影响而在本该迅速退出的市场上孤芳自赏、单恋沉迷。为了降低企业的总体战略风险和运营风险，企业的战略管理决策者应该不时叩问自己：我们的业务是否符合未来发展潮流？我们是否有能力在我们所在的业务上构建强势地位？我们现在的业务定位和运营是否占用了我们的优质资源与核心能力，从而阻碍了我们去拥抱收益更高的新兴业务？

总而言之，也许创业者比管理者更敢于冒险，也许他们的风险承受能力较高，但其冒险本身并不一定能增加成功的概率。优秀的管理者通常是相对理智和从容地冒险，而不会过分地盲目自信或者无端地率性赌博。当然，战略管理本身的任务特点注定意味着要在一定程度上要进行冒险。这是战略管理者的天职。唯有风险存在，战略选择本身才有意义，因之获得的成就和奖赏才更令人觉得过瘾和刺激，更加值得傲娇回味和自鸣得意。如何应对风险和收益，这是永恒的难题。

第九章　创新与固恒

　　如果没有创新，任何一个经济体内的经济活动都只是一个静态循环，周而复始，波澜不惊。然而，这种接近原始社会的、田园牧歌般的生产节奏与生活情境，一旦遭遇资本的侵袭和怂恿，便会立刻变得蠢蠢欲动、激荡沸腾。由于资本贪婪逐利的强势驱动，各种创新将会使经济生活跳出静态循环，进入动态发展的阶段。开弓没有回头箭，上紧发条使劲转。资本经济的特点就是加速度的开发、指数级的增长，日新月异，片刻不停。诚如创新研究鼻祖熊彼特所言，创新，乃是驱动现代经济发展的引擎。

　　资本的所有者和使用者，无论是个人与家族还是机构与国家，可以自己创新，也可以通过赞助或者雇用别人进行创新。金融家 J. P. Morgan 支持了爱迪生的 GE 及其各种创新；意大利佛罗伦萨的 Medici 家族支持了文艺复兴时期众多的艺术创新；洛克菲勒基金会赞助了芝加哥大学的成立，支持了该校重视纯学术研究的创新性教育理念；美国联邦政府每年对于美国基础科学研究的资助占到其资助总额的一半以上。创新可以是纯粹出于个人兴趣和追求，也可以是为了满足和实现家族与机构的梦想抑或国家的使命。而商业领域的各项创新则注定是为了实现利润。

　　创新的主体可以是个人，比如发明家和创业者爱迪生；可以是小组与团队，比如发明苹果计算机的 Macintosh 小组以及开发腾讯微信业务的张小龙广州研发团队；可以是组织和机构，比如发明现代电话技术的贝尔实验室，以及实现对现代 PC 之技术定型的 IBM；可以是机构联盟，比如欧

第九章 创新与固恒

洲空客合作联盟,其集结了西欧多国的相关机构,共同研发制造空中客车,使之得以与美国的波音公司对阵抗衡;还可以是一个广博的创新生态系统,包括多个子系统和扮演不同职能和角色的各类企业和机构,比如,坐落在美国加州纳帕溪谷的,与生态农业、食品加工、主题旅游等主题相关的葡萄酒产业集群。

什么是创新?广义而言,相对于一个特定的受众群体,创新就是为其呈现和展示它没有见识过的东西,与既有已知的东西不同的概念、方法、事物与现象。首先,就社会变革而言,新的想法和理论可以拓展大家的想象空间,改变大家的价值判断以及行为方式,甚至引发轰轰烈烈的革命运动。马克思和恩格斯的《共产党宣言》便是这样一种理论创新。第二次世界大战期间和之后,博弈论和运筹学的创新给诸多的自然科学与社会科学领域带来了突飞猛进的发展。互联网的出现更是从根本上改变了人们生活、工作、学习和娱乐的方式,以及与之相关的内容构成。

具体到与企业经营和管理相关的创新而言,创新可以体现在:发现或者创造出新的原材料和生产要素,比如硅的多种用途与甜味素的合成;新的元技术,比如激光和夜视;新的产品、服务和体验,比如隐形眼镜、快递配送和主题公园;新的运输手段,比如飞机和高铁;新的通信手段,比如手机和微信;新的融资手段,比如网贷和众筹;新的技术流程和组织流程,比如丰田的看板管理与即时供应以及超市的自动支付系统;全新的商业模式,比如电子商务和在线知识付费业务,如此等等。

对于创新的结果,大家可能是交口称赞、积极拥抱,也可能是切齿痛恨、避之不及,还可能是犹豫不定、将信将疑。但是,就企业创新来说,最终的试金石只有一个,那就是,所谓的创新是否为顾客带来了他们愿意为之付费从而使得企业获利的价值提供(Value Proposition)?就需求方而言,钱不能白花,没有价值,无人痛快掏钱;就供给方而言,无利不起

战略的悖论
拆解与整合

早,没有利润,无人费力折腾。

真实有用的创新,既为顾客提供了实用的价值(Value Delivery),也为企业带来了可以获取的利润(Value Capture)。如此,企业创新的实质可以简单地由四个关键词来概括:新事物、有价值、愿付费、可获利。"新事物"与"有价值"涉及创新的内容本身及实质特点,"愿付费"与"可获利"涉及创新的经济逻辑与商业前景。

显然,创新注定将是傲绩与殊荣,而不是惯例和常态。如果谁都可以创新,也就无所谓谁旧谁新。毕竟,根据定义,创新是少数个体的作为,是小概率事件。创新的出现,可以被简单地归结为运气,也可以被认为是一种系统性的探寻,是有组织、有意识地努力的结果,抑或运气与努力二者的恰当结合。对于一个特定企业而言,具有浓烈的创新精神应该说是必要的。然而,从企业生存和发展面临的实际约束来看,也许所有的创新都必须关注商业化和可获利的可能性,不能为创新而创新。同样,也不能狗熊掰玉米,掰一个,扔一个,轻易地和刻意地追逐潮流,没有积累,缺乏前后一致性。

本田先生最初的梦想,就是通过技术创新不断地提高发动机的速度和灵活性,从而能够在各种赛车活动中取胜争光。如果他只关注比赛取胜本身,也许难以构建本田如今的技术和商业帝国,很可能早就耗费掉了所有的资源而无以为继。一团烈火,无节制地燃烧,所到之处将是一片灰烬。幸运的是,本田找到了金融与商业天才藤泽武夫(Takeo Fujisawa)作为其合作伙伴。藤泽将本田的创新激情引向商业可行性。本田负责技术创新与产品开发,藤泽负责财务管理和市场拓展。二者的合作相得益彰。

不仅如此,从助力自行车到两冲程摩托车,从四冲程摩托车到大型越野摩托车,从微型轿车到家用轿车再到豪华轿车,从割草机、扫雪机、电锯到室外发电机,等等,本田的创新是有基调和主题的,而不是随性而

第九章　创新与固恒

为、四处出击。其创新聚焦在小型发动机的研发制造和使用上。这是其万变不离其宗的基调和主题。无论是技术创新、产品创新还是业务创新，本田所涉足的领域和行进的步伐都是非常严谨自律的。其业务虽然多元，但几乎都多多少少与发动机的研发与制造这项核心竞争力相关。

如果我们用技术创新的强弱和业务创新的强弱来对不同的企业进行分类，本田显然属于"双高"的组合。再比如，在电子产品和技术领域，索尼以CD为代表的多项创新引领了业界潮流。然而，为了实现硬件和软件互补，索尼大举进军影视和音乐等娱乐产业，这后来被证明是较为失败的业务创新举措。

另外一种组合，是企业只在技术层面创新，而很少在业务层面创新，比如大多数瑞士钟表制造商，它们通常心无旁骛，专注于自己的核心业务。其实，本田与这类企业在精神实质上还是非常接近的。

还有一种组合，是企业并不关注每个具体业务内或者产品上的创新，而是不断地在业务组合上进行创新，或顺应潮流，或满足高管的自身喜好。以ITT（曾经的"国际电话电报公司"）为代表的大批企业联合体（Conglomerates），其业务创新就是不断地买卖企业。ITT的名字还在，但它早已不在电信行业里经营，而主要以航天、运输、能源和军工等业务著称。再看诺基亚，虽然在手机业务上早期创新成功但后来遭遇失败，但其母公司仍然通过各种业务持续生存。而且，一百多年来，业务创新一直是其增长点。有多少人能想到，诺基亚一开始是从做纸浆起家的。

最后一种组合，是企业在产品与业务创新方面都弱，可能就是"做一天和尚撞一天钟"，边走边看，自生自灭。常言说，"好死不如赖活着""剩者为王"。凡是剩不下来的，都不可能基业常青。无论动作是否优雅，创新是否成功，勇于创新总是必要的。创新可以增加企业的潜在活力，提振其生命因子，从一定程度上抗拒衰老和抵御死亡。然而，创新毕竟是有

战略的悖论
拆解与整合

风险的。大家经常提到的一个悖论是"生死全在创新"。其中一种可能的解读是,不创新是等死,创新是找死。如何既不被动等死也不主动找死,这是创新管理应对创新悖论的微妙境界。

总而言之,具体到创新的姿态和方式,就有一个是否在业务定位抑或产品定位上具有一致性的问题:企业的业务组合是否相对稳定?是否共享某些核心竞争力?是否拥有某种统一的逻辑和共同的灵魂?企业及其品牌在顾客心中是否有经久一致的良好形象?本章专注于探讨企业的创新与守成之间的关系以及企业创新面临的各种挑战与应对。首先,我们考察创新变革与战略固恒各自的挑战以及二者之间的关系。其次,我们探讨创新的取向和定位,是紧盯潮流和趋势还是独自作为、另辟蹊径。最后,我们比较开放式创新和封闭式创新各自的优劣以及潜在的互鉴与融合。

创新变革与战略固恒

细心的读者也许已经发现,本书曾多次提到一个企业案例,那就是美国第二大食品企业 ConAgra。在最后这一章里,我们将再次提及它。大概五年前,笔者曾经写过一个关于 ConAgra 的长篇案例,深入地考察其整个发展历程并着重强调了这家企业在不断创新和转型的过程中所保持的战略核心方面的一致性。可以说,这家公司为我们研讨创新变革与战略固恒的关系提供了一个上佳的典型案例。

ConAgra 成立于 1919 年,由美国内布拉斯加州的四家面粉厂合并而成。其主要业务一直是面粉、玉米以及饲料等农产品的加工业务。从 20 世纪 40 年代开始,ConAgra 又陆续收购了一些面粉厂和饲料厂,开始跨州经营。这一时期,公司的主要举措是拓展其面粉加工厂的下游业务,尽力为面粉等产品寻找利用空间和发展余地,比如开发和销售蛋糕粉等产

第九章 创新与固恒

品。进入20世纪60年代，公司开始染指肉鸡饲养和加工业务，继续拓展其农产品加工业务。1969年，在公司成立50周年之际，面粉业务仍占到公司销售总额的40%左右，饲料与家禽业务各占20%左右。1971年，公司更名为ConAgra，字面意思就是"联合农业"，主要将自己定位为一个农产品加工与贸易企业，稳居农产品产业链的上游。

1974年，查尔斯·哈珀出任ConAgra的"掌门人"。无论是内部产品创新还是外部品牌收购，ConAgra的战略重心逐渐向产业链的下游倾斜，向终端消费者靠拢，要成为一个"从农场到餐桌"的全产业链企业。1980年，ConAgra大举高调进入增长潜力巨大的冷冻食品市场。1985年，禽类产品为公司贡献了40%左右的经营利润，产品遍及生鲜、冷冻包装、快餐连锁店等多种客户和业态。1998年，布鲁斯·罗德出任CEO一年后，包装食品的利润占公司经营利润的50%左右，冷冻食品和农业产品的利润各占经营利润的25%左右。此时，罗德将ConAgra描述成这样一个公司：20%的农产品，80%的食品。2016年，该公司将自己的名字从ConAgra Foods改成ConAgra Brands，标志着其正式完成了向终端品牌食品公司的全面转型。

纵观ConAgra迄今为止100年的发展历程，尤其是自1974年之后的不断转型，我们发现这是一个与时俱进的典范、一个不断自我更新的标杆。它从第一产业到第二产业，再到第三产业逐级跃迁；从农产品产业链的上游经营，到全产业链的广泛参与，再到终端品牌市场的战略聚焦。变革和创新的背后，公司的经营中展现了超强的稳定性和一致性：对20% ROE目标的笃诚坚守；对通过并购进入新业务的娴熟应用；对品牌优势和市场导向之宗教般的信奉；对消费者口味和生活方式变化的积极逢迎，如此等等。

最为关键和精彩的是，从战略的稳定性和一致性来看，无论如何进行

战略的悖论
拆解与整合

创新变革和业务转型，任何时候，公司的收入来源中总有那么一种业务或者一组相关业务稳居贡献主导者的地位，占据公司收入（或者利润）的50%左右：早期是面粉加工，后来是鲜肉和包装肉食，再后来则是冷冻包装食品，直至今日的品牌包装食品。这意味着公司当期核心业务的清晰以及主要收入来源的稳定：在战略固恒的基础上力求变革创新，在变革创新背后凸显战略固恒；在变革中，保持业绩不下滑到大家无法忍受的地步。稳中求变，这也许是值得众多改革者和创新者清醒认识的问题。

创新变革与诱引精英

有过组织管理经验的读者都会清楚地知道，企业内的创新不仅仅是一个简单的知识和技术过程，而且通常是一个社会政治过程，至少也是一个认知转换的过程。战略固恒，乃是企业坚守自身惯常状态和保护既定根基的一种自然反应。任何变革创新，无论是新的产品、新的业务，抑或新的运营方式，都会在不同程度上引起现有主导势力的疑惑不解、隔阂怀疑、紧张焦虑，甚至招致围剿攻击。如何说服、教育、诱引那些代表现有主导势力的组织精英，争取他们的理解和支持，或者使得他们至少不去明锣暗鼓地极力反对，乃是变革创新者需要小心应对的重大挑战。

影响精英决策的因素有很多，包括组织外部的情势以及组织内部的动态，要考量组织决策与政策的连续性、公众意见与可能的反应、政治同盟与对手的倾向性和潜在的反应，等等。了解精英的决策准则和偏好，是诱引精英的必备功课与前提。由于对战略固恒与稳定秩序的偏好，精英群体通常本能地反对激进的创新和剧烈的组织行动。因此，如果变革与创新要赢得组织内精英群体的支持，它必须至少看上去是相对保守的，并不对现有的组织秩序和权力格局构成任何实质性的挑战。

就价值观而言，变革与创新不能直接挑战或者威胁组织的现有主导价

第九章 创新与固恒

值体系和思维方式,而是要尽量被描绘成对它的一种拓展与补充。因此,变革与创新者需要摸清精英群体熟悉的言辞语境、逻辑思路、价值偏好、本本框框,要预先设想如何把所有可能的冲突和争论用精英懂得并喜好的言语和方式进行化解和回应。

换言之,精英关注的主要不是事情本身的道理,而是事情是否合规,是否合乎现有组织秩序和主导价值体系与思维方式的框定。变革与创新者千万不能以为自己的所作所为理所当然、道理显而易见,而是要有足够的心理准备,要花大功夫去教育和说服精英和广义的既得利益者,也要去教育那些可能从变革与创新中受益但由于无知和偏见却公然反对的人群。

其实,除了制度的惯性和精英的个人利益,从认知的角度来看,创新者也需要对精英和所有利益相关者进行耐心教育和疏导。手机已经出现三十多年了,现在网络上在需要用图标显示电话功能的时候,用的通常仍然是传统座机的图标,而不是手机的图标。同样,表示电子邮件的图标通常是纸质信封的形象。这些很小的例子可以说明认知习惯的重要性。在企业界,IBM 的战略重心从做硬件转向系统集成,包括剥离其 PC 业务给联想集团,需要的正是这样一种认知转换过程。

学术界更是精英把持的天地。创新是必需的,否则学术刊物没有理由发表你的成果。但是大部分创新都是基于现有范式的深耕细作,不可能每个人天天都进行开天辟地的创新,去寻找新的话题,去与其他学科融合。通过渐进的增值贡献(Value-Added Contribution)来发展,是任何规范的学科内知识积累过程中的一个必要的自我保护机制。如果大家每天都反潮流,为创新而创新,那么这个学科将是一个没有自尊和自律的学科。毕竟,大家要有一些基本的共识和信条作为一个相对较长时间内的学科基石。而且,你的贡献本身是否可以被接受为创新,也是要由现有的学术精英来最终做出判断的。

战略的悖论
拆解与整合

探索式创新与挖掘型创新

与上述学术界的创新情形相似，企业的创新活动也可以被简单地分为开辟新的领域和范式以及在既定领域和范式内深度创新。借用马奇教授对组织学习行为的两分法来描述：企业的创新可以是广泛探索式的（Explorative），主要在于拓展新的疆域和领地，或者发现新的知识空间和管理模式；也可以是深入挖掘型的（Exploitive），力求专注于在已经涉足和开发的领域与范围之内进行深入挖掘和精细利用。马奇如此界定二者的区别：探索涉及搜寻、变迁、冒险、实验、发现和创新；挖掘涉及选择、改善、提纯、增效、实施、执行。

对于企业总体的战略管理而言，可以说，探索式的行为更加直接地影响企业的变革与创新，意图开拓新的运作空间；挖掘型的行为则更加倾向于战略固恒，力争在现有空间内通过渐进创新更好地完成已经上手的事情。前者关注长期发展的有效性以及与外部环境趋势的相关性；后者关注自身做事的效率，专注于精益性与经济性。显然，二者之间无论在焦点、方法还是结果的呈现上都可能存在重大冲突，正像第一章中提及的大局与细节之间的悖论。具体而言，在业务创新与产品创新的关系上，业务创新更加类似于探索式创新，而现有业务内的产品和技术创新则更加类似于挖掘型创新。进一步追究，伴随着产品生命周期的变化，刚开始的产品设计创新通常是探索式的，而后来的生产流程与加工工艺的创新则大多是挖掘型的。

挖掘型创新一般较容易上手，并且其贡献往往可以直接地显现。比如，一个技术流程的更新、一个新型软件的应用等，可以立刻为企业在某方面的运营增进效率和灵活性。探索式创新通常风险较大，收益不确定，虽然可能在长期为组织的生存和发展构建机会或者留有余地，但在短期内

第九章 创新与固恒

可能没有直接的回报。显然，没有挖掘式创新，企业可能无法达到生产曲线的效率边界，因此浪费自己的资源和能力。然而，如果沉溺于挖掘型创新而缺乏对探索式创新的关注，企业则可能面临长期生存的危险。手艺越来越精细，但手艺所支撑的产品的需求可能日益濒临枯竭。没有新的产品和新的业务，手艺只能遭受失传的命运。

我们在第一章中还提到过 20 世纪初亨利·福特的 T 型轿车。福特极为关注的就只是不断地通过挖掘型创新来提高效率和降低成本，而无视新产品开发以及产品品类与业务种类上的创新。最终，福特汽车公司被产品种类齐全的通用汽车公司超越，一直屈居美国汽车行业近百年来的二号选手。这是偏重挖掘而忽略探索的典型案例，亦是采取守成者战略的常态。

再看谷歌的各类追逐梦想的所谓"射月计划"。这些在其创新基地 X-Lab 中孵化的计划，其成功的概率非常小，而一旦成功，则可能带来数十倍甚至数百倍的回报。至少在谷歌眼镜和无人驾驶汽车开发初期，这些项目都属于探索式的创新，目的是拓展谷歌的业务范围，增加其参与的业务数量和种类。好在谷歌非常自律，即使是如此大胆的探索式尝试，也仍然与其搜索和地图等现有核心业务相关。

谷歌的案例也正体现了探索与挖掘之间的潜在悖论。也就是说，存在这样一种可能，其拓展业务的探索式创新也是对现有核心竞争力的进一步挖掘和应用，可以被理解为探索式挖掘（Explorative Exploitation），挖掘与探索同在。其表现形式和过程是探索，实质内涵和结果是挖掘。另外一种可能的组合是挖掘型探索（Exploitive Exploration），在现有业务以及产品和技术领域的挖掘过程中导致探索式的发现与拓展，因而进入新的业务领域。比如，G. D. Searle 在研发更新其胃溃疡药品的时候，偶然发现了阿斯巴甜，于是大举进入食品甜味剂的全新业务。

如此，在实践中，探索和挖掘往往会有千丝万缕的联系，互相渗透、

战略的悖论
拆解与整合

依托融合、由此及彼、互为表里。我们在导论中提到的麦当劳通过猪柳堡的创新进入早餐市场的例子，也说明了同样的问题。产品本身不过是对现有品类的一种挖掘型改变，但进入早餐市场则是具有战略意义的探索，是对一个全新的业务领域和发展空间的开拓。

颠覆性创新和渐进性改善

企业在应对创新变革与战略固恒的关系时，不仅要考虑自己的规划和节奏，还要关注竞争对手的意图与作为。对手的创新可以是对自己的模仿和改进，也可以是一种替代和颠覆。前者相对容易对付，毕竟自己具有先动优势以及在该产品和技术领域的长期积淀。模仿者通常只能步自己之后尘，即使有新的改进性创新，自己也可能迅速地对其进行消化和吸收，从而保持自己的领先地位。

后者则相对难以应对和匹敌，对手的替代性和颠覆性创新甚至可能会给自己带来灭顶之灾，需要提前防范和遏制。比如，我们在第四章中曾经提到的通用汽车买断挑战的做法。在20世纪的很长一段时间内，通用汽车对于可能威胁自己领先地位的替代性发动机技术进行收购，然后搁置，从而抵消竞争，巩固自己的战略地位。

如果替代性创新优点明显、声势浩大，便很可能摧枯拉朽、势不可挡，成为改天换地的所谓颠覆性创新。这也恰如其分地印证了熊彼特的名言——创新就是创造性破坏（Creative Destruction）。面对这种创新，可能任何抱残守缺的负隅顽抗最终都是徒劳的。一个企业能做到的，也许只是望洋兴叹，暗自诘问：为什么带来这种创新的不是自己？为什么自己没有在更早的时候就参与和拥抱这种创新？

颠覆性创新在企业界应该不鲜一见。比如，计算机的文字处理功能对传统打字机的全面替代，手机对BP机（寻呼机）的迅速替代，盒式录音

第九章 创新与固恒

带对黑胶唱片的替代，CD 对盒式录音带的替代，DVD 对 VCR（盒式磁带录像机）的替代，等等。当然，一个企业也可以对自己的核心产品与技术进行替代，而不是坐等别人后来居上、取而代之。比如，微软的 Windows 操作系统对于 DOS 操作系统的替代。再比如，英特尔的 CPU 不断升级，自我替代，自我颠覆。

另外，颠覆性创新也可能是渐进的过程，虽然最终可能取得全面的胜利，但对现有产品和技术的替代并不是一蹴而就、马到成功。以美国为例，在汽车发明过后的很长一段时间内，马车等传统的非机动车辆仍然在很多地区被广泛使用。大英百科全书，一个拥有两百多年历史的值得信赖的品牌，在数码时代受到严重冲击，1990 年至 1994 年间，其纸版书销售量锐减 50%。从 CD-ROM 的引入到在线检索的盛行，纸版逐渐让位于数码手段。2010 年，大英百科全书在进入数码时代二十多年后，终于停止了纸版发行，完全拥抱并专注于在线业务。

具体而言，创新对于自己和别人的颠覆性程度取决于多种因素的共同作用。其中较为常见的是创新本身的力度及其扩散和传播的容易程度。创新力度体现在功能提升的倍数、成本降低的倍数、总体性价比提升的倍数、新增功能的必要性和受欢迎的程度、总体的新颖程度，等等。容易扩散和传播的程度，在很大程度上受到其创新力度本身的影响。除此之外，创新的扩散和传播还取决于创新本身的可复制性和可模仿性、单品绝对价值的大小、配套系统的昂贵程度、对意见领袖和大家观念的挑战程度、学习成本的高低、需要与别人协调的程度，以及运输和维护等多种因素的作用。

显然，一个小小的 USB 闪存装置对于计算机软盘的替代相对容易，而要买一辆特斯拉替代自己的普通轿车就没那么容易。表 9.1 呈现了以上述两个维度构建的一个简单的分类法，可以帮助大家更加直观地辨析一项

战略的悖论
拆解与整合

具体创新的颠覆性程度。显然，真正对现有主导范式进行**全面颠覆**的创新通常是创新力度极大而且扩散与传播相对容易并且因此极为充分的创新。比如，在线音乐播放（Online Streaming）对于传统 CD 的替代。除了发烧友，估计现在很少有人会用 CD 听音乐。

表 9.1 创新的颠覆性：创新的力度与扩散程度

创新维度		创新的扩散程度	
		高	低
创新本身的力度	大	全面颠覆 （在线播放 vs. CD）	局部渗透 （激光近视手术）
	小	病毒感染 （《江南 Style》）	松散自发 （团购组织）

有些创新虽然力度非常大，但是其传播扩散有限，并没有完全替代传统的解决方案，只能属于**局部渗透**。比如，无论是隐形眼镜还是激光手术，都没有完全替代近视眼镜的使用。激光手术未能普及可能是由于专业性要求较强、费用相对较高或者大家在心理上有一定的顾虑和抵触。

还有一些创新，力度较小，但可能在短期内迅速传播。由于缺乏力度、深度和不可或缺性，这种创新通常缺乏持久性，比如各类"网红"**病毒感染**式的来去匆匆。曾经的"神曲"《江南 Style》近乎"传染"了所有阶层和具有不同兴趣的人士，但早已是昙花一现、过眼烟云。

最后一种情形是**松散自发**的创新，其创新力度较小，传播范围也是限于某个局部时空组合下的特定人群。比如，某小区组团购房的自发组织。这种组织的协调成本通常较高，而且大家各自的目标和兴趣除极少的交集（比如价格），通常具有很大的差异性。

第九章　创新与固恒

顺应大势与独辟蹊径

有些时候，虽然在原本规划之外的自发尝试和偶然发现会改变企业的经营方向和战略历程，但通常的情况下，给定有限的资源，企业内的创新是有意识和有规划的行动。也就是说，企业内的创新往往是受其现有战略的影响和制约的。有些企业的战略定位力求顺应大的发展趋势，喜欢居于当下的主流，追逐相关群体里的中心趋势（Central Tendency），无论是自己给别人做榜样，还是将别人当榜样去追随。总之，要扎堆儿合群，既给自己壮胆，也增加在他人眼中的外在合法性。这些企业的创新活动，基本上聚焦于如何进入主流并待在主流。一百多年来，宝洁就是这样一家公司，希望自己的产品能够被用于家居护理和个人护理的每一个角落。至少在互联网时代之前，宝洁的一举一动都代表着营销与广告创新的主流典范，其优质产品与良好形象妇孺皆知、家喻户晓。

还有一些企业，喜欢做统计意义上的"野点"或者俗语说的"黑马"（Underdog）。它们特立独行，不拘一格，希望构建自己独特的战略定位，形成自己特有的风格特色与企业形象（Corporate Identity）。这些企业的创新，主要在于打造与众不同的产品与服务，增进特定受众群体对自己的认同和赞许，或者寻求全新的产品和业务领域，去满足那些尚未被满足的潜在需求，开拓独特的新兴细分市场。也许，未来的模仿者和追随者会将这种创新及其引发的产品和业务推进成行业主流，但它们的创新初衷则在于做一些独特而伟大的事情。乔布斯所谓要追求产品"疯狂地伟大"即是此类战略定位的典型。苹果的产品，从20世纪盛衰反复的小众产品（Cult Status）走向了如今名满世界的大众名牌（Masstige）。

再看移动互联网时代的教育服务更新。以新东方为代表的教育培训机

战略的悖论
拆解与整合

构在过去的几十年间可以说是英语培训教育市场上的主流。能教英文又能讲段子和励志的老师是其杀手锏。其他后来者，要么小班教学，要么一对一定制服务，抑或重金聘请外教，等等。此类挖掘型创新基本上都是对新东方模式的模仿与拓展，或者是基于主流模式的变异和改进。VIPKID 在线青少儿英语 则完全通过网络技术来实现对当地现场教学模式的替代。足不出户，中国的学生便可通过 VIPKID 的在线学习平台与美国的专业中小学英语老师进行直接的交流和沟通。这种模式提供的是美国的标准课程，不仅包括英语，还包括其他中小学课程。2018 年，VIPKID 的付费用户达到 50 万人，签约外教达到 7 万人，付费用户覆盖全球 63 个国家和地区。

领先者的狡黠与挑战者的势利

简言之，顺应主流的企业多多少少是现有格局中的既得利益者，它们希望通过自己的不断创新，尤其是挖掘型创新，并加上对于挑战者的遏制与防范，来保证和延续自己在主流中的强势地位。而暂时与主流领先地位无缘的企业则主要有两种。第一种是想要直接挑战现有主流领先者的企业。它们对于主流领先者的挑战通常是当下的和直接的。第二种是另辟蹊径、标新立异的企业。它们希望避开现在的主流，而去寻找自己可以立身扬名的全新天地。它们对于主流领先者的威胁则主要是未来的颠覆性替代。我们不妨先考察第一种挑战者的情形。

在传统的战略图景中，一旦有了强大的市场定位或独特资源，某个强势企业便可独占高山、耀武扬威、大行其道，其他选手只好俯首称臣、望峰兴叹、不去挑战。在这种地主庄园式的市场中，秩序井然，基业长青，地主往往世代都是地主，贫农基本辈辈皆为贫农。本乡只有一种游戏，本游戏只有一种玩法，本地主是这一玩法上技艺最超群的。你要么改变游

第九章 创新与固恒

戏，要么改变玩法，要么在这唯一的玩法上超过我。

可以想象，如果真是这样的话，通常情况下挑战者并不会很多。主要的原因是，在这些强者恒强的领域内，探索式创新和范式性转移的可能性极其微小。所谓的弯道超车之所以不甚可能，就是因为前路一马平川，基本上没有弯道出现。如此，挖掘型创新乃是常态。拥有强大实力和资源的现行主流领域领先者在挖掘型创新上显然比挑战者更有优势，故而其领先地位得以持久。大部分挑战者可能会灰头土脸、屁滚尿流，最终认命认栽。

另外，即使挑战者在创新方面有所成就，现有的领先者也会相对容易地对其进行模仿和吸收，抑或通过各种奖励和诱惑将其收编。因为创新的挑战者也清楚地知道，自己在既定主流范式内做大或者推翻现有领先企业基本上不可能，而自己也没有实力通过探索式创新成规模地引入新的产品和业务去替代现有的主流。因此，自己的最佳抑或均衡选择只能是争取在最恰当的时机与现有领先者摊牌，把自己卖个好价钱。

纵观美国高科技企业发展史，IBM、微软、雅虎、谷歌、脸书……不同时代的领头羊企业，在其各自的顶峰时代可谓权倾一时，不仅人力和资金趋之若鹜，而且众多的名义上的挑战者们亦是争相"卖身"投靠。诸多创业者的梦想，就是通过自己的局部创新去改善现有的主流技术，或者对其进行补充，偶尔稍做挑战，最终引起领先者的注意和警觉，被其稍事破费后予以收编。至少在初期，再厉害的挑战者通常也都并不可怕。关键是要看得准、出手快、价码合适。任何"愤青"都有被"招安"的可能。只有在现有的范式内确实走投无路的情况下，"愤青"才会揭竿而起。而既得利益者收买"愤青"的唯一代价就是让他们进入精英层，与自己一起去收缴或者歼灭下一波"愤青"。显然，个别天生的革命者是至死也不会被收买的。

战略的悖论
拆解与整合

从领先企业的角度来看，鼓励他人进行创新，并在适当的时机以合理的价格对其并购，也是符合自身利益的。首先，小企业缺乏大企业的官僚体系羁绊与巨额的运营成本，而且通常更加贪婪、专注和精准。让它们创新，然后将其并购，比领先的大企业自己来做要划算得多，而且通常还会更快。硅谷一直流行一种叫作购雇（Aqui-hiring）的做法，即企业为了雇用创新企业的人才，不惜重金收购其创办的企业。这些创业人才自己也明白，虽然未到穷途末路，但前景不甚乐观，投资者也不会再允许其大肆烧钱。与其苦等终局，不如立刻套现。由于法律、行规和面子等多种原因，收购它们的领先企业不能直接雇用创业企业的人才，以免使他们有背叛自己使命和同僚的感觉。而收购其企业不仅给足了他们面子，使其立刻套现获利，而且仍然能使他们以领先企业之高级雇员的身份为企业效力，并一举获得被收购企业的所有创新成果和潜能。大家各取所需，其乐融融。

其实，这种收购式创新已经不是特例，而是常态。大企业同时扮演的是风投、私募和收购者的角色。我们不妨把此类创新称为"并购式创新"。至少有两种潜在的威胁会挑战并购式创新的成效。其一，领先企业过于傲慢，看不上潜在的挑战者，因此与未来之星失之交臂。IBM可能兼并微软，微软有机会兼并雅虎，雅虎有机会兼并谷歌，但这些都没有发生。当然，另外一种可能性是，这些并购如果发生在别人治下，这些后来做大的公司可能被掣肘或阉割，也许无法再见天日。其二，随着资本市场的逐渐发展与完善，原先需要"卖身"投靠领先企业的创业者，即使真的没有改天换地的绝活以及任何可能，也会颇受资本市场的追捧，可以成为独角兽，可以IPO（首次公开募股）上市敲钟。泡沫消散，模式崩盘，社会资源浪费。也许，老地主和暴发户，以及到处撒钱的人，都要多些自律和勤勉。

另外，从生态系统的角度来看，任何企业都希望自己子系统的势力比其他替代性子系统的势力大。这样，它们就需要更多的企业走与自己相同的道路，信奉相同的范式，但又总是比自己要落后几步。如此，既确保有人给自己捧场，又保证了自己在同类企业中的领先地位。其次，无论是本子系统的还是其他子系统的企业，潜在的挑战者只要愿意投靠归顺，领先者就都应该以开放的姿态予以欢迎。这样不仅壮大了自己的势力，同时也减少了竞争。

当然，除了并购式创新，主流领先企业自己也需要不断地创新，如此不仅可以深入挖掘现有领地，而且可以开发新的业务空间，以及引领和适应多种经济趋势与社会潮流。比如全球著名的欧洲食品巨头雀巢、达能、联合利华，不仅在食品的营养健康和新奇有趣方面不断改进，而且在社会责任和可持续发展等方面不断创新，既为自己带来了良好的声誉，也变相地敦促其他企业对其作为进行模仿和背书。

介于并购和自己创新之间的，是首先进行并购，然后再在自己的企业内进行孵化和创新。谷歌的安卓系统和无人驾驶技术都是先进行初始的并购，然后在谷歌内部继续开发的。在腾讯内部开发微信的张小龙团队便是由于腾讯收购其 Foxmail 系统而进入腾讯的。回到上述购雇的实践，并购的目的大多数时候主要不在于技术本身，而在于合适的人。有了优秀人才的加盟，后续的创新便可能是顺藤摸瓜、水到渠成。

当然，还有一种情形也许是领先企业不愿意看到的。自己的内部创业者中途出走，导致人才流失和技术流失。更有甚者，这些出走的人才的进一步创新还可能引发与原公司的业务直接竞争，并对其形成可信的威胁甚至致命的打击。"乱拳打死师傅"的可能性不是没有。好在如今的各项行规和各种法律合同的约束使得这种情况相对罕见。

至少，这是一种需要清醒地意识到并要主动防范的可能性。研究表明，对于一个具体的企业而言，离职人才自己创业，通常比加入对手的阵营更有杀伤力和攻击性。他们不仅知道所离开企业的内部详情、强项和弱点，可以采取非常有针对性的行动，而且作为独立决策者可以迅速地拍板执行。如果加入另外一家企业，不仅其忠诚度可能会招致怀疑，而且其行动也会受到各种现有规章和流程的限制与束缚。

另外，还有一种可能性，会使主流领先的企业感到比较窝囊和后悔。那就是，当自己的创新遇到某些瓶颈时，由于缺乏足够的耐心而迫不及待地主动将其剥离处理，反被收购者幸运捡漏、借鸡生蛋、一炮而红。如此，终止和废弃创新也是有风险的。

独立自主的原始创新

直接挑战现有主流的领先者，其风险和代价往往是巨大的。以卵击石，敌强我弱，失败者多，成功者寡。通常情况下，大部分挑战者会主动被"招安"或者不得不被"招安"，否则只有死路一条。然而，总是有些创新者拒绝被招安，甚至拒绝参与主流领先者倡导和把持的游戏。有些是迫不得已而背井离乡，有些是为了梦想而远走高飞。除了老地主的庄园，还有村外世界的色彩斑斓，以及诗和远方、青山绿水、黄金满地。也许，这些创新者可以通过自己的努力打下一片天地，或者独霸一方，或者振臂一呼，应者云集，最终成为新的主流范式的缔造者和强势引领者。很多正规军都起家于游击队。

远离当下主流的创新，多少要有些原创，至少是对主流的一种替代。说到这里，就不免要先探讨一下大家经常说到的所谓"自主创新"和"原始创新"的问题。虽然大家经常听到"太阳底下没有新鲜事物"的说法，但凡事与物，总有个新与不新之别。什么是新（Newness）呢？对于任何一个受众群体而言，只要我们尚且没有听过、没有见过、不知道的，

第九章　创新与固恒

抑或自己认为还没有听过、没有见过、不知道的，就都是新的。

如果我们承认人有创造发明（Creation）的能力，那么创新就是创造原来不曾存在的东西。如果我们假设任何人造的东西都是由上帝或其他超乎人类的力量预先设计出来的，那么创新只不过是发现（Discover）或揭示（Reveal）的过程。不管是创造还是发现与揭示，从根本上而言，都是把地球（世界）上的人类所未曾听到、看到或知道的东西，可以是概念、思想、事物、机制等，引入人类世界中。如蔡伦造纸和青霉素的发现都是世界上首度出现的创新行为，或曰原始性创新、独立原创、第一阶创新。

在一种原始性创新出现后，并不是世界上所有的角落和人群都会听到、看到、知道。因此，创新本身不会是一蹴而就的，而是要经历一个传播的过程。当传播过程漫长曲折的时候，还会出现重复"创新"的现象，即不同区域或行业的人同时或在相近的一段时期内独立创造出或发现同一种新东西。所以，新与不新，在某种程度上，并不是要看所谓的"新事物"是否首次出现在世界上，而是要看某一个具体的受众群体或目标人群（Target Group）是否认为它新。

对于某一个受众群体，创新就意味着新东西被引入该群体的行为，可以是在全世界范围内首创，也可以是将别处的原创通过某种形式引入、利用或拓展于该群体。另外，对于受众而言，创新可以是内容上的也可以是形式上的，或者说素材上的与程序上的。用新的方法和形式去处理现有的素材和内容也是一种创新。内容和素材上的创新通常属于第一阶的创新。而对内容的重新加工、塑造、展示、传播和应用可以被称为第二阶的创新，即形式和程序上的创新。

相对于第二阶的创新，第一阶的创新（原始性创新）可能更为艰难，基本上是属于天才的活动范围。个中天机，非凡夫俗子能够领略。我们所能系统地观察到的创新手段和方略不过是变着花样地"为赋新词强说愁"而已，在程序和形式上下功夫。然而，对于企业间的竞争而言，创新本身，无论是第一阶还是第二阶的，都不一定是决定企业竞争优势的主要因素。关键要看这种创新是否能为某个受众群体创造价值。其实，在商业领域，真正革命性的原始性创新并非比比皆是、源源不断。很多情况下，所谓创新，不过是对现有素材的再加工，通过形式上和程序上的创新来创造价值。

比如，商业人寿保险在最早出现的时候，就是一种原始性创新。中国改革开放之后的保险业从无到有，基本上属于该原始创新的后续传播和应用。虽然在中国保险业发展的过程中也有很多自己的创新，但其基本实质和总的特色就是模仿和拓展。作为第一个民营人寿保险企业，泰康人寿创始人陈东升当年的口号就比较明确清晰而谦虚务实：在全世界范围内找最好的葫芦，比着画瓢。创新就是率先模仿。

独辟蹊径的替代性创新

人们对"新奇"的追求、对"净土"的渴望可谓生生不息、万世不宁。这种追求和渴望无疑顺理成章，容易理解。但在探讨独辟蹊径之前，也许有必要首先提请大家注意这种追求和渴望处女地的理想成分及其实现的微弱可能。比如，蓝海战略的精髓就是独辟蹊径。但是，我们必须注意到，人世间大部分游戏或竞争注定是直接对抗型的，要有厮杀搏斗，有来往回合，有直接输赢，类乎零合博弈。比如打篮球盖帽，踢足球铲球，有身体接触和强对抗性。这是红海战略的现实。在篮球的迈克尔·乔丹时代，所有对手能够达到的顶峰也就是第二名，除非你拉乔丹下"蓝海"比赛乒乓球。这意味着某些"红海"中的对手们永远也看不到"蓝海"

第九章 创新与固恒

的踪影。

当然，肯定有些游戏或竞争是非直接对抗性的，没有直接的接触和碰撞。与其说是与对手竞争，不如说是与自己竞争，强调自己的创意和发挥。比如体操、滑冰或跳水、游泳，更多的是通过创新和苦练提高自己本身的技能，很少有直接干扰和打击对手的机会。也许，这才是蓝海战略更加适用之地。企业界的竞争也是一样，能够避开"红海"的机会和场合并不是很多。而且，仔细想想，在很多行业，今天的"红海"无非就是昨天的"蓝海"，如果没有"红海"的存在，也就无所谓什么"蓝海"，而世界不可能到处都是"蓝海"。尽管如此，蓝海战略毕竟是对原始创新和独辟蹊径的一种令人振奋的鼓励。

原始创新，无论程度大小，通常不是对现有技术和产品在同一范式内的挖掘和改进，而是通过探索式创新对现有范式本身的替代。硅谷著名投资人盖伊·川崎（Guy Kawasaki）在其《革命者的规则：资本主义宣言》一书中，曾经提出"跳到下一个增长曲线，而不是在现有曲线上竞争"的说法。他所强调的正是避开当下主流而独辟蹊径，应该说道出了替代性创新的实质精髓。他曾经举了如下这个例子：在19世纪和20世纪之交，美国东部曾有人将河流中结的冰大块砍凿下后运往澳大利亚，减去运费和损耗，仍有盈利。于是，伐冰成为一个产业。在这个产业中，对手间竞争的焦点是如何高效率地砍凿和运输冰块。这些伐冰的人显然是不会去发明制冰技术的。河里有现成的冰，为什么还要制造呢？当制冰技术广为传播之后，伐冰业便偃旗息鼓了。在作为替代性创新结果的制冰业内，对手间竞争的焦点则是如何提高制冰和配送效率。制冰的人并没有发明电冰箱。我们这么有效率地制冰，哪用个人和家庭自己费功夫呢？同理，电冰箱厂也不会发明生物技术，从而使得现在需要冰冻储存的东西在常温下也可以

战略的悖论
拆解与整合

储存。一般的企业都习惯于在现有曲线上竞争，也就是在现有的主流领先企业主导的范式下竞争。只有个别企业意识到这种做法的局限性并敢于去开辟新天地，通过替代性创新而启动下一个曲线。

其实，创新的实质目的是更好地为客户服务，提供卓越的价值。企业最终应该盯住的是客户的痛点而不是竞争对手的作为。战略专家大前研一20世纪80年代曾经在《哈佛商业评论》上撰文，规劝大家回归战略的本质：千方百计为顾客提供其最需要的服务。比如，当时美国市场上的咖啡壶千篇一律，竞争厂家你争我抢，比的大多是表面上的文章：你的可以定时开关，我的可以自动调节浓度；你的5分钟烧好，我的3分钟一壶；你的表面磨光闪亮，我的外观愉悦温馨。但是，你去问这些厂家的设计师们，就咖啡壶而言，什么功能和工序决定咖啡的味道？几乎没有人能够准确地回答。访问咖啡酿制专家后才知道，原来咖啡壶对水的处理那一个环节对咖啡味道的影响最大。如果厂家竞争的着眼点是如何使其咖啡壶酿制出的咖啡比别的厂家的咖啡壶烧出的咖啡味道更好，而不是各类表面上看似高级的功能，那时的创新才是真正有用的创新。这也是独辟蹊径的替代性创新逻辑，更加接近原本。

笔者在20世纪90年代留学美国的时候，日本电器正风靡美国市场，惹得美国《今晚秀》（*Tonight Show*）的脱口秀主持人杰·雷诺（Jay Leno）如此自嘲："美国市场上最好的烤面包机大多是日本造的，而令人气恼的是日本人根本就不吃烤面包片。"至少，日本人知道美国人怎么吃。日本人也的确爱琢磨。比如，把西瓜种成方的（容易运输），织出分脚趾的袜子（讲究品位），给高鼻梁的美国人设计出杯口上有凹口的杯子（细心关照）。有些"创新"，虽然荒唐可笑，甚至无聊，但其意图却总是在为顾客着想。

实现替代性创新的两个重要手段分别是整合与拆分，旨在与主流现状

第九章　创新与固恒

有所区分。整合是通过把分散的素材组合在一起而提供卓越价值的创新手段。比如，美国电影业多年的常规是电影厂拥有至高无上的权力，通常分别与作者、导演、演员等签约。电影厂作为"庄家"，任何一类员工的砍价能力都无以与之匹敌。然而，自20世纪80年代以来，迈克尔·欧维茨的CAA演艺人员中介公司成功地将电影业的权势向艺人一边倾斜，同时使得其经纪公司声名大噪、获利颇丰。他的创新之举就是自己同时代理作家、导演、演员，将资源整合在自己旗下，再与电影厂谈判。这时的"庄家"或者总承包人，实际上是经纪公司，而不是电影厂。用现在时髦的话说，就是欧维茨通过构建自己的平台战略打造了自己主导的生态系统，从而成功地改变了电影摄制行业的商业模式和盈利模式。

对于顾客而言，通常说的一站式服务，便是通过整合不同的分散素材和活动，达到整体最优价值提供的创新行为。广义而言，所谓蓝海战略中创新的四项基本活动——添加、删除、增强、减弱——都是为实现最佳价值组合而采取的具体的应用和实践手段。

分拆往往也是一种替代性创新行为，它把某种特定的素材或程序从它们所镶嵌的大系统中剥离出来，使其单独存在和作用，从而实现更优异的价值提供。比如，CD-ROM在西方一直被认为是计算机的一部分，是办公用品。而飞利浦公司以及中国的许多制造商早在20世纪90年代中期就已经将CD-ROM的技术从计算机系统中剥离出来，大规模地制造VCD播放机，使之成为一个能够进入用户家庭并能够直接独立应用于电视机的影视播放系统。这种产品定位和营销方面的创新，加之盗版影碟的推波助澜，使得中国和其他一些亚洲国家成功迅速地跨越了VCR的模拟时代，先于美国若干年进入影视的数码时代。

战略的悖论
拆解与整合

开放创新与封闭自行

所谓开放式创新，是相对于封闭式创新而言的。传统的印象中，创新好像都是像发明家爱迪生那样把自己关在实验室里苦思冥想、不断实验，最终有所发明创造的过程。然后，我们可以把创新的主体从个体上升到团队，再上升到一个企业或者机构。基本的思路是一样的，创新者主要是依靠自己的想法和思路行进、闭门研讨、秘密行动、自立自主、内部完成，最后一鸣惊人，创造出新的技术和产品，称雄于世。苹果公司的一贯思路就是这样封闭式的创新，几乎所有的事情（尤其是关键的环节）都是自己亲力亲为，很少需要借助外部的力量，非常具有神秘感和私密性。

开放式创新，主要在于借用外部的力量实现创新。或者以自己为主要平台去寻找他人的技术作为插件和补充，或者自己设计架构，然后把部件制造甚至总装都外包给其他合作伙伴。比如，IBM PC 的开发就是这样一种开放式创新的早期典型。英特尔的 CPU 芯片和微软的操作系统主要界定 IBM PC 的标准，IBM 的主要贡献是其商标和营销系统。在20世纪，互联网刚开始盛行，大家热衷于"虚拟"（Virtual）这个词汇。所以此类创新被推崇为"虚拟创新"的典范。

创新理论大家戴维·梯斯在伯克利大学哈斯商学院有位来自 IT 业界的博士生亨利·切斯布鲁夫（Henry Chesbrough），二人1996年在《哈佛商业评论》上还专门撰文阐释虚拟创新的优势和弊端。2003年，亨利·切斯布鲁夫出版了一本专著，开始以"开放式创新"来替代"虚拟创新"，引发了大家对这个话题的兴趣。按照他的定义，开放式创新，特指一个企业通过有目的地进行知识的获取（Inflow）与输出（Outflow）来加速内部创新并拓展其创新的外部应用市场。

第九章 创新与固恒

总体而言，开放式创新的特点是创新活动的分布更加广泛，参与更加充分，治理更加分权，社区相对松散。参与开放式创新社区的可以是用户群体和其他企业（甚至竞争对手），也可以是大学、研发机构、智库和风投机构等。假设一个开放式创新的社区内有某种特定的合作架构（Architecture）与治理机制，或者某种大家愿意接受的商业模式，能够以之维持参与企业和机构之间的创新输入与输出，那么这种开放式创新应该是可行的。

实际上，在很多行业，这种开放式创新也是实际存在的。如今，没有任何一家企业可以完全依靠自己的创新独行天下。采用别人的创新已经成为家常便饭、常规实践。比如，全球范围内，没有一家汽车制造商只用自己的技术和零部件来打造任何一款汽车。再比如，谷歌主导的安卓手机操作系统，便是由从事硬件、软件、APP和服务开发的多种机构共同合作与支撑的社区，大家都参与贡献，又各取所需。

虽然开放式创新需要一个诸多企业和机构共同参与的社区，但切斯布鲁夫理论框架的焦点还是一个特定的企业。这是其理论框架的相对可取之处。他把开放式创新当成一种商业模式，与梯斯一样，较为关注创新的可获益性。企业不仅可以从外部获取别人的创新，也可以通过知识输出而从自己的创新中获得收益。比如，一个企业可以把自己的技术有偿转让给其他企业，也可以将其剥离独立，从股权上获得收益。

但是，说来说去，还是一个与企业边界之界定相关的经典问题：外边买还是自己做？我们在上一章讨论进入模式的时候，曾经比较过交易费用等视角对于这个决策的影响。通过开放式创新购买别人的技术，可能成本较低，可能速度较快，可能会更好地利用自己创新与外部创新的协同性，等等。然而，如果是外边买，就必须首先假设有交易市场的存在。此外，还有众多的假设需要在不同程度上成立，才能使得开放式创新真正地发挥作用。这些假设涉及如下主要问题：是不是所有的创新都可以通过开放式创新来实现？究竟什么样的创新更适合开放式创新？开放式创新中的创新成果到底是通过市场交易来买卖，还是能够在社区中免费共享？

创新成果的特点与开放式创新的可行性

首先可以肯定的是，并不是所有类别的创新都适用于开放式创新，也不是所有的企业都有能力或者适应开放式创新。开放式创新意味着在某种程度上对外部市场的依赖和应用。我们已经确切地知道，某些知识和创新，由于其复杂性和企业特定性（黏性和隐性），在企业内传输和改进的效率要远远地高于在市场上买卖的效率。比如，创新成果在跨国公司内部不同国家分部间的传输要比市场上的买卖更有效率。这是组织学习、知识传输、创新实践固有的企业特定性问题，需要既定的资源与能力积淀、相关经验的积累、吸收能力的构建和应用，以及自身协调与整合能力的健全。有些企业的能力组合可能更适用于开放式创新，有些则更具有封闭式创新的潜力。并不是所有的企业都愿意参与开放式创新并且能够从中真正获益。

从创新本身的特点来看，开放式创新的有效性取决于与创新相关的知识的复杂程度，比如，是否可以标准化或者模块化。这种复杂程度决定了某项创新是否可以在市场上公开进行交易。首先，创新要能够从创新企业的组织体系中相对容易地进行隔离，从而能够被独立出售，而不能与该企业有过分高度的镶嵌性以至于无法撤清与该企业的关系。其次，创新可以相对容易而且成本合适地在市场上买卖和交付。最后，引进创新的企业需要有足够的吸收能力与互补配套设施来对其进行消化吸收并最终利用。显然，符合这种特点的创新结果通常都是标准化的"大路货"，可能不够先进和前沿，也不一定符合引进或购入它的企业的特定需求。

第九章　创新与固恒

从参与企业自身的利益来看，一般情况下，很少有企业会把自己最为核心和先进前沿的创新放到市场上出售。否则，无疑是自绝生路。相对于开放和共享，更多的也许是警戒和防范。研究表明，那些喜好扎堆儿产业集群和研发基地的企业通常都是希望获取别人技术的企业。自己有绝活的企业通常不把自己的研发部门放在那些公共区间。它们通常希望保持自己的核心技术不受觊觎和侵犯。这是出于对知识产权（或曰智财权）的保护而采取的必要措施。以此推之，市面上流行的可以用于开放式创新的成果基本上都是辅助性的或者边缘的创新，很少有相关行业中具有战略性意义的关键创新与核心技术。

开放式创新社区的治理和维护上的挑战

开放式创新起始于所谓的虚拟世界，也主要存在于虚拟世界。参与者散落于地点各异的不同角落，大家共同存在于松散的社会关系网络中。各自存在，互相搜寻，有幸连接，偶尔交易。潜在的合作伙伴之间通常没有足够正式的合约与默契。大家不仅要互相摸索和应对不同的沟通机制，还要各自面对自己独特的激励机制、不同的产权和收获机制。因此，开放式创新社区往往缺乏有权威性的协调手段和权力机构，也通常缺乏足够的共识来指导大家的行动。此类社区作为一个极端松散的联合体，甚至只是一种认知概念上的存在，是难以享有统一规划和共同目标的。

现代的创新，尤其是企业内的创新，通常是有特定目标和截止期限的。企业通常要掌控创新的节奏，不可能过分依赖于开放式创新社区中随机发生的偶然事件以及各种漫无边际的"寻宝"结果。显然，那些可借鉴和可利用的他人之创新成果往往是自然涌现的，不以恰巧需要它们的企业的意志为转移。偶尔可以拾遗补缺、推波助澜，通常不能招之即来、雪中送炭。这是开放式创新无法回避的问题。

战略的悖论
拆解与整合

还有一个大家经常提到的开放式创新的优点，那就是较早地使得未来的潜在消费者进入创新过程。严格说来，消费者参与只是使得自己的需求更加明确和精准，对于如何满足这些需求所必须进行的创新几乎没有什么直接的贡献。更何况正像乔布斯所言，消费者通常不知道他们需要什么，直到你把他们无法拒绝的伟大产品放到他们手中。当然，消费者也可能非常清楚他们想要什么，但企业暂时无法用成本可控的创新，无论是开放式还是封闭式创新，以消费者能够接受的价格，提供能够满足这些需求的产品、服务和体验。

美国著名冰淇淋公司 Ben & Jerry's 曾经在自己的网站上邀请大家给公司的产品创新提建议。结果发现，大家的口味五花八门，没有足够的聚焦使得公司能够规模化量产大家建议的产品。而所有大家共同想到和喜欢的口味组合，在公司的产品线中早已有充分体现。这种游戏不过是该公司一贯善于使用的营销战略而已。同样，3M 公司和谷歌为了鼓励内部创新，曾经分别给自己的员工（主要是工程师）15% 和 20% 的工作时间去自由发挥，随意做自己想做的事情。但从这种活动中产生的有价值的创新可谓微乎其微。本章开篇就已强调指出，创新不是广泛参与的群众运动，而是少数天才和精英的独特修为。不服不行。大家能够广泛参与的创新过程通常是在创新的传播扩散和应用推广以及调整改进方面。源头的创新，通常并不产生于开放的空间。

开放式创新：付费与免费

另外一种对于开放式创新的解读，来自计算机软件开发社区的"开源开发"（Open-Source Development）运动。应该说，以此为基调的"开源创新"乃是最为开放的一个开放式创新版本。这个版本的解读以及与之相关的运动，从骨子里反对权威，反对精英，反对特权，反对秘密，甚至

第九章　创新与固恒

反对知识产权和通过知识而获取盈利，主张所有的知识应该是人类共同的财富，应该被最为广泛地传播和最为充分地应用，以便最大限度地增进大家的福祉。

具体而言，所有的计算机程序的源代码都要与共同研发社区中的所有参与者免费共享。这种共享将有利于程序开发的快速创新与改进。每个开发者自己根据开源代码进行的调整、改善、整合、拓展等应用和创新也都要无偿地回馈给整个社区，以便大家共同分享和继续改进。听起来很是有些陕西"涎水面"的意思：吃完面条剩下来的汤，也要倒回锅里一直熬下去。开放吞吐，万世不竭。

主张开源创新的人极端信奉大众和市场的力量，他们反对精英特权，反对大公司的技术垄断。推崇开源创新的埃里克·雷蒙德（Eric Raymond）曾经把两种模式形象地比作"庙堂和街市"（Cathedral vs. Bazaar）。即使雷蒙德本人也不得不承认，原创的点子和元技术通常是来自代表精英权威的"庙堂"，而"街市"则通常在技术的改进和传播以及纠错（Debug）的过程中贡献非凡。"前人栽树，后人乘凉"，前提是要有人栽树。"众人拾柴火焰高"，关键是要有人首先点火。否则，大家都是凑热闹，类似于在各类众筹咖啡馆里津津乐道别人的创新和自己的体会与设想。

"庙堂"，往往不相信免费。原始创新是需要有超额回报的。因为这种创新一是耗费巨大，二是相对罕见和稀缺，而且并不只是耗费巨大就注定能实现的。原始的创新是打造一碗上好的涎水面，而不是通过互联网开店卖涎水面。后者基本上谁都会做。前者需要厨艺天才，是彼得·蒂尔所谓从 0 到 1 的挑战。显然，根据公理与常识，从公开市场上买得到的东西，包括各类所谓的创新，都不可能给企业带来竞争优势。

概而言之，开放式创新的悖论，恰恰在于开放式创新范式下产生的创

战略的悖论
拆解与整合

新基本上都不是真正具有商业意义的创新，不可能给企业带来独特的竞争优势或者可持续的竞争优势。你能在公开市场上购买创新，别人也能在公开市场上购买创新。如此，是否能买到符合自己特定需求的创新靠的似乎主要是运气，而不是企业的创新能力。即使如此，这里说的还是在公开市场上付费的行为。而那些免费的"创新"将会使企业离竞争优势和卓越的价值创造更远。企业通过并购而获取他人的创新结果既程序正常又实际常见。但有价值的并购通常都是有进出门槛和企业特定性的，而不是在开放系统中实现的。

战略管理文献中对于企业独特异质性的强调将这一点说得非常清楚。也许这正是整个战略管理学界没有重量级学者涉足开放式创新研究的原因之一。稍具讽刺意味的是，研究开放式创新的学者群体其实非常封闭，在全球范围内只是以切斯布鲁夫等为代表的少数人的专属领地。虽然切斯布鲁夫本人并不认同开源创新的免费之举，而且他也尤其注重企业如何从创新中获利，但他自己版本的开放式创新同样逃脱不掉上述缺乏竞争优势的逻辑。

提到开放式创新，大家通常会引用一个被用滥了的例子：宝洁的 Pringles 桶装薯片业务。该业务团队想要在产品吸引力上进行创新。他们决定把孩子们喜欢的卡通形象印制在每一片薯片上。但是公司内部没有能够将可食用色素喷射到薯片上的技术。他们遍访全球，终于在意大利某个地方发现了某个供应商可以满足自己的需要。于是，这个案例被总结成宝洁"通过（外部）连接而开发"（Connect and Develop）的经典实践。这种拿来主义确实标志着宝洁从自己熟悉和依赖的自主研发向开放式创新的启动和漂移。

然而，这个案例体现的只是一个很小的创新，买到的也不过是一个公开市场上存在的标准产品而已。就像大家提到共享经济时，说来道去在全球范围内也就只有 Uber（优步）和 Airbnb（爱彼迎）两个著名案例一样，

第九章　创新与固恒

宝洁的这个案例也被宣扬开放式创新的人们奉为至宝。自此之后，我们并没有看到宝洁的创新有什么大的起色，无论是封闭式还是开放式。至少开放式创新没有想象中的那样，使得宝洁的创新真正地令人耳目一新。

总之，在开放式创新的范式下，理想的状态是互相欣赏、互相激发、互相借鉴、互相提携。大家都能够在公开的创新市场上各取所需，随意地整合别人的创新成果，最终为自己服务，满足自己独特的创新需求。说得好听一点，大家心中作祟的，主要都是购买创新之消费者心态而不是创新之提供者心态，是山寨营的思维方式而不是靠自己努力的做派。说得难听一点，就是一帮懒人，希望别人早起做饭，自己免费地享用美餐。说得更加极端一点，就是一帮窃取者的心态：螳螂捕蝉，黄雀在后；别人火中取栗，自己静待收获。至少也是一帮拾荒者的心态，在别人的垃圾桶里翻来找去，希望能够拾财捡漏。当然，有些时候捡垃圾也能挣大钱。但如果大家都去捡垃圾，则垃圾也会涨价。

开放式创新与封闭式创新

值得一提的是，创新的开放与否，至少要看两个层面的开放程度。一个层面是创新过程本身是否开放。这是最为广义的开放式创新的检验。另外一个层面是创新的成果是否可以与同行和对手分享使用。这是最为严格意义上的开放式创新的检验。以苹果公司为例，它的平台战略和生态系统思维成功地改变了音乐、通信和娱乐等多个业务领域。以 iTunes 和 Apple Store 为开放平台，它为众多的 APP 发明创建者提供了曝光与销售的便利，也为音乐内容提供商提供了版权保护之下的用户有偿使用。这当然是其构建生态系统必然要保持开放的一面。然而，无论是 iMac、iPhone 还是 iPad，苹果的硬件和操作系统（在很长时间内）都是独家拥有、拒绝与对手分享的。其最终的目的是要靠售卖硬件赚钱。如此，苹果的生态系统思

战略的悖论
拆解与整合

维实际上是内外有别的，是有选择的开放和有意识的封闭。

如今，许多人宣扬的所谓互联网思维大都不可避免地要强调开放、平等、互动、包容等令人心生暖意的辞藻及其代表的阳光透明的美好形象。毫无疑问，合作与互动肯定是必要的，开放与包容肯定是可能的。然而，具体到创新以及价值创造的获益权（Appropriation）本身，企业间的争斗注定是殊死较量、当仁不让、明争暗斗、剑拔弩张。你偷我的技术，我盗你的专利；你断我的通道，我截你的流量。对于自己没有把握和没有掌控的东西，大家大概不会轻易地进行开放。开放的地方，要么群龙无首、一盘散沙，不会出现真正有价值的创新，要么一定有人在背后掌控和操纵，在某些地方大肆开放、倾情造势，在别的地方关门打狗、痛宰羔羊。开放只是诱饵，于封闭处获利才是真正的价值主张和盈利模式。在对创新收钱的时候，大家都千方百计地把流程做成闭环，没得商量。

与 IBM PC 的虚拟和开放系统完全不同，自 PC 时代起，苹果公司的创新战略就是要构建自己独特的产品和生态系统。纵向一体化的封闭创新系统对自己的研发设计和整个制造过程进行了严格的把控，而且其产品的简单易用与质量精良给公司带来了足够的溢价。到了移动互联网时代，以其独有的 iOS 为硬件平台，苹果公司再次采用封闭系统进行独特的产品创新。除了与内容提供者进行必要的分账，苹果公司几乎不需要与别的合作者分享自己的溢价和利润，既不开放，也不怎么包容，但在互联网时代依然走俏。也许很难说苹果公司的作为不符合互联网思维或者互联网精神。那种无端臆想的单一线性的互联网思维本身就是有问题的。

如上所述，凡是企业创新，注定是以营利为最终目的的。主张开源和开放的通常都不把盈利放在首位或者根本不在乎。如表 9.2 所示，我们可以用创新过程的开放性和付费性两个维度来对企业创新进行分类。完全开放与完全免费一类的典型例子是维基百科。首先，它不是企业，而是非营利机构。其次,它没有收入来源,主要靠捐款存活。它也没什么实质性的创新,不过是对现有知识的"传播扩散"。没有别人闭门造车的原创,维基百科也不可能出门合辙。

表9.2 创新的开放性与付费性

创新维度		创新过程的开放性	
		开放	封闭
使用创新是否付费	是	整合加工 (罗辑思维)	封闭独享 (苹果硬件)
	否	传播扩散 (维基百科)	跨域获利 (微信社区)

剩下的三种类型都是营利性企业的创新之举,但各自的盈利模式不同。苹果公司的盈利模式最为明显和直接:掏钱买装备!其创新系统基本上是封闭的,不与外人分享。其产品是用户直接付费。这是"封闭独享"的典范。再看微信,它也是腾讯自己的封闭性创新,但对消费者是免费的。其盈利来自对参与微信社区的商家的收费。从微信接口中各类生活服务提供者到所有使用微信支付的商家都为腾讯贡献收入。跟维基百科类似,罗辑思维所兜售的几乎所有内容都是公开市场上买得到或者可以免费获取的信息和知识。他们不过是进行了搜集筛选和加工整合,并以符合消费者使用习惯的方式传递给他们。这种新颖的方式和便利的服务使得消费者愿意为之付费。但长期而言,服务形式本身的新奇性过去之后,其盈利模式将面临重大挑战。

还有一个比较特殊的案例是谷歌收购并支持的安卓系统。对于各大手机厂商而言,安卓也是一种基本上免费的开放系统,可以供各大厂商根据自己的需求进行定制和改造。但这种使用也不是完全免费或者没有附加条件的。谷歌对于自己的搜索服务、地图、邮件和其他服务的植入模式是有自己的要求的。与微信相似，谷歌可以从其他方面的增值服务中获利。总之，说到底，开放和封闭都不过是形式而已，关键是如何最终从创新中获利。

本章小结

创新，乃是企业价值提供的最终源泉。创新与否以及创新所带来价值大小的最终检验标准，在于企业的消费者是否愿意并实际地为其所带来的产品、服务和体验支付溢价。创新不仅体现在具体的产品和服务与体验上，而且体现在全新的业务开发与新颖的商业模式采用上。根据定义，创新是一种殊荣特例，而不是家常便饭。如果大多数企业可以常规地进行创新，那么这种所谓的创新也许没有实际的商业意义，不过是企业和商家自娱自乐的噱头而已。

企业的创新，在某些节点上无疑可以改变企业的战略方向和经营重点。但在企业的日常发展进程中，创新通常是受制于现有企业战略的指导和引领的。此时的创新，既要深入挖掘现有业务和商业模式的潜力，专注于产品和服务的精益改善，又要广泛地探索机会，关注新的行业发展趋势与社会潮流，力求开创新的业务种类；既要保持企业核心业务的稳定性以及战略一致性，又要积极不断地寻求新的增长点和盈利空间；既要变革，又要守恒。

有些企业稳居主流，其创新也往往专注于自己在主流领域之领先与持久。可以自己内部创新，也可以通过并购直接获取其他企业的创新成果。非领先企业或者新创企业，可以把自己定位成主流领先企业的互补者和拓展者，使自己的创新尽量得到领先企业的青睐并愿意对其进行付费使用或租赁收购。挑战者也可以另辟蹊径，通过创新自建蓝海市场，抑或在适当

第九章　创新与固恒

的时机从侧面挑战主流，以期实现改变行业格局的颠覆性替代。

创新注定是困难的，通常要靠自己的实力和努力以及品味和眼界，偶尔可以借助外部的力量，顺藤摸瓜、锦上添花。在信息发达的当下，开放式创新在很多领域已然有很大的可能性，也正在被各类企业践行。然而，需要警醒的是，开放主要是扩散和传播的逻辑。真正的原创在于从无到有、从 0 到 1 的作为。这种创新通常既不是开放的，又不是免费的。不仅如此，此类创新更是需要类似未来市场上的垄断地位那样的超高报偿。企业对创新要有所追求，同时也要有所敬畏。

参考文献

前言

Mintzberg, H., 1987. The strategy concept I: Five Ps for strategy. *California Management Review*, 30(1), pp. 11-24.

马浩,《战略管理学说史：英雄榜与里程碑》，北京大学出版社，2018。

马浩,《浩言管理：感悟与构想》，北京大学出版社，2017。

马浩,《管理决策：直面真实世界》，北京大学出版社，2016。

马浩,《管理的幻觉：沉醉于臆想中的现实》，北京大学出版社，2016。

马浩,《战略管理：商业模式创新》，北京大学出版社，2015。

马浩,《管理的境界：人靠谱、事办成、幸福生》，机械工业出版社，2014。

马浩,《管理的偏见：为什么聪明人故意办傻事》，机械工业出版社，2012。

马浩,《没话找话：决策还是拍脑袋》，中国民主法制出版社，2001。

马浩,《竞争优势：解剖与集合》（修订版），北京大学出版社，2010。

马浩,《叶公品龙》，机械工业出版社，2008。

马浩,《缎子麻袋装管理》，北京大学出版社，2006。

马浩,《决策就是拍脑袋》，中信出版社，2005。

导论

Henry C. Metcalf and Lyndall Urwick (eds.). 1944. *Dynamic Administration: The Collected Papers of Mary Parker Follet*. Harper & Brothers Publishers.

Leonard-Barton, D., 1992. Core capabilities and core rigidities: A paradox in managing new product development. *Strategic Management Journal*, 13(S1), pp. 111-125.

Lewis, M. W., 2000. Exploring paradox: Toward a more comprehensive guide. *Academy of Management Review*, 25(4), pp. 760-776.

Poole, M. S. and Van de Ven, A. H., 1989. Using paradox to build management and organization theories. *Academy of Management Review*, 14(4), pp. 562-578.

Quinn, R. E. and Cameron, K. S., 1988. *Paradox and Transformation: Toward a Theory of Change in Organization and Management*. Ballinger Publishing Co.

Raynor, M. E., 2007. *The Strategy Paradox: Why Committing to Success Leads to Failure (and What to Do about it)*. Crown Business.

Smith, W. K. and Lewis, M. W., 2011. Toward a theory of paradox: A dynamic equilibrium model of organizing. *Academy of Management Review*, 36(2), pp. 381-403.

韩非子,《韩非子》, 高华平、王齐洲、张三夕注译, 中华书局, 2015。

第一章

Andrews, K. R., 1971. *The Concept of Corporate Strategy*. Irwin Publishers.

Barnard, C. I. 1938. *The Functions of the Executive*. Harvard University Press.

Barney, J. B., 1986. Strategic factor markets: Expectations, luck, and business strategy. *Management Science*, 32(10), pp. 1231-1241.

DeFillippi, R. J. and Arthur, M. B., 1998. Paradox in project-based enterprise: The case of film making. *California Management Review*, 40(2), pp. 125-139.

Drucker, P. F. 1967. *The Effective Executive*. Harper & Row.

Lado, A. A., Boyd, N. G., Wright, P. and Kroll, M., 2006. Paradox and theorizing within the resource-based view. *Academy of Management Review*, 31(1), pp. 115-131.

Learned, E. P., Christensen, C. R., Andrews, K. R. and Guth, W. D., 1965. *Business Policy: Text and Case*. Richard D. Irwin.

Miles, R. and Snow, C. C., 1978. *Organizational Structure, Strategy and Process*. McGraw-Hill.

Porter, M. E., 1996. What is strategy? *Harvard Business Review*, 74(6), pp. 61-78.

Rumelt, R. P., 1996. The many faces of Honda. *California Management Review*, 38(4), pp. 103-111.

Simon, H. A., 1947. *Administrative Behavior: A Study of Decision-making Processes in Administrative Organization*. Free Press.

Venkatraman, N. and Camillus, J. C., 1984. Exploring the concept of "fit" in strategic management. *Academy of Management Review*, 9(3), pp. 513-525.

Wernerfelt, B. and Montgomery, C. A., 1986. What is an attractive industry? *Management Science*, 32(10), pp. 1223-1230.

司马迁,《史记》(卷七·项羽本纪),中华书局,2009。

第二章

Aldrich, H., 2008. *Organizations and Environments*. Stanford University Press.

Astley, W. G. and Van de Ven, A. H., 1983. Central perspectives and debates in organization theory. *Administrative Science Quarterly*, 28(2), pp. 245-273.

Bourgeois III, L. J., 1984. Strategic management and determinism. *Academy of Management Review*, 9(4), pp. 586-596.

Child, J., 1972. Organizational structure, environment and performance: The role of strategic choice. *Sociology*, 6(1), pp. 1-22.

Earman, J., 1986. *A Primer on Determinism*. Springer Science & Business Media.

Foot, P., 1957. Free will as involving determinism. *The Philosophical Review*, 66(4), pp. 439-450.

Hambrick, D. C. and Finkelstein, S., 1987. Managerial discretion: A bridge between polar views of organizational outcomes. *Research in Organizational Behavior*, 9, pp. 369-406.

Hrebiniak, L. G. and Joyce, W. F., 1985. Organizational adaptation: Strategic choice and environmental determinism. *Administrative Science Quarterly*, 30(3), pp. 336-349.

Kim, W. C. and Mauborgne, R., 2005. *Blue Ocean Strategy*. Harvard Business Review Press.

Lawrence, P. R. and Lorsch, J. W., 1986. *Organization and Environment: Managing Differentiation and Integration* (Harvard Business School Classics). Harvard Business Review Press.

Lindblom, C., 2018. The science of "muddling through". In *Classic Readings in Urban Planning*. Routledge.

Mintzberg, H. and Waters, J. A., 1985. Of strategies, deliberate and emergent. *Strategic Management Journal*, 6(3), pp. 257-272.

Oliver, C., 1991. Strategic responses to institutional processes. *Academy of Management Review*, 16(1), pp. 145-179.

Powell, T. C., 1992. Strategic planning as competitive advantage. *Strategic Management Journal*, 13(7), pp. 551-558.

Quinn, J. B., 1980. *Strategies for Change: Logical Incrementalism*. Irwin Professional Publishing.

Van Inwagen, P., 1975. The incompatibility of free will and determinism. *Philosophical Studies*, 27(3), pp. 185-199.

Woodward, J. 1965. *Industrial Organization: Theory and Practice*. Oxford University Press.

Wrapp, H. E. 1976. Good managers don't make policy decisions. *Harvard Business Review*, 45(September-October), pp. 91-99.

第三章

Barney, J., 1991. Firm resources and sustained competitive advantage. *Journal of Management*, 17(1), pp. 99-120.

战略的悖论
拆解与整合

Carroll, A. B., 1979. A three-dimensional conceptual model of corporate performance. *Academy of Management Review*, 4(4), pp. 497-505.

Deephouse, D. L., 1996. Does isomorphism legitimate? *Academy of Management Journal*, 39(4), pp. 1024-1039.

Deephouse, D. L., 1999. To be different, or to be the same? It's a question (and theory) of strategic balance. *Strategic Management Journal*, 20(2), pp. 147-166.

Dowling, J. and Pfeffer, J., 1975. Organizational legitimacy: Social values and organizational behavior. *Pacific Sociological Review*, 18(1), pp. 122-136.

Friedman, M. The social responsibility of business is to increase its profits. *The New York Times*, September 13, 1970.

Grant, R. M. 1991a. A Resource Based Perspective of Competitive Advantage. *California Management Review*, 33 (Spring), pp. 114-135.

Henderson, B. D., 1989. The origin of strategy. *Harvard Business Review*, 67(6), pp. 139-143.

Martin, J., Feldman, M. S., Hatch, M. J. and Sitkin, S. B., 1983. The uniqueness paradox in organizational stories. *Administrative Science Quarterly*, 28, pp. 438-453.

Oliver, C., 1997. Sustainable competitive advantage: Combining institutional and resource-based views. *Strategic Management Journal*, 18(9), pp. 697-713.

Peteraf, M. A., 1993. The cornerstones of competitive advantage: A resource-based view. *Strategic Management Journal*, 14(3), pp. 179-191.

Porter, M. E., 1996. What is strategy? *Harvard Business Review*, 74(6), pp. 61-78.

Rumelt, R. P. 1984. Toward a strategic theory of firm. In Lamb, R. (Ed.) *Competitive Strategic Management*. Prentice Hall.

Suchman, M. C., 1995. Managing legitimacy: Strategic and institutional approaches. *Academy of Management Review*, 20(3), pp. 571-610.

Suddaby, R. and Greenwood, R., 2005. Rhetorical strategies of legitimacy. *Administrative Science Quarterly*, 50(1), pp. 35-67.

Zenger, T., 2013. Strategy: The uniqueness challenge. *Harvard Business Review*, 91(11), pp. 52-58.

Zhao, EY, Fisher, G., Lounsbury, M. and Miller D. 2017. Optimal distinctiveness: Broadening the interface between institutional theory and strategic management. *Strategic Management Journal*, 38(1), pp. 93-113.

第四章

Doz, Y. L. and Kosonen, M., 2010. Embedding strategic agility: A leadership agenda for accelerating business model renewal. *Long Range Planning*, 43(2-3), pp. 370-382.

Ghemawat, P., 1991. *Commitment*. Simon and Schuster.

Ghemawat, P. and Del Sol, P., 1998. Commitment versus flexibility? *California Management Review*, 40(4), pp. 26-42.

Leonard-Barton, D., 1992. Core capabilities and core rigidities: A paradox in managing new product development. *Strategic Management Journal*, 13(S1), pp. 111-125.

Lewis, M. W., Andriopoulos, C. and Smith, W. K., 2014. Paradoxical leadership to enable strategic agility. *California Management Review*, 56(3), pp. 58-77.

Lieberman, M. B. and Montgomery, D. B., 1988. First-mover advantages. *Strategic Management Journal*, 9(S1), pp. 41-58.

Lieberman, M. B. and Montgomery, D. B., 1998. First-mover (dis) advantages: Retrospective and link with the resource-based view. *Strategic Management Journal*, 19(12), pp. 1111-1125.

Prahalad, C. K. and Hamel, G. 1990. The core competence of the corporation. *Harvard Business Review*, 68(3), pp. 79-91.

Sanchez, R. and Mahoney, J. T., 1996. Modularity, flexibility, and knowledge management in product and organization design. *Strategic Management Journal*, 17(S2), pp. 63-76.

Selznick, P. 1957. *Leadership in Administration: A Sociological Interpretation*. Harper &

Row, pp. 62, 67-68.

Shimizu, K. and Hitt, M. A., 2004. Strategic flexibility: Organizational preparedness to reverse ineffective strategic decisions. *Academy of Management Perspectives*, 18(4), pp. 44-59.

Teece, D. J., 2007. Explicating dynamic capabilities: The nature and microfoundations of (sustainable) enterprise performance. *Strategic Management Journal*, 28(13), pp. 1319-1350.

Teece, D. J., Pisano, G. and Shuen, A., 1997. Dynamic capabilities and strategic management. *Strategic Management Journal*, 18(7), pp. 509-533.

第五章

Adner, R., 2017. Ecosystem as structure: An actionable construct for strategy. *Journal of Management*, 43(1), pp. 39-58.

Adner, R. and Kapoor, R., 2010. Value creation in innovation ecosystems: How the structure of technological interdependence affects firm performance in new technology generations. *Strategic Management Journal*, 31(3), pp. 306-333.

Axelrod, R. 1984. *The Evolution of Cooperation*, Basic Books.

Brandenburger, A. and Nalebuff, B. 1996. *Coopetition*. Currency Doubleday.

Das, T. K. and Teng, B. S., 1998. Between trust and control: Developing confidence in partner cooperation in alliances. *Academy of Management Review*, 23(3), pp. 491-512.

Das, T. K. and Teng, B. S., 2000. A resource-based theory of strategic alliances. *Journal of Management*, 26(1), pp. 31-61.

D'Aveni, R. A., 2010. *Hypercompetition*. Simon and Schuster.

D'Aveni, R. A., Dagnino, G. B. and Smith, K. G., 2010. The age of temporary advantage. *Strategic Management Journal*, 31(13), pp. 1371-1385.

Dyer, J. H. & Singh, H. 1998. The relational view: Cooperative strategy and source of interorganizational competitive advantage. *Academy of Management Review*, 23(4), pp. 660-679.

参考文献

Gulati, R. 1998. Networks and alliances. *Strategic Management Journal*, 19, pp. 293-318.

Gulati, R., Nohria, N. and Zaheer, A., 2000. Strategic networks. *Strategic Management Journal*, 21(3), pp. 203-215.

Gulati, R. and Singh, H., 1998. The architecture of cooperation: Managing coordination costs and appropriation concerns in strategic alliances. *Administrative Science Quarterly*, 43(4), pp. 781-814.

Hamel, G., 1991. Competition for competence and interpartner learning within international strategic alliances. *Strategic Management Journal*, 12(S1), pp. 83-103.

Hamel, G., Doz, Y. L. and Prahalad, C. K., 1989. Collaborate with your competitors and win. *Harvard Business Review*, 67(1), pp. 133-139.

Kale, P., Singh, H. and Perlmutter, H., 2000. Learning and protection of proprietary assets in strategic alliances: Building relational capital. *Strategic Management Journal*, 21(3), pp. 217-237.

Karnani, A. and Wernerfelt, B., 1985. Multiple point competition. *Strategic Management Journal*, 6(1), pp. 87-96.

Kogut, B., 1988. Joint ventures: Theoretical and empirical perspectives. *Strategic Management Journal*, 9(4), pp. 319-332.

Lavie, D., 2007. Alliance portfolios and firm performance: A study of value creation and appropriation in the US software industry. *Strategic Management Journal*, 28(12), pp. 1187-1212.

Ma, H., 1998. Mutual forbearance in international business. *Journal of International Management*, 4(2), pp. 129-147.

Moore, J. F., 1996. *The Death of Competition: Leadership and Strategy in the Age of Business Ecosystems*. HarperBusiness.

Yu, T. and Cannella Jr., A. A., 2013. A comprehensive review of multimarket competition research. *Journal of Management*, 39(1), pp. 76-109.

第六章

Carroll, G. R., 1985. Concentration and specialization: Dynamics of niche width in populations of organizations. *American Journal of Sociology*, 90(6), pp. 1262-1283.

Chandler, A. D., 1962. *Strategy and Structure*. MIT Press.

Freeman, J. and Hannan, M. T., 1983. Niche width and the dynamics of organizational populations. *American Journal of Sociology*, 88(6), pp. 1116-1145.

Haspeslagh, P. C. and Jemison, D. B., 1991. *Managing Acquisitions: Creating Value Through Corporate Renewal*. Free Press.

Khanna, T. and Palepu, K. G., 1997. Why focused strategies may be wrong for emerging markets. *Harvard Business Review*, 75(4)(July-August), pp. 41-51.

Prahalad, C. K. and Bettis, R. A., 1986. The dominant logic: A new linkage between diversity and performance. *Strategic Management Journal*, 7(6), pp. 485-501.

Prahalad, C. K. and Hamel, G. 1990. The core competence of the corporation. *Harvard Business Review*(May-June), pp. 79-91.

Rumelt, R. P. 1974. *Strategy, Structure and Economic Performance*. Harvard University Press.

Palich, L. E., Cardinal, L. B., & Miller, C. C., 2000. Curvilinearity in the diversification-performance linkage: An examination of over three decades of research. *Strategic Management Journal*, 21(2), pp. 155-174.

Ramanujam, V. & Varadarajan, P., 1989. Research on corporate diversification: A synthesis. *Strategic Management Journal*, 10(6), pp. 523-551.

康荣平、柯银斌、许惠龙,《冠军之道：利基战略设计与实施》,中国对外翻译出版公司,2006。

第七章

Bartlett, C. A. and Ghoshal, S., 2002. *Managing Across Borders: The Transnational*

Solution. Harvard Business Press.

Collis, D., 2014. *International Strategy: Context, Concepts and Implications.* John Wiley & Sons.

Ghemawat, P., 2007. *Redefining Global Strategy: Crossing Borders in A World Where Differences Still Matter.* Harvard Business Press.

Ghoshal, S. and Bartlett, C., 1986. Tap your subsidiaries for global reach. *Harvard Business Review*, 64(6), pp. 87-94.

Ghoshal, S. 1987. Global strategy: An organizing framework. *Strategic Management Journal*, 8, pp. 425-440.

Gupta, A. K. and Govindarajan, V., 1991. Knowledge flows and the structure of control within multinational corporations. *Academy of Management Review*, 16(4), pp. 768-792.

Hamel, G. and Prahalad, C. K. 1985. Do you really have a global strategy? *Harvard Business Review* (July-August), pp. 139-148.

Hout, T. M., M. E. Porter, and E. Rudden. 1982. How global companies win out? *Harvard Business Review*, 60(5), pp. 98-108.

Kogut, B., 1985. Designing global strategies and competitive value-added chains, *Sloan Management Review* (Summer), pp. 15-38.

Kogut, B., 1993. Designing global strategies: Profiting from operational flexibility. *Readings in International Business*, The MIT Press, pp. 195-213.

Kostova, T. and Zaheer, S., 1999. Organizational legitimacy under conditions of complexity: The case of the multinational enterprise. *Academy of Management Review*, 24(1), pp. 64-81.

Levitt, T., 1983. The globalization of markets. *Harvard Business Review* (May-June), pp. 92-102.

Ohmae, K., 1995. *The End of The Nation State: The Rise of Regional Economies.* Simon and Schuster.

Porter, M. E., 1986. Changing patterns of international competition. *California Management Review*, 28(2), pp. 9-40.

Prahalad, C. K. and Doz, Y. L., 1987. *The Multinational Mission: Balancing Global Integration with Local Responsiveness*. Free Press.

Yip, G. S., 2001. *Total Global Strategy*. Prentice Hall.

Zaheer, A. and Hernandez, E., 2011. The geographic scope of the MNC and its alliance portfolio: Resolving the paradox of distance. *Global Strategy Journal*, 1(1-2), pp. 109-126.

Zaheer, S., 1995. Overcoming the liability of foreignness. *Academy of Management Journal*, 38(2), pp. 341-363.

第八章

Baird, I. S., & Thomas, H., 1985. Toward a contingency model of strategic risk taking. *Academy of Management Review*, 10(2), pp. 230-243.

Bettis, R. A., 1983. Modern financial theory, corporate strategy and public policy: Three conundrums. *Academy of Management Review*, 8(3), pp. 406-415.

Bowman, E. H., 1980. A risk/return paradox for strategic management. *Sloan Management Review*, 21(3), pp. 17-25.

Bowman, E. H., 1982. Risk seeking by troubled firms. *Sloan Management Review*, 23(4), p. 33.

Bromiley, P., 1990. On the use of finance theory in strategic management. *Advances in Strategic Management*, 6, pp. 71-98.

Bromiley, P., 1991. Testing a causal model of corporate risk taking and performance. *Academy of Management Journal*, 34(1), pp. 37-59.

Bromiley, P., Miller, K. D., & Rau, D., 2005. Risk in strategic management research. *The Blackwell Handbook of Strategic Management*, Wiley-Blackwell.

Burgelman, R. A., 1994. Fading memories: A process theory of strategic business exit in dynamic environments. *Administrative Science Quarterly*, 39(1), pp. 24-56.

Chatterjee, S., Lubatkin, M. H., Lyon, E. M., & Schulze, W. S. 1999. Toward a strategic theory of risk premium: Moving beyond CAPM. *Academy of Management Review*, 24(3), pp. 556-567.

Cool, K., Dierickx, I. and Jemison, D., 1989. Business strategy, market structure and risk-return relationships: A structural approach. *Strategic Management Journal*, 10(6), pp. 507-522.

Das, T. K., & Teng, B. S., 1998. Resource and risk management in the strategic alliance making process. *Journal of Management*, 24(1), pp. 21-42.

Figenbaum, A., & Thomas, H. 1986. Dynamic and risk measurement perspectives on Bowman's risk-return paradox for strategic management: An empirical study. *Strategic Management Journal*, 7(5), pp. 395-407.

Fiegenbaum, A. and Thomas, H., 1988. Attitudes toward risk and the risk-return paradox: Prospect theory explanations. *Academy of Management Journal*, 31(1), pp. 85-106.

Froot, K. A., Scharfstein, D. S., & Stein, J. C., 1993. Risk management: Coordinating corporate investment and financing policies. *Journal of Finance*, 48(5), pp. 1629-1658.

Jemison, D. B., 1987. Risk and the relationship among strategy, organizational processes, and performance. *Management Science*, 33(9), pp. 1087-1101.

Kim, W. C. and Hwang, P., 1992. Global strategy and multinationals' entry mode choice. *Journal of International Business Studies*, 23(1), pp. 29-53.

Kogut, B. and Singh, H., 1988. The effect of national culture on the choice of entry mode. *Journal of International Business Studies*, 19(3), pp. 411-432.

Lubatkin, M., & Chatterjee, S. 1994. Extending modern portfolio theory into the domain of corporate diversification: Does it apply? *Academy of Management Journal*, 37(1), pp. 109-136.

March, J. G. and Shapira, Z., 1987. Managerial perspectives on risk and risk taking.

Management Science, 33(11), pp. 1404-1418.

Miller, K. D., 1992. A framework for integrated risk management in international business. *Journal of International Business Studies*, 23(2), pp. 311-331.

Nickel, M. N. and Rodriguez, M. C., 2002. A review of research on the negative accounting relationship between risk and return: Bowman's paradox. *Omega*, 30(1), pp. 1-18.

Pablo, A. L., Sitkin, S. B. and Jemison, D. B., 1996. Acquisition decision-making processes: The central role of risk. *Journal of Management*, 22(5), pp. 723-746.

Ruefli, T. W., 1990. Mean-variance approaches to risk-return relationships in strategy: Paradox lost. *Management Science*, 36(3), pp. 368-380.

Wiseman, R. M. and Bromiley, P., 1996. Toward a model of risk in declining organizations: An empirical examination of risk, performance and decline. *Organization Science*, 7(5), pp. 524-543.

Wu, B. and Knott, A. M., 2006. Entrepreneurial risk and market entry. *Management Science*, 52(9), pp. 1315-1330.

Zahra, S. A., Ireland, R. D. and Hitt, M. A., 2000. International expansion by new venture firms: International diversity, mode of market entry, technological learning, and performance. *Academy of Management Journal*, 43(5), pp. 925-950.

中共中央马克思恩格斯列宁斯大林著作编译局，《马克思恩格斯选集》第二卷，人民出版社2012年版，第297页。

第九章

Amit, R. and Zott, C., 2001. Value creation in e-business. *Strategic Management Journal*, 22(6-7), pp. 493-520.

Boeker, W., 1989. Strategic change: The effects of founding and history. *Academy of Management Journal*, 32(3), pp. 489-515.

Chesbrough, H. W., 2006. *Open Innovation: The New Imperative for Creating and Profiting from Technology*. Harvard Business Review Press.

Chesbrough, H., Vanhaverbeke, W. and West, J. (eds.), 2006. *Open Innovation:*

Researching A New Paradigm. Oxford University Press.

Chesbrough, H., Vanhaverbeke, W. and West, J. (eds.), 2014. *New Frontiers in Open Innovation*. Oxford University Press.

Christensen, C., 2013. *The Innovator's Dilemma: When New Technologies Cause Great Firms to Fail*. Harvard Business Review Press.

Drucker, P. F., 1985. *Innovation and Entrepreneurship: Practices and Principles.* Harper Collins.

Eisenhardt, K. M., 2000. Paradox, spirals, ambivalence: The new language of change and pluralism. *Academy of Management Review*, 25(4), pp. 703-705.

Felin, T. and Zenger, T. R., 2014. Closed or open innovation? Problem solving and the governance choice. *Research Policy*, 43(5), pp. 914-925.

Ferrier, W. J., Smith, K. G. and Grimm, C. M., 1999. The role of competitive action in market share erosion and industry dethronement: A study of industry leaders and challengers. *Academy of Management Journal*, 42(4), pp. 372-388.

Pisano, G. P., 2015. You need an innovation strategy. *Harvard Business Review*, 93(6), pp. 44-54.

Lepak, D. P., Smith, K. G. and Taylor, M. S., 2007. Value creation and value capture: A multilevel perspective. *Academy of Management Review*, 32(1), pp. 180-194.

March, J. G., 1991. Exploration and exploitation in organizational learning. *Organization Science*, 2(1), pp. 71-87.

Teece, D. J., 1986. Profiting from technological innovation: Implications for integration, collaboration, licensing and public policy. *Research Policy*, 15(6), pp. 285-305.

Teece, D. J., 2010. Business models, business strategy and innovation. *Long Range Planning*, 43(2-3), pp. 172-194.

Thiel, P. A., 2014. *Zero to One: Notes on Startups, or How to Build The Future*. Crown Business.

Zenger, T., 2016. *Beyond Competitive Advantage: How to Solve The Puzzle of Sustaining Growth While Creating Value*. Harvard Business Review Press.

后　记

这个世界充满了矛盾和冲突。有些矛盾不可调和，有些冲突或可化解。以二维拆解与升级整合的悖论视角和方法来解读和应对，也许无法完全地调和与化解各种矛盾和冲突，但至少可以从认知层面给我们带来新的感悟与启发，使我们少一些纠结和拧巴，多一些从容和释然。

本书是"管理悖论三部曲"的首部，主要聚焦于战略管理研究与实践中的各种悖论。后续还有《管理的悖论》以及《管理学的悖论》。前者探究组织理论和组织行为学中与管理实践相关的悖论；后者考察管理学研究与管理实践的复杂关系，从理想到现实，从时下到未来。

西谚有云：如果你手拿锤子，可能会满世界去找钉子。如果我们用悖论的滤光镜来看问题，可能满眼都是悖论。也许，本书中探讨的大部分悖论确实是真正的悖论，而有些悖论则主要是矛盾与冲突的另外一些展现形式和应对方法，比如两难困境、妥协折中、临机取舍、权变均衡。

其实，本书自身亦是悖论的体现。这是一本快速完成的慢书——从偶然乍现的写作灵感到实际完稿只用了三十多天的时间，但背后的学术历程和思虑积淀则长达三十多年。我平均每天的纯写作时间达 8 个小时，劳累地伏案捉笔，愉悦地思绪翻跹。这是我三十年间最为集中忙碌的写作时光，也是对相关知识最为高效的加工提炼。

这是一本很新的旧书和很旧的新书，其中有诸多新颖的思考和案例呈现，但更多的是基于经典文献而形成的相对固定的看法和观点。大部分文字是此次全新完成，小部分直接取材于自己曾经发表的文章，并进行了必

后　记

要的修补订正和加工删减。敝帚自珍，我暗自欣喜地发现十多年前草就的东西至今还算能看。

本书算不上是严谨的学术专著，只是一本企图聚焦管理实践的论著，是以学术研究为基础对战略管理实践进行的审析与阐发，体现了一个在管理学领域浸淫和耕耘了三十多年的学者之经年体味与悉心洞察。也许一己之见，难免以偏概全。诚望偶现亮点，或可稍有启发。

夏天本是学校休假的时日，我反倒比开学还忙——每日埋头写作，耽搁了对家中亲人的陪伴；甚觉歉疚，亦感欣然；在"集体"的氛围中埋头自己的"私活儿"，在独自遨游的孤旅中感受家庭的温暖。

爱妻袁远辛劳娴熟地操持全家的生活，每天都有令全家人甘之如饴的温馨，还有那花样翻新的诱人美餐。

儿子祥鹤阳光灿烂、处事果敢。每天陪他踢一阵子足球，好歹也算是我从事的一些活动和锻炼。儿子酷爱足球，对自己喜欢的事情非常上心，肯吃苦，多韧性，有狠劲儿。如今正在上初中的他，是一个热情友善而多有创意的孩子。我一直告诫他做事要认真细致、更加精准。我的《管理的悖论》将会献给他。

女儿洁鸥正直善良、聪慧伶俐，做事情更是笃诚认真、细心踏实。她认准要做的事情一定会坚持下来，兢兢业业、一丝不苟。这个夏天她参加了她们高中的越野长跑队，训练非常辛苦，但很投入和满足。全家人为她加油。我平时经常鼓励她在大局面前要头脑清醒、当机立断。我把这本《战略的悖论》献给她。

马　浩

美国得克萨斯奥斯汀

西湖山西河沿翠溪轩

2018 年 8 月 29 日